イスラーム復興とジェンダー

現代エジプト社会を生きる女性たち

嶺崎寛子

MINESAKI Hiroko

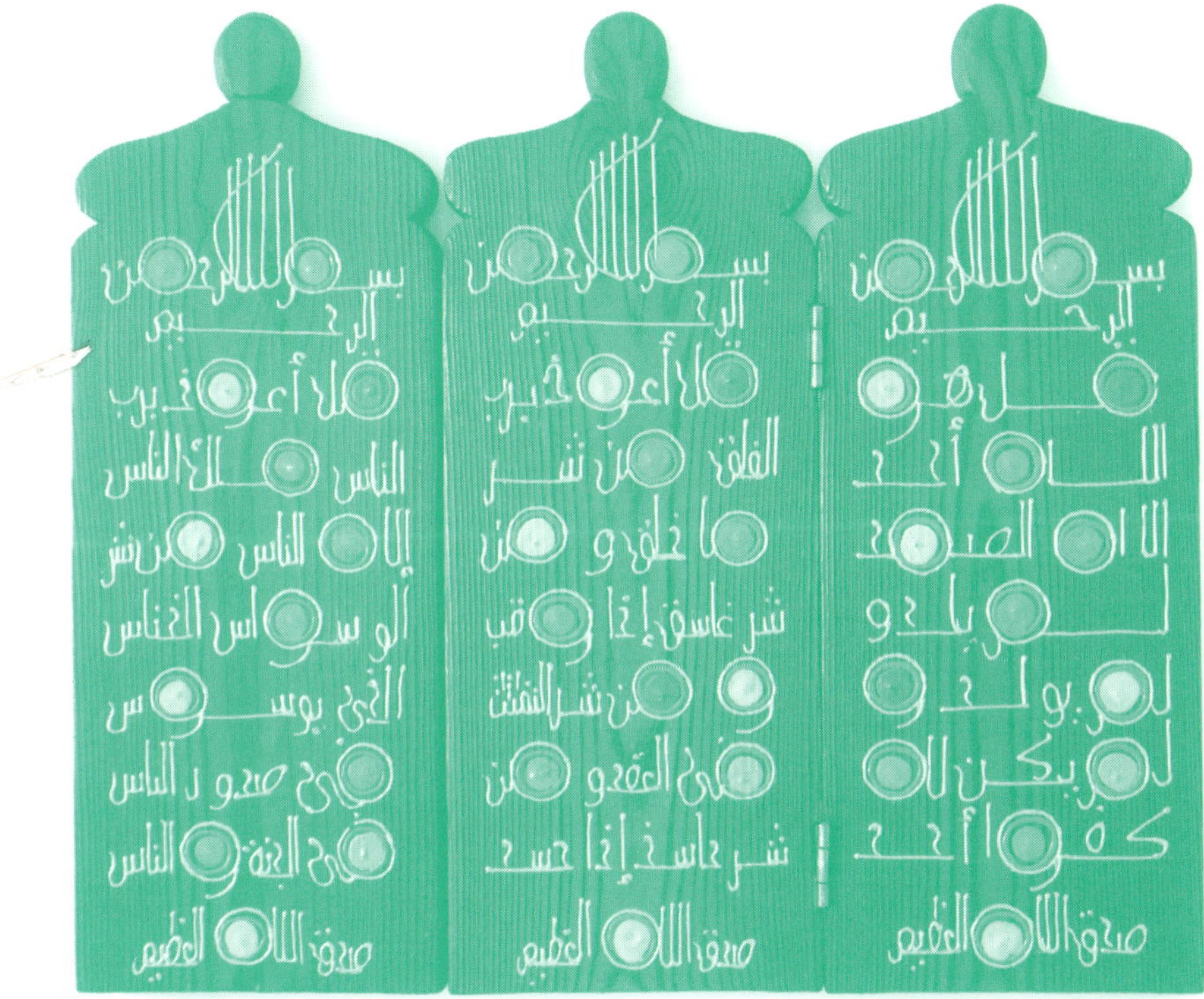

昭和堂

目次

頻出語句一覧

・**ウラマー**（*'ulamā'*）イスラーム諸学に通じたイスラーム知識人。本来は複数形で単数形はアーリム*'ālim*だが、本書では日本語表記の慣例に従い、単数でもウラマーと表記する。

・**クルアーン**（*al-Qur'ān*）イスラームの聖典。「読誦されるもの」の意。アラビア語で、一一四章から成る。シャリーアの第一の法源となる。

・**シャリーア**（*sharī'a*）イスラーム法。

・**スンナ**（*sunna*）行為の五範疇のうち、推奨行為。した方がいいこと。また、預言者ムハンマドが生前に行っていた行為のこと。預言者の行為はムスリムの範例となる。

・**ニカーブ**（*niqāb*）目以外の顔を覆う面覆い。黒が多い。

・**ハディース**（*hadīth*）預言者ムハンマドの言行録。クルアーンに次ぐ、シャリーアの二番目に重要な法源とされる。

・**ハラーム**（*harām*）行為の五範疇のうち、禁止行為。してはいけないこと。また、ハラールの対義語としても使われる。

・**ハラール**（*halāl*）許容されたもの。シャリーアで合法なこと全般を指す。ハラームの対義語。行為を五範疇ではなく、合法か非合法かの二範疇に分ける際はこの言葉を用いる。

・**ヒジャーブ**（*hijāb*）髪の毛を隠すための布。ヴェール。

・**ビドア**（*bid'a*）預言者ムハンマドの時代にはなかった慣行や事物。また、特にそのうちの、イスラームの正しいあり方から逸脱するような行為や事物。

・ファトワー（*fatwā*, pl. *fatāwā*）ウラマーやムフティーが、信徒の質問に答えて出すシャリーアに基づく法的見解。現代エジプトでは、法的拘束力はない。

・マクルーフ（*makrūh*）行為の五範疇のうち、忌避行為。しない方がいいこと。

・マハラム（*mahram*, pl. *mahārim*）結婚できない範囲の親族を指す。女性にとっては父親、祖父、兄弟、息子など。結婚の際女性の後見人となる。

・マンドゥーブ（*mandūb*）行為の五範疇のうち、推奨行為。した方がいいこと。

・ムフティー（*muftī*）ファトワーの語根（f, t, w）の能動分詞形で、ファトワーを出す者を意味する。エジプトでは、すべてのムフティーはウラマーだが、ウラマーすべてがムフティーではなく、ウラマーのなかでも特に学識の高い者を慣例としてムフティーと呼ぶ。ウラマーの尊称でもある。エジプトではウラマーがムフティーになるための資格試験や基準などはない。ただし、エジプトにおける「大ムフティー」は職位を指す。

凡例

・インフォーマントのイニシャル表記は章ごとに行った。そのため、同じイニシャルでも章が異なれば人物が異なることに注意されたい。年齢は全て調査当時のものとした。

・アラビア語の人名のカナおよび翻字表記については、原則としてフスハー（正則アラビア語）表記としたが、同一人物につき統一を心がけた程度である。日常語についてはカナおよび翻字表記を基本的にエジプト方言表記とした。

第1章 はじめに
――ジェンダー・オリエンタリズムの向こうで

彼女たちのまなざし（高橋美香撮影）

1　ジェンダー・オリエンタリズムの向こうで

二〇一四年六月、某所の生涯学習センター。受講生の七〇代のクリスチャンの女性から、「エジプトのことを研究していらっしゃるんですね、私たちも世界祈祷日で今年の三月にエジプトについて祈ったんですよ。政治も安定していないし、エジプトの女性たちは一夫多妻とかで苦しめられている、そんな地位の低い女性たちのために、彼女たちを思いながら祈りました」と語りかけられた。彼女が善意で祈ったことはよく伝わってきた。こんなとき、善意と現実認識の甘さとのあまりの落差に、咄嗟にどう応じていいかわからなくなる。

これは一例だが、日本人を読者や受講生として想定し、日本語で論文を書き講義するとき、「イスラームのジェンダー」を研究する私はいつも「日本人のイスラーム・イメージ」という問題に直面する。*1 ヴェールは女性差別だ、イスラームでは女性の地位が低い、イスラームでは女性が抑圧されている……等々の欧米から無批判に輸入した言説を、多くの日本人は悪気なく信じている。多くの彼／彼女らは、直接ムスリム女性と接触した経験がないか、その自覚を持たない。シャリーア*2（*sharī'a* イスラーム法）をはじめとするイスラームの規範も、一般に女性抑圧的で家父長的な、ジェンダー不平等なものと認識されている。

この使い古された、しかし未だに社会的にも政治的にも影響力を持ち流通する、イスラームにかかるジェンダー化された言説。ライラ・アブー＝ルゴドら（Lila Abu-Lughod）はそれをジェンダー・オリエンタリズムと呼ぶが、正鵠を得ている［Abu-Lughod 2013: 6］。ジョージ・W・ブッシュがアフガニスタンに侵攻する際、この言説が使われたことは記憶に新しい。エドワード・サイード（Edward W. Said）やライラ・アブー＝ルゴド、岡真理、チャンドラ・モハンティ（Chandra T. Mohanty）らがそのような第一世界の言説――モハンティの言葉を借りれば「まなざし」――を暴き鋭く批判したにもかかわらず、このジェンダー化された言説は大衆メディアによってもイスラームを専門外とする研究によっても再生産されている。そしてムスリム女性たちの実感や生活や本音はどんどん見えなくなっていく。

ムスリム女性が超歴史的に、抑圧的な状況に置かれ続けていることを前提とする、本質主義的なイスラーム理解には当然ながら数多の問題がある。イスラームは世界中に信徒を持つ世界宗教である。母語も民族も時代も地域も異なる膨大な数の多様な女性信徒を「ムスリム女性」というカテゴリーに一括りにできるはずがない。またこのようなイスラーム理解では、イスラームが多民族・多言語の多様な女性信徒に支持される事実と、一部のムスリム女性たちが自覚的・主体的にムスリムであり続けている事実とを説明できない。

グローバル化が進んだことでイスラーム世界との物理的な距離が縮まり、以前よりも情報量は格段に増えた。しかし果たして我々は、イスラームがムスリム女性たちの日常生活のミクロ・レヴェルでどう作用するかや、女性たちのイスラーム認識のあり方について、十分に理解できているのだろうか。次節で詳述するが、従来のフェミニズムやジェンダー学は、それ自体がポストコロニアリズム、オリエンタリズム、宗教への近代合理主義的偏見から自由ではないために、そのすべてが幾重にも複雑に絡まりあい、錯綜した場所にいる、「主体的にイスラームを信仰するムスリム女性」の表象と分析を充分にはできずにきた。

そのような状況に苛立ちを見せたのが、第二章に登場するカイロ近郊農村の女性説教師（*dāʿiya, khaṭība* 宗教的な講話や説教を行う）、シャイマーだ。彼女は初対面から続けて三回、繰り返し、会うたびに私にこう確認をとった。「あなたは、ムスタシャルキーン（*mustasharqīn*）じゃないわよね？」。ムスタシャルキーンは英語のオリエンタリストのアラビア語訳で、アラビア語としてすでに人口に膾炙している。イスラームを否定的に捉える西洋の「まなざし」を彼女ははっきり警戒していた。自宅を初訪問した際、彼女は「ヴェールの話は私にとって重要じゃない、ヴェールは被って当然だから。おしまい。でも外国人はその話が好きよね」とも語った。特にヴェールや一夫多妻などのジェンダーに関わる現象を否定的に、あるいはエロス化して捉える西洋の「まなざし」に彼女は強い拒否反応と反発を隠さなかった。一方的に解釈されること、誤って解釈されること、その解釈が流通し言説として影響力を持つこと、すべてへの怒りと憤り。彼女たちは「ムスリム女性」というカテゴリーが日本を含む欧米からどうまなざされているかを、とても意識していた。そしてシャイマーは自分の語りや活動がオリエンタリズムの文脈で誤解／誤読されることに非常に神経質だった。ここには多くの――特に研究者にとっての――示唆が含まれている。

研究者は残念ながら、自分が所属する社会の問題関心から自由ではない。研究が、①研究者が所属する社会の興味関心への何らかの形の「応答」になってしまうなら、②問いが当該社会から発せられたものでないなら、その研究は広い意味でオリエンタリズムに絡めとられ、包摂される危険を常に孕む。学問がイスラームは女性差別的な宗教であるというジェンダー・オリエンタリズムへの対抗言説に留まるなら、学問は問いそのものに絡めとられ、問いの外へ脱却できない。そうではなくて、問いそのものの脱構築が必要だ。現地の女性たちの問題関心、視点から出発し、彼女たちの行為主体（Agency）のあり方や戦術ないし戦略を、社会・権力構造、社会的文化的状況、歴史的背景といった特定の文脈の中に定置しつつ、微細に見ていく必要がある。

ジェンダー・オリエンタリズムの向こう側に何が見えるのか。フィールドで私は多くの「敬虔」で宗教熱心な女性たちに出会った。彼女らはなぜイスラームを支持し、イスラームに則って生き、ムスリムであることを重要なアイデンティティのひとつとして選択するのか。宗教的でありかつ女性であること、主体的に女性のムスリムであることは、当事者にとってどういうことなのか。この点を二〇〇〇年代のエジプトという地域の個別具体的文脈に即してグラスルーツから検討することが、本書全体の課題である。

そしてそのために重要と思われるのが、彼女たちが日々参照し、使い、構築し、あるいはずらしていくなどして、関わり続けているイスラーム言説である。本書の目的は、イスラーム言説に女性たちが主体的に関わり、それを参照し、使いこなす具体的な実践を描き出すことである。イスラーム言説とその女性にとっての意味の分析はおそらく、主体的に女性のムスリムであることの、当事者にとっての意味を明らかにする鍵となるだろう。その意味で、本書は二〇〇〇年代カイロとその近郊における、「イスラーム言説をめぐる女性たちの宗教実践の民族誌」である。

本書でイスラーム言説として取り上げるのは、私人に対して出されるファトワー（*fatwā*）と市井の女性説教師の説教および彼女らの活動である。ファトワーは、ウラマー（*ʿulamā*イスラーム法学者）が質問に回答する形で下す法的意見で、法的拘束力はない。彼女たちは日常生活の諸問題についてウラマーに質問し、その回答《ファトワー》を利用して家族などと交渉し、社会的な認知を得る。本書では回答《ファトワー》だけでなく、質問者と質問をも分析対象に含める。ファトワーを正規に与えうるのはエジプトではほぼ男性ウラマーに限られているが、近年は女性説教師が勉強会を開き、日常的な問題についてファトワーという形を取らずに、助言を与えている。

ファトワーは日常の悩み相談という性質上、女性の生活に密着しており、ジェンダー学の資料として高い価値を持つ。またシャリーアが日常生活の中でいかに適用されるかを、法学的に検討するための法人類学における優れた資料でもある。しかし現代、ファトワー研究自体、先行研究がそれほど多くなく、[*3] 世界的に見てもその重要性に比して研究が立ち遅れている。筆者の専門はジェンダー学および文化人類学で、イスラーム学やイスラーム法学は専門外であり、それらの学問分野からファトワーを論じることは筆者の能力を超える。したがって本書では、ファトワーを法学の資料として読むというよりむしろ、質問者とウラマーの間のファトワーをめぐる交渉そのものに注目し、それをパフォーマティヴに見ていきたい。また、エジプトでムスリムとして生きる彼女たちの多様な声を、ファトワーを求める質問や彼女らの語りという形で、できるだけそのまま記録に残したい。ファトワーをめぐる交渉に重点を置くファトワー研究は世界的にも類例がなく（特に四章）、その意味で本書は「イスラーム言説をめぐる女性たちの宗教実践の民族誌」としてだけではなく、あるいはそれ以上に「ファトワーの民族誌」として読まれるべきなのかもしれない。

本章ではまず第二節で先行研究を分野ごとに検討し、なぜ「ムスリム女性」の表象と分析が失敗してきたのかを検討することを通じて、問題の所在を明らかにする。第三節で、研究方法を提示することによって、筆者の研究上の立場を明らかにする。第四節でイスラームと身体化、エジプトの文脈におけるファトワーやウラマーの位置づけと、フィールド調査方法および本書で用いる資料について整理し、次章以後の議論への準備としたい。

2　先行研究史と問題の所在

本節では、四つの問題系を設定し、それぞれの先行研究をレヴューすることで、「ムスリム女性」の表象と分析をめぐる問題の所在を明らかにする。四つの問題系とは、①フェミニズムと開発学におけるイスラームと植民地主義という問題系、②人類学におけるジェンダー、植民地主義という問題系、③宗教学におけるジェンダーという問題系、④日本の中東研究におけるジェンダーという問題系である。なお、本書ではジェンダーを構築物として捉え、ジュディス・バトラー（Judith Butler）に従い「性別化された身体が身にまとう文化的意味」［バトラー 一九九九：二七］と定義する。

⑴フェミニズム・開発学におけるイスラームと植民地主義

フェミニズムおよびジェンダー学は、イスラームおよび宗教一般に対してある種の偏見――家父長制が書き込まれた、女性支配のための男性のツールであり、女性の抑圧の源でありその軛である――を持っている［cf. Ahmed 1992］。例えばマリー・ベッカー（Mary Becker）は「宗教は女性の服従を強化し、永続化させる。宗教の自由は改革を妨害する」［Becker 1992: 459］と述べ、宗教への否定的態度を明確に示している。掛川典子も江原由美子・金井淑子編『フェミニズム』に「女性差別の撤廃を実現しようとする立場からすれば、既存の宗教の諸制度・組織は女性抑圧の道具として機能しており、女性の生きる条件をよくしようとするさまざまな改革運動を阻む、反フェミニズムの圧力団体に見えてしまう」［掛川 一九九七：二四五］と書き、宗教を否定的に捉える。

このような偏見、特にフェミニズムがイスラームを見るまなざしに潜む植民地主義的欲望に対して警鐘を鳴らしているのが、エジプトの著名なフェミニスト作家、ナワル・エル・サーダウィー（Nawāl al-Sʻadāwī）である。彼女は著書の英語版への前書きで欧米のフェミニズムに対し、発展途上国で起こっていることに対する正確な理解がなければ、女性同士の連帯はすべての人の自由と平等という目的に反したものとなると指摘し、アラブ・イスラーム圏の女性たちの最も重要な闘争とは、欧米で時々誤解されているように「宗教的な信念」から脱して「自由な思考」をすることではないと強調する［Saadawi 1980: viii-ix］。

フェミニズムが西洋中産階級中心主義であり、第三世界の女性たちの抑圧と植民地主義の関係や人種の問題を論じてこなかったとして、ガヤトリ・スピヴァク（Gayatri C. Spivak）やチャンドラ・モハンティ、トリン・ミンハ（Trinh T. Minh-ha）らによって批判されて久しい［Mohanty 1988; Spivak 1988; Minh-ha 1989］。フェミニズムが「現地の女性たちを現地の男性たちによる抑圧から救う」ことを大義名分に植民地主義に荷担した歴史についても、近年多くの研究が出、フェミニズムの持つ植民地主義やエスノセントリズムが問い直されている［藤目 一九九七、一九九八、鄭 一九九七、窪田 二〇〇五］。例えばライラ・アハメド（Leila Ahmed）はヴェールについての言説を分析し、「イスラームは本質的かつ普遍的に女性に対して抑圧的であり、ヴェールや女性隔離がその抑圧の典型である、そしてこれらの慣行こそイスラーム社会が全般的、包括的に遅れていることの根本原因である」という、フェミニズムと絡んだ「植民地主義的言説のテーゼ」が形作られた経緯を論じている［Ahmed 1992: 144-168］。このような文脈の中でイスラームは「遅れた」「女性を抑圧する」宗教であるという認識が形成された。この認識はサーダウィーらの反論にもかかわらず、未だに欧米の多くのフェミニストに広く共有されている。前述のサーダウィーの英語版の序文が、アメリカ合衆国で出版された版では削除されたことの意味は重い［岡 二〇〇三：八七］。

エクリチュール・フェミニンを提唱するエレーヌ・シクスー（Hélène Cixous）は、欧米のフェミニズムの持つ植民地主義に、自らのアルジェリアでの植民者側の経験を語ることによって警鐘を鳴らしている。「アルジェリアではすべてのお手伝いさんがファトマと呼ばれていました」［シクスー 一九九七：二三八］と書き、名前を剥奪された女性たちをまなざす目を持ちつつも、最後に彼女はアルジェリアの現状について問われて言う。「他方は、その答えとして立ち上がった勢力で、イスラム教徒の凶悪な勢力です。イスラム教徒というのは、暗殺者であり、狂った殺人者、首切り人です。したがってアルジェリアは今や恐ろしい暴力の環にとらわれていて、その出口は全然見えません」〔シクスー 一九九七：二六一〕。彼女がイスラーム教徒という言葉でアルジェリアの、特定の武装勢力のことを示したかったことは文脈から明らかである。しかしなぜ彼女は、地域的・限定的な勢力をイスラームという宗教によって表象したのだろうか。その表現は、彼女の宗教への偏見を反映してはいないか。

翻って日本の研究状況はどうか。ジェンダー学においては、イスラームはそれについての一枚岩的で本質的な議論が無批判に再生産されるか、単に無視されてきた。再生産の最近の事例として、日本の婦人保護施設を扱った、須藤八千代・宮本節子編『婦人保護施設と売春・貧困・DV問題』がある。この本は実践と研究を架橋する良書だが、本論と関係のない枝葉末節部分であるイスラームに関する記述には、看過できない問題がある。

Aさん〔引用者注：婦人保護施設に入所してきた東南アジア出身のムスリム〕は大変優秀な人で、母国の最高峰の大学を卒業した後、大阪府内の大学の大学院に国費留学してきていた。しばらくして、夫〔Bさん〕も同じ大学院に私費留学してきた。子どもも来日し、親子三人で暮らし始めたのである。しかし、Aさんは大学院では何事もBさんより優秀であったため、Bさんは常に「Aさんの夫」という扱われ方であった。それはイスラム教徒のBさんにとって、非常に屈辱的で耐え難いものであったのだろう〔河野 二〇一三：二一七〕。

加害者の資質や生育歴、文化、異文化での生活ストレスなどの要因を度外視し、イスラームという宗教を無批判にDVの原因とするまなざしが、ここにはある。イスラームは本質的に女性抑圧的であるとするまなざしが、ジェンダー専門家によって無批判に再生産され続けている。

宗教を重視しない例としては以下がある。竹村和子編『〝ポスト〟フェミニズム』はフェミニズムの動向と研究成果を確認するための良書だが、宗教に関する項目は設けられていない［竹村編 二〇〇三］。同じくフェミニズムの入門書である江原由美子・金淑子『フェミニズム』には「宗教とフェミニズム」と題した一章があるが、キリスト教と仏教についての記述のみで、イスラームにかかる記述はない［掛川 一九九七］。日本のジェンダー学の中でのイスラームに対する関心は低く、イスラーム研究や宗教研究は周辺化されている。

開発学も同様に、イスラームに注意を払ってはこなかった。田中由美子・大沢真理・伊藤るり編『開発とジェンダー――エンパワーメントの国際協力』[*4]はこの分野の入門書であり研究書であるが、宗教についての章はなく、宗教と開発、宗教とジェンダーについてのまとまった言及はなされていない［田中・大沢・伊藤編 二〇〇二］。[*5]イスラームおよびイスラームの価値体系は開発学の中で、特に実践者に否定的に評価されてきた。イスラーム文化圏はＪＩＣＡ（国際協力機構）の援助対象国の三分の一を占めるにもかかわらず、[*6]ＪＩＣＡの職員・派遣専門家を対象にしたイスラームに関する教育プログラムは非常に貧弱である。[*7]例えば筆者が知る、二〇〇四年当時ＪＩＣＡエジプト事務所勤務だったある女性ジェンダー専門家は、イスラームを女性を抑圧する宗教と認識し、イスラームに対して非常に否定的な見解を有していた。彼女はラマダーン（断食月）中に「断食は健康に悪影響であるから、断食するべきではない」と資料を使って複数のムスリムの現地スタッフに伝え、断食をやめさせようとした。また小巡礼後にヴェールを纏うようになった女性スタッフに対し、ヴェールは女性を抑圧するので、ヴェールを脱ぐべきだと助言するなど、ヴェールに対しても否定的な立場をとった。

近年ようやくマーサ・ヌスバウム（Martha C. Nussbaum）が、ジョン・ロールズ（John Rawls）の正義論を応用し、アマルティア・セン（Amartya Sen）と同様に潜在能力アプローチを唱える中で、ローカルな価値観と宗教の重要性を指摘するなど、宗教を再評価する動きが出てきた［ヌスバウム 二〇〇五］。ヌスバウムは世俗的人道主義者はそれぞれの宗教的伝統内部のフェミニスト勢力との連帯に失敗しているとし、さらに宗教的伝統は女性に対する抑圧の強力な源泉であると同時に、人権の擁護、正義へのコミットメント、社会変化のエネルギーとしても強力な源泉となると主張している［ヌスバウム 二〇〇五：二一三］。

ヌスバウムの議論は宗教の可能性を示し、宗教と開発、宗教とフェミニズムをつなごうとする実験的試みとして高く評価できる。彼女が、フェミニズムが宗教に関わる場合の立場を類型化し整理したことは、今後のこの分野の議論に資するところ大である。しかしヌスバウムのアプローチは、多くの留保をつけた慎重なものであるにもかかわらず、現実味がなく、実現可能性に乏しいといわざるをえない。例えば彼女は、何を宗教と呼ぶのか、カルトなどと宗教との線引きをどのようにし、どの宗教を認めるのかなどを判断・決定する主体として、フェミニズムや開発学、第一世界の人々を想定している［ヌスバウム 二〇〇五：二二五―二二六］。「私たちが宗教を保護しようとするとき」［ヌスバウム 二〇〇五：二二六］という一節は、彼女のパターナリズムを示している。彼女は、彼女が批判し、距離をおきたいと願っている普遍主義やエスノセントリズムから、彼女もまた自由ではないことをはからずもここで露呈している。

ヌスバウムらの試みにもかかわらず、宗教とフェミニズム、宗教とジェンダー学、宗教と開発を架橋する試みは未だ道半ばである。第三世界の女性たちは長らく、自らの声を聞くよう、第一世界のフェミニズムや開発学に要求してきた。一九八〇年のコペンハーゲン世界女性会議における、女性性器切除（ＦＧＭ）をめぐる第一世界の女性たちと第三世界の女性たちの対立は、その例である［岡 二〇〇〇：九三―九六］。

宗教とジェンダー学、もしくは宗教と開発を架橋することは、第三世界の女性たちの多様な、複数の声を第一世界のフェミニズムが聞くための一助となるだろう。彼女たちの声、特にイスラーム世界の女性たちの声を聞くためには、彼女たちの、宗教と生活が分かちがたく絡み合った暮らしへの理解が不可欠だからだ。そしてそれは、「女だから」という本質的かつ一枚岩的な語りを排除し、警戒しながら、どのように女性たちがお互いを知り、差異を前提にしつつお互いに連帯していくのかという、グローバル化の中でいっそう重要になっている問いに答えを与えようとするための試みである。本書はこの試みの中に位置づけられる。フィールドで出会った女性たちの日常生活の中にイスラームが深く埋め込まれているからこそ、筆者はこの試みに賛同する。

(2) 人類学におけるジェンダー・植民地主義

ジェンダー学と人類学は歴史的に深い関係を持つ。フェミニズムがジェンダーという概念を手に入れた背景には、男女のあり方は文化によって多様であることを示した、人類学の民族誌の貢献がある。*8 先駆的研究として、サモアにおける少女の思春期に関する研究など、マーガレット・ミード（Margaret Mead）の一連の研究がある［Mead 1928, 1935, 1949］。ほかにもシェリー・B・オートナー（Sherry B. Ortner）が女性の肉体的社会的な条件が女性＝自然という観念を生み出したと主張し、大きな反響を呼んだ［Ortner 1974］。人類学はフェミニズムの形成に欠かせない学問分野であったし、フェミニズムは人類学の研究成果を取り込みつつ発展してきたといえる。宇田川妙子と中谷文美は「ジェンダー研究全般をリードしてきた雑誌『サインズ（*Signs*）』には八二年までに、人類学的な研究の動向をレヴューする論文が四本も掲載された」［宇田川・中谷 二〇〇七：三］と、当時の人類学とジェンダー学との密接な関係を説明する。

しかしマリリン・ストラザーン（Marilyn Strathern）は「気まずい関係――フェミニズムと人類学の場合」の中で、フェミニズムと人類学は他者に対する認識と立脚点が異なっていると指摘している［Strathern 1987］。女性の抑圧からの解放や抑圧の自覚による主体の形成を重視するフェミニズムと、文化相対主義的な立場をとる人類学は相容れないというのである。大塚和夫もこのような人類学とフェミニズムの「気まずい関係」について、特にＦＧＭに関連して整理している［大塚 二〇〇二b：二四一―二七四］。

一方、人類学は歴史的には植民地主義と深く絡み合いながら、[*9] 植民地主義とジェンダーとの複雑で錯綜した関係を描き出してもきた。歴史人類学者のアン・ローラ・ストーラー（Ann Laura Stoler）は蘭領東インドを事例に、人種の分類を支配の基盤とする植民地国家において、性の管理が、支配する者とされる者を分ける境界線を構築する上でいかに重要だったかを論じている［ストーラー 二〇一〇］。ラタ・マニ（Lata Mani）やスピヴァクは、女性の身体が伝統文化と西欧化のせめぎあうアリーナとなった一例としてサティー（寡婦殉死）を挙げる［Mani 1998; Spivak 1988］。女性を同じ人種の男性から保護すべき客体と見なす帝国主義者と、女性たちは死を望んでいたというインドの土着主義者たちのはざまで、女性の身体やその保護がシニフィアンとなり、当事者の女性たちの声はかき消されている、とスピヴァクはいう［Spivak 1988］。田辺明生は植民地下のインドを「そこでは自文化の定義の問題が、いわば女性という場を借りて、争われた」と整理した［田辺二〇〇二：二七〇］。

植民地支配の問題、特にそれに関わるアイデンティティの問題が女性の身体をアリーナとして戦われる傾向を持つことは、エジプトの例からもわかる。エジプトではヴェールの是非をめぐって、植民地支配者たる男性および女性、現地男性、現地女性によって、さまざまな言説が作り出された［Ahmed 1992］。現地男性だけでなく現地女性の言説にも、植民地主義の深い影響が見られるのは驚くには当たらない。路上でヴェールを脱ぎ捨てるパフォーマンスで有名なホダ・シャーラウィー（Hudā Shaʿrāwī 一八七九～一九四七）[*10] は、ヴェールを女性差別と前近代の象徴だと考えていた。ガマール・アブド・アンナーセル大統領（Jamāl ʿAbd al-Nāṣir 一九一八～七〇、在任一九五四～七〇）と政治的に敵対して孤立し、自殺したドーリア・シャフィーク（Doria Shafīq 一九〇八～七五）[*11]は、フランス語をアラビア語よりも流暢に話し、フランスで教育を受けたことを誇りに思い、進歩的な西欧と遅れているアラブという二項対立を内面化していた。彼女たちの人生には、女性としての経験と植民地主義の経験とが、絡み合ったまま書き込まれている［Ahmed 1992; Nelson 1996］。支配者の言説や倫理を内面化した現地女性は、自らの中の二重性に引き裂かれていることを、彼女たちの経験は語っている。むしろマラク・ヒフニ・ナーセフ（Malak Ḥifnī Nāṣif 一八八六～一九一七）[*12]のように、西欧文化と距離を保ちつつ自文化への現実的な認識を持ち、処方箋を提示しえた女性の方が珍しいのではないか［Nāṣif 1962; 竹田 一九九三］。

植民地支配者の言説には、「現地男性に抑圧される無力でかわいそうな現地女性」を助けるというパターナリズムと、それによって植民地支配を正当化しようという欲望が見える。植民地支配者側のイギリスやフランスの女性たちもまた、そのようなパターナリズムに陥り、自らを救い手と認識していたことは、すでに指摘されている［小山・窪田編 二〇〇二］。この点で、マリ・カルディナル（Marie Cardinal）の自伝的小説『それを表現するための言葉』は示唆的である。彼女はそこで母をこう描き出す――「彼女の「アルジェリア」がなければ、彼女は無だった。「現地人」たちの世話をする人物という自分のファンタジーだけが、カルディナルの母を支えていた」［コーネル 二〇〇五：六六］。これはアルジェリアにおけるフランスの植民者たち、特に女性のアイデンティティの根幹に植民地主義が埋め込まれていることを雄弁に物語る一例である。フランツ・ファノン（Frantz Fanon）の『地に呪われたる者』も、植民地主義が植民者、被植民者ともに、個々人の精神世界にいかに深く入り込んでいるかを余すところなく示している［ファノン 一九九六］。

女性の身体は植民地的状況の中で、例えばヴェールを纏う身体として、文化的アイデンティティの要として表象され、あるいは植民地主義との闘争のアリーナとして用いられてきたのである。

このような問題提起は文学の側からもなされている。例えばアラブ文学研究者の岡真理は、日本のフェミニズム主流派が植民地主義的傾向を持つこと、マイノリティの差異の主張が日本のフェミニズムの文脈では多様性の証として言祝がれるが、同時に財産として占有され、かつゲットー化されることについて繰り返し警告を発してきた［スレーリ 一九九七、岡 二〇〇〇］。岡は自分の立ち位置を文学的に表現するが、その表現はときどき、それゆえに危うく見えもする。例えばパレスチナ女性について語るときの彼女の筆致に、筆者はある種のロマンティシズムを見る。岡は一晩ベッドを分け合ったが、ほとんど会話もなく別れたパレスチナ人女性との出会いを想起し、彼女を「女であることの痛みと民族であることの痛みを不可分なものとして生きる、ジェンダー化された民族的抵抗の主体たる一人の *filastīnīya*（パレスチナ女性を表すアラビア語単数形）」［岡 二〇〇〇：二一七］として翻訳する。しかしこのような形での翻訳それ自体が、岡が批判してやまない名づけの暴力、代弁するという暴力と知の横領ときわめて近い行為なのではないのか。

好意的に見れば、それは岡の戦略的態度なのかもしれない。しかし現地女性に何かを投影することなく、複雑で錯綜している女性たちの現実を描き出すための視座は必要である。中谷文美や宇田川妙子が提唱するフェミニスト人類学は、その視座を見出すための価値ある試みのひとつである。[*13] 筆者は本書をその流れの中に位置づけたい。

最後に筆者のポジショナリティについて確認する。筆者は、例えば川橋範子のように、直接的に現地女性たちを民族誌を通じてエンパワーメントすることを目指さない［川橋 一九九七：七三―七四］。彼女たちの社会の中で行われる彼女たちの言説闘争、特に筆者が調査したようなイスラーム言説をめぐる闘争のために、非ムスリムとして筆者ができることは多くない。

バトラーは西洋的な文化の押し付けを避けるためには「普遍的なもの」が常に作られ続けていること——換言すれば構築されていること——を理解しなければならないとし、このような支配的文化を「他者」へ押し付けることへの代替案として「文化翻訳の実践」が必要だとする［バトラー 二〇〇六：二二］。本書の主眼はバトラーのいう文化翻訳を実践すること、彼女たちの日常行為と、社会のジェンダー関係を細かく記述し、それを分析することである。

(3)宗教学におけるジェンダー

宗教学が西欧起源の学問であることから持つ限界や、その「宗教」の定義が妥当であるかについて、近年議論がなされている。かつては宗教一般を普遍的に捉えうる概念を想定し、宗教の定義を定める研究がクリフォード・ギアツ（Clifford Geertz）やミルチャ・エリアーデ（Mircea Eliade）らによって行われ［Geertz 1973; Eliade 1967］、宗教学の中でかなりの影響力を持っていた。このような普遍的・還元的立場は近年、タラル・アサド（Talal Asad）やハルジョット・オベロイ（Harjot Oberoi）、バルヤン・ターナー（Bryan Turner）、ティム・マーフィー（Tim Murphy）らによって批判されている。

オベロイは、一般に宗教とは「社会的文化的な過程である。つまり、何か所与のものではなく、日常の生活行為であり、人間の主体性の部分をなすものだ」［Oberoi 1997: 23］とする。さらに彼はエミック（emic 文化を内側から見る視点）な記述の再生産に陥らず、宗教的なアイデンティティの形成およびそのようなアイデンティティを非宗教的に記述すること、いいかえれば信仰者自身による説明＝エミックを非宗教的に記述し、分析枠組にのせること＝エティック（etic 文化を外側から分析する視点）の重視を唱える［Oberoi 1997: 32］。*14 彼の研究はイスラームを考える上でも多くの示唆を与える。マーフィーは、「宗教」は本質あるいはそれが顕現したものと定義されてきたが、そのような普遍化された範疇は西洋中心の人文主義が産み落としたものに過ぎないとする［Murphy 1994: 119-146］。同様に内面の信仰や良心などを普遍的・超歴史的なものと見なしているとして、ターナーはマーシャル・G・S・ホジソン（Marshall G. S. Hodgson）を批判する［Turner 1994］。アサドは『宗教の系譜』の一章「人類学の範疇としての宗教の構築」でギアツの宗教の定義について批判を加え、「宗教を定義しようという試みそのものが特定の歴史的状況の産物」［Asad 1993: 54］であるとする。まとめれば、アサドやオベロイらは本質主義的な宗教研究、宗教を普遍的に定義しうるものとして設定することに異議を唱えているといえる。筆者も基本的にはこの立場をとる。

小松加代子は、宗教学はこの普遍的・還元的立場ゆえに、構築主義をとる近年のジェンダー学とは基本的に折り合いが悪いとして、宗教学のジェンダー学への関心の低さの理由をここに求めている［小松 二〇〇五］。ストラザーンは人類学とフェミニズムの関係を「気まずい関係」と表現したが［Strathern 1987］、宗教学とフェミニズムも同様の関係にあると川橋は指摘する［川橋 二〇〇四］。

エリアーデの解釈学的枠組みに基づいて編集された『宗教百科事典（*The Encyclopedia of Religion*）』にはジェンダー関連の項目が欠落しており、ジェンダーの視点が彼になかったことが窺える［川橋 二〇〇七: 二九二］。ウルスラ・キング（Ursula King）は宗教学の枠組みの中で、女性研究者と女性に関する研究は傍流とされてきたとして、欧米の従来の宗教学の姿勢を批判している［King 1995: 225-227］。宗教学のこのような西欧中心主義とジェンダーの視点の欠如への反省は、やや時期が遅れてはいるが、フェミニズムのそれと同様の展開を見ているといえる。

一九九九年の『女性と世界の宗教事典（*Encyclopedia of Women and World Religions*）』の刊行、二〇〇四年の『宗教百科事典』の改訂版に二一項の「ジェンダーと宗教」という項目が盛り込まれるなど、宗教学の中にジェンダーの視座を取り入れようとする取り組みも始まっている［川橋 二〇〇七：二九二］。宗教とジェンダーの関係を分析する研究も出てきている［川橋・黒木 二〇〇四、川橋 二〇〇四、二〇〇七、小松 二〇〇五］。川橋と黒木雅子の共著『混在するめぐみ――ポストコロニアル時代の宗教とフェミニズム』は、この分野の日本語で出版された唯一の単行本であり、イスラームについては触れられていないが、意欲的な良書である。川橋は「家父長制のとりでといわれる宗教伝統の中で宗教的主体としての自己を維持する女性たちを可視化する」［川橋 二〇〇七：二九三］必要を説く。クォク・プイラン（Kwok Pui-lan）とローラ・ドナルドソン（Laura E. Donaldson）は、ポストコロニアリズム、フェミニズム、宗教の三つを相互関連性の中で捉える必要性を指摘し、そのことによってジェンダー学は植民地主義の暴力性を回避し、宗教はジェンダーの不均衡を是正することが可能になるとした［Donaldson & Kwok ed. 2002: 3］。「暴力性を回避し、ジェンダーの不均衡を是正することが可能」かどうかについては、その可能性はあるにしても、筆者はそれを無条件に仮定するのには慎重である。しかしポストコロニアリズム、フェミニズム（ジェンダー学）、宗教の三つを相互関連性の中で捉えることと、宗教的主体としての女性を可視化する必要性については同意する。それはフィールドで出会ったエジプト女性たちの日常生活に、ポストコロニアリズム的状況、ジェンダー、イスラームの三つが、分かちがたく絡まり合い、埋め込まれていたからである。彼女たちの日常生活というミクロから、「下から見ていく」ことを重視してフィールドを始めた二〇〇〇年からすでに、この三つは絡み合ったものとして筆者の前に立ち現れていた。

川橋は一貫してジェンダー学とフェミニズムとを同義に用いている。ミリアム・クーケ（Miriam Cooke）やサバ・マフムード（Saba Mahmood）ら、イスラーム世界をフィールドとする研究者も川橋と同様の意味でフェミニズムを用いている。しかし筆者は以下の点から、このような立場を取らない。

フェミニズムは現在、複数形で表されるほど、内部に多様な立場と理論を内包している。ジェンダー学がフェミニズムと密接な関係を持つのはその来歴から当然だが、ジェンダー学は男性や男性性に関する研究や、LGBT研究をも包摂している。このような研究に関心を払ってこなかったとして、フェミニズムは批判されてもいる［バトラー&ルービン 一九九七］。そのような研究の重要性は今後いっそう増すだろうし、エジプトを研究する上でも不可欠である。同様に多様なフェミニズムのすべての立場をジェンダー学が代表するわけではないし、逆もまた然りである。ジェンダー学とフェミニズムは密接に関係してはいるが、厳密には同じものではない。フェミニズムが複数形で語られ、それが決して一枚岩ではないことが自明となった現在、フェミニズムとジェンダー学を同一視する必要は必ずしもないのではないか。

また、本書はイスラーム・フェミニズムおよびイスラーム・フェミニスト――クーケはそれをイスラームとフェミニズムの二つに共感し、二つの矛盾する思想の中での立ち位置を探そうと努力する人々と定義する［Cooke 2001: 59］――を自称する人々を研究対象としない。イスラーム・フェミニズムやその代表者・思想については多くの先行研究がある［Ahmed 1992; Yamani 1996; Karam 1998; Cooke 2001, 2002; Majid 2002; Moghadam 2002; Saliba, Allen & Howard eds. 2002; Barlas 2002; Abu-Odeh 2004a］。本書で注目するのはそのような、イスラームを意識的にフェミニズムや女性の権利と結びつけようとする女性たちの試みやオピニオンリーダーたちではなく、日々、実践の一環としてイスラームを使っている女性たちである。人類学者カマラ・ヴェスヴェスワラン（Kamala Visweswaran）は、フェミニズムが西欧以外の場所では別の名前を持つ可能性を指摘する［Visweswaran 1997: 616］。筆者が注目したいのは、そのような、フェミニズムとは呼ばれないし自覚もされないが、フェミニズム的な、ムスリム女性の日々の実践である。彼女たちはより女性が生きやすい社会を求めているという点で、フェミニストとの共通点を持っている。しかし彼女たちはオピニオンリーダーではないし、女性の権利を口にするとき、フェミニストとしては語らず、ムスリムとして、イスラームの用語を用いて語る。そのような語り方が選ばれるのは、イスラーム・フェミニズムとはまた違う、イスラームに対する認識や距離のとり方の表れである。そしてそのあり方にこそ注目したい。

アサドは「翻訳に携わる人類学者は、概念的要素をなじみのない——さらには不快な——形で結びつけるような比喩を保持することに努めるべきである。これが読者の伝来の偏見の単なる強化に終るかどうかは、もちろん何とも言えない。いずれにせよ、もし私たちが他の文明における潜在的に不穏な概念をリベラルな世界観に受け入れられる言葉に翻訳するならば、偏見が強化されることだけは間違いない」［アサド 二〇〇四：三一五―三一六］と、近代的な概念によって異なる文化を表象することに警鐘を鳴らす。一方クーケはフェミニスト、フェミニズムという概念を積極的に用いてイスラームと女性との関係を分析する立場をとる［Cooke 2001］。

しかし筆者はアサドと同様、エジプト女性たちの立ち位置を「イスラーム・フェミニズム」と名づけるのには抵抗を感じる。彼女たちの日々の実践はいわば「名づけられないフェミニズム」である。しかし彼女たちの意識の中では、それはフェミニズムではない。彼女たちはフェミニズムという言葉でいわゆる「欧米中産階級白人女性」のフェミニズムを思い起こす。そしてそのフェミニズムはエジプトの歴史的文脈において、植民地主義に荷担したという負の歴史を持つ［Ahmed 1992］。フェミニズムの持つ歴史と、エジプトの文脈におけるフェミニズムという言葉の持つ意味に敏感であろうとするなら、彼女たちの「名づけられないフェミニズム」を「イスラーム・フェミニズム」と名づけることは適切ではないのではないか。また、同様の理由から分析概念としてもフェミニズムは適切ではないと筆者は考える。
それがどう呼ばれるべきなのか、それはまたどのような形のどのような戦略を持った動きなのかを、本書ではできるだけ微細に見ていきたい。

(4)日本の中東研究におけるジェンダー

イスラームは女性差別的な宗教であり、その象徴がヴェールであるという、日本で（も）流通している言説は、学問にも影を落としている――例えば日本では、イスラームと女性というトピックの中ではヴェールの問題が一番に俎上に載せられる。大学などの教育の場でも、まずはヴェールと女性差別をセットとする、学生の凝り固まった認識をほぐすところから始めなければならない。二〇一二年度に筆者の講義「宗教の諸問題」をとったある学生は「イスラームは女性にヴェールを被らせている」と書いた。これが日本の一般的な認識なのかもしれない。

しかし、フランスのように、ライシテとの関係でヴェールが政治的なトピックとなる文脈ならまだしも（しかし、それが政治的なトピックになること自体がすでに、フランスのオリエンタリズムを反映している）、エジプトをはじめとする多くの中東諸国では、シャイマーがいうように、ヴェールは日本人が思うほどには、ムスリム女性たち（中でも「敬虔」な、ヴェールをまとうのが当たり前の女性たち）にとっての主要な関心事ではないかもしれない。例えば筆者が収集したエジプトのファトワーを見る限り、ヴェールに関する質問を寄せるのはほぼ、思春期から二〇代にかけての女性たちに限られる。それ以外の年代の女性はそれほどヴェールに関心を持っていない可能性も否定できない。ヴェールへの関心は日本を含む欧米社会の側から発せられ、カーシム・アミーンのような現地のエリートがそれに応答するという形で歴史的に展開してきた。ヴェールがイスラームの女性差別のアイコンとして日本を含む欧米諸国にとって依然として象徴的な意味で重要であることと、カーシム・アミーンらの歴史的なヴェール論争、ジェンダー・オリエンタリズムなどが、我々の耳目をヴェールに集めている。しかし、今、ムスリム女性たちが何に悩み、何に関心を持ち、何を思っているのかを大事に、現地の人々の問題意識にフォーカスし、そこから出発しなければ、エジプト女性たちの姿は見えてこないのではないか。

近年、中東研究において、ジェンダーは関心の高い分野である。日本にのみ限定しても、ジェンダーに関連する研究をしている若手研究者は多い［嶺崎 二〇〇三a、二〇〇三b、後藤 二〇〇三、岩崎 二〇〇四、鳥山 二〇〇六、辻上 二〇〇七］。ジェンダーに関係した単行本も、中山紀子のトルコ農村における性と俗の研究、岡の第三世界のフェミニズムに関する研究、現代イラン社会を専門とする中西久枝の研究、フィリピンのムスリム女性の語りに注目した石井正子の研究、辻上奈美江のサウジアラビアにおけるジェンダーをフーコーを用いて紐解いた研究、後藤絵美のエジプトのヴェールをまとう女性たちに寄り添った研究などがある［岡 二〇〇〇、中山 一九九九、中西 二〇〇二、石井 二〇〇三、辻上 二〇一一、後藤 二〇一四］。大塚和夫も『近代・イスラームの人類学』の第五章でジェンダーについて論じている［大塚 二〇〇〇：九九―一二六］。

大塚の多くの論文は、彼が主にフィールドワークを行った八〇年代のデータと、九〇年代の補足調査によって得たデータに拠っているため、ややデータが古い点が惜しまれる。しかしジェンダー学の動向をふまえた彼の分析は、日本で参照できる良質な中東研究のひとつであるといえる。大塚は事例研究をつなぐ理論や分析枠組みを提供しようと試みており、このような姿勢でジェンダー学を行っている中東研究者が少ない中、貴重な存在である。清水芳見の研究も、ヨルダンの農村のジェンダー規範やジェンダー秩序を考える上で意義深い［清水 一九九四］。

中山の研究は九二～九三年に行ったフィールドワークの成果をもとになされており、トルコの農村に関する豊かなフィールドデータに裏づけられている。中山は「『抑圧』を抑圧と直ちに断定することなく、なぜ、そのようなことが彼らによって実践されているかに注目すること」［中山 二〇〇五：二四］が重要だと指摘する。中山は一貫して「聖」と「俗」にこだわりを見せ、[*15]「イスラームはもっとも『俗』にまみれて見える『性』を『聖』に通じさせる特徴をもつ」［中山 二〇〇五：四二］と指摘するが、原則的に「聖」と「俗」という二項対立そのものが存在しないシャリーアないしイスラーム文化を、そのような概念で分析することは果たして妥当だろうか。前述の引用から、中山が性を俗にまみれているものと考えていることがわかるが、この前提は妥当なのか。例えばヒンドゥー教のタントリズムのように、「性」が「聖」と結びつくのは決して珍しいことではない［cf.田中 一九九八］。

また中山はトルコの一農村の事例をもって「筆者は、性がイスラームの最も核心的な特徴のひとつであると確信している」［中山 二〇〇五：四二］、「性こそがイスラーム社会を理解する大きな手立て」［中山 二〇〇五：四二］と指摘するなど、本質主義的な分析をしがちである。大変貴重なデータであるだけに、文化の可変性やダイナミクスを射程に入れた分析にいたっていないことは惜しまれる。大塚が指摘するように、そのような断定のためにはより多くの研究を待たなければならないだろう［大塚 二〇〇五：一〇五―一〇六］。

現代イラン社会を専門とする中西久枝は『イスラームとモダニティ――現代イランの諸相』の第六、七、八章でジェンダーに関する事象を扱っている。第六章で中西はシーア派の著名なウラマーであるジャアファリ師の人権論を取り上げ、西欧起源の普遍的人権論とシーア派イスラームの人権論を、「人権」概念の歴史的背景、立脚点の相違を明らかにしながら比較・整理し、「イスラーム的人権論が、西洋的人権論と決定的に異なるのは、男女の平等と信教の自由の二点」［中西 二〇〇二：一六五］だと指摘する。続く第七章では、女性雑誌を資料としてポスト・ホメイニ期のイランのフェミニズムについて論じている。中西はイランのフェミニズムは「『宗教的』対『セキュラー』、『保守』対『リベラル』といった分類」で捉えるべきではなくむしろ「『フェミニズム』という本来西洋の概念の受容に対して、『保守的』なのか『進歩的』なのか」の違いであると指摘する。

中西によれば、イランではイスラームの枠組みに則って女性の権利拡大を主張した方が受容されやすいため、近年女性雑誌は国家権力の外に置かれた改革派ウラマーと連携、「ウラマーの言葉を借りて主張を展開」［中西二〇〇二：一八七］する傾向が見られるという。エジプトでも同様の傾向が見られたが、エジプトでは女性ウラマーが出現しており、イスラーム言説の担い手としての女性が登場している点がイランと異なっている。これについては本書第二章で詳述する。中西は第八章では、女性の進学率、就労、女性の社会参加などにも触れつつ、ヴェールが強制されている国々と、社会規範が厳しいためにヴェールをまとわないという選択肢が事実上ない国々、ヴェールの着用は個々人の選択に任されている国々、の三つにイスラーム諸国を分類し、その歴史的背景と状況を簡潔に整理している。中西の研究はイランの状況を考えるために必要な情報を提示するだけでなく、それをどう考えるべきかについての示唆にも富んでいる。

開発学に関連する優れた研究としては、鷹木恵子のマグリブ諸国におけるマイクロクレジットに関する研究や、桜井啓子の、イランにおいて女子教育が普及した要因が、男女隔離規範と適合的な学校システムであると指摘した研究、村上薫のナームス（性的名誉）規範が女性たちの家外での労働にどのように作用したかについての研究などがある［鷹木二〇〇五、二〇〇八、桜井二〇〇五、村上二〇〇五］。これらの研究は、イスラーム世界における開発を考える上で有効な視座を開発学に提供しうる。

一方で、ジェンダーという言葉への中東研究者の理解は十分ではない。例えば『イスラームの性と文化』の編者である加藤博は「(ジェンダーは) 近年の流行りの表現を使えば、グローバル・スタンダードの有力な担い手のひとつである。ジェンダーという言葉には、社会的役割に見られる男女間の差別的性差、さらには性差そのものを克服し、排除することへの意思がこめられているからである」[加藤 二〇〇五：七] とし、グローバル・スタンダードとイスラームを対立するものと捉えた上で「『ジェンダーとイスラーム』はもうひとつの (グローバル・スタンダードとイスラームの) 戦いの舞台」[加藤 二〇〇五：八] であるとしている。ここで加藤はジェンダーを、モハンティやスピヴァクが批判した、西洋中産階級白人女性のフェミニズムと同じものと見なしてしまっている。なおこのような加藤の認識は大塚からも批判されている [大塚 二〇〇五]。

以上、イスラーム研究の中でのジェンダー研究について概観した。男性性、女性性、性規範などに関わる考察は広く行われているものの、それを一般的なジェンダー学の蓄積や理論に照らして論じている研究が少ないのが現状である。

海外の中東研究におけるジェンダー研究は近年非常にさかんである。前項でイスラーム・フェミニズムに関する研究については触れた。重要な先行研究として、女性とイスラーム関連の画期的な百科事典『女性とイスラーム文化百科事典 (*Encyclopedia of Women & Islamic Cultures*)』がある [Sued 2003-08]。その他エジプトを対象とする研究に限っても、ジェンダーとナショナリズム、ジェンダーと法、ジェンダーと労働、リプロダクティブヘルス&ライツなど、さまざまな分野で研究が蓄積されてきている。例えば第三世界フェミニストの第一人者の一人で、エジプトの、特にベドウィン社会における長い調査経験を持つライラ・アブー＝ルゴドの多岐にわたる仕事、ジェンダーとナショナリズム分野で女性の地位と国家の関係について、福祉を手がかりにクリアな分析をしたイマーン・バイバルス (Iman Bibars)、ジェンダーと労働分野でカイロ女性たちの家族・雇用関係を世帯内の資源分配やインフォーマルな労働などから丁寧に読み解いたホマ・ホードファル（Homa Hoodfar）、リプロダクティブヘルス&ライツ分野では、イスラームと、民間信仰を用いた医療儀礼との関係を論じたガーダ・センガース（Gerda Sengers）、親族・家族関係をテーマにしたホプキンス、家族計画に関するカムランらの仕事である［Abu-Lughod 1986, 2008, 2013; Sengers 2003; Hoodfar 1999; Bibars 2001; Hopkins（ed.）2003; Kamran 2002］。

日本では今後、ジェンダー・オリエンタリズムに影響を受けない実証研究が積み重ねられていくことが望ましい。本質主義的な分析や語りという陥穽に陥ることを充分に警戒しながら、「イスラーム世界のジェンダー研究」は、イランのジェンダー研究や、シャリーアのジェンダー秩序、インドネシア女性の社会進出、ジェンダーと制定法など、対象とする地域においても分野においても、軸線を多元化していくことが望ましい。イスラーム世界の内部のジェンダー、地域、歴史、階級、民族等々の差異を可視化し、個々の文脈の中でジェンダー規範やジェンダー秩序がどのようなもので、何によって、どう決定づけられているのかを、多様な研究手法で明らかにしていくことが、まずは求められている。「イスラーム世界のジェンダー」という正体不明なブラックボックスに個々の事例を落とし込んでしまうことなく、差異を丁寧に微細に見ていくこと。そして、その事例を読むための個々の枠組みを同時に提供していくこと。これらがイスラーム世界のジェンダーに関する研究に課せられた課題であろう。

加えてイスラーム世界のジェンダー研究は、宗教が重大な意味を持つ世界におけるジェンダーのあり方や、宗教とジェンダーの関係について、重要な示唆をジェンダー学全般に与えることができる。それによって、従来のジェンダー学が十分に扱ってこなかったが、近年その重要性が認識されている研究の地平に対し、新たな視点と可能性を提供する契機となる可能性を持っている。

その研究の地平とは、前述した宗教とジェンダー学と人類学の三者を相互補完的に架橋し、それによって宗教とジェンダーの関係を捉えうる視座を形成していくことである。これは今後の、ジェンダー学、イスラーム地域研究、人類学、宗教学などを含む学際的な研究全体にとっての課題である。

3　研究方法および本書の構成

以上、ジェンダー学、宗教学、人類学の「居心地の悪い」三者関係――エジプトに即して具体的にいえば、ジェンダー学、人類学、オリエンタリズム、の三者関係であろうか――について概観した。このような何重もの「居心地の悪さ」はとりもなおさず、「ムスリム女性」、特にイスラームの規範に従って生きようとする「敬虔」な女性たちが、既存の分析枠組みや学問領域だけでは捉えきれない場所にいることを示している。

彼女たちの認識や実践を捉え、それを正確にまた微細に分析するには、彼女たちの現実とその「居心地の悪さ」をありのままに描き出せる場所が必要である。

筆者は今まで、エジプトをフィールドとする「イスラームとジェンダー」の研究者として、その場所を提示すべく、研究を行ってきた。本書は文献を読むための作法としては歴史学の手法を、フィールド調査を行うにあたっては文化人類学の手法を参照した。法社会学および法人類学の先行研究にも多くを負っている。それは長い歴史を持ち、文字資料の豊富な中東地域を立体的に捉えるには、学際的な研究が不可欠だと考えるからである。オリエンタリズムからも、ジェンダー・オリエンタリズムからも離れた場所で、エジプト女性の日々の宗教実践を分析するための場所と理論を目指すことが、本書の最終的な目標となるだろう。

(1)研究方法および本書の構成

そのためにはまず、グラスルーツで、ミクロから丁寧に事象を見ていくことが必要である。そのために彼女たちの顔が見えるところ、声が聞こえるところから出発することと、彼女たちの意見や言葉を大事にすることを自分に課した。エジプトでのべ四年一〇ヶ月という比較的長いフィールド調査をする機会に恵まれ、多くの女性たちの声を聞いてきた。彼女たちを分析・記述する方法と結論は、彼女たちから見ても妥当な、納得できるものでなければならない。フィールドで出会ったインフォーマントたちが本書を見る機会はおそらくないが、グローバル化の進行によって、インフォーマント自身が筆者の研究に出会う可能性は非常に高くなっている。自文化にもフィールド調査地にも資することのできる研究を提示すること、グラスルーツから見ていくこと、できるだけよい目と耳であるよう努めること、この三点を研究上の職責として自己に課した。

本書は二〇〇〇年八月から二〇〇八年一月まで、断続的に四年一〇ヶ月にわたり、主にカイロで、そして必要に応じてデルタ地域のカイロ近郊農村で筆者が行ったフィールド調査の資料に依拠している。行った調査は多岐にわたるが、主なものは①カイロの庶民街であるショブラ地区（行政区としてはサーヘル地区）および高級住宅街であるモハンデシーン地区における一〇ヶ月間の住み込み（二〇〇〇～〇一年）、②文献の収集および分析、③カイロにある電話でファトワーを出すNGO組織「イスラーム電話（*al-Hātif al-Islāmī*）」におけるファトワーの聞き取り（〇六～〇八年）、④ウラマー、イスラーム電話スタッフ、ダール・アルイフタースタッフ、アズハル大学の教授およびスタッフ、宗教専門学校教師、説教師に対する半構造インタビュー（〇〇～〇八年）、⑤説教師主催の勉強会参加者に対する半構造インタビュー調査および質問紙によるアンケート、説教師の勉強会における参与観察（〇三〜〇六年）、⑥宗教専門学校およびモスクにおける参与観察（〇五〜〇六年）である。

そのうち、本書では主に②③④⑤の調査で収集した三つの資料群を用いる。①穏健派のウラマー、ムハンマド・バクル・イスマーイール（Muḥammad Bakr Ismāʻīl ?-〜二〇〇二）のファトワー集『質問者と法学者の間（*Bayna al-sāʼil wal-faqīh*）』（第三章と第五章）、②イスラーム電話のムフティー会議記録および、イスラーム電話に寄せられたファトワーの質問記録と回答記録（第四、五章）、③カイロおよびカイロ近郊農村で活動する二人の女性説教師の活動記録（第二章）である。その他フィールドで得た別個の資料群は、議論が煩雑になるのを避けるため、あくまで補足的に用いる。

ファトワーの質問には、質問者の出身地や年齢、階層などの属性は書き込まれていない。そのような資料の制約上、本書には階層差や地域差に関する詳細な議論が行えないという限界がある。その点は、女性説教師たちの活動を対象に行ったフィールド調査の資料によって部分的に補完したい。

調査範囲がカイロとその近郊農村であるため、本書の議論はエジプト社会全体を包括し、説明しうるものではない。第三章で扱う身分法や法秩序は国家としてのエジプトを単位としているが、本書の事例はあくまでカイロとその近郊農村に限られるため、エジプト全体についての分析は行わない。

第四章で用いるイスラーム電話の質問記録によれば、質問者は必ずしもカイロ在住であるとは限らない。しかしカイロ在住でない質問者たちも、カイロの高級住宅街、モハンデシーン地区に事務所を構えるイスラーム電話という、「都市にある資源」としてのイスラーム言説を利用している。それは都市性によって保証され、かつ必ずしも空間的に限定されない、カイロを中心としたネットワークを彼らが利用していることを示している。そしてそのようなネットワークおよび個人は、同時に国家領域としてのエジプトを単位とする法秩序によって規定されてもいる。本書はそのような、カイロを中心とした都市的なネットワークを利用できる人々および、都市近郊農村に居住する人々を分析対象とする。

以下で本書の構成を簡単に提示する。

まず本章で、本書の目的を提示し、先行研究を整理・分析することによって問題の所在を明らかにする。同時に本書の全体の構成を示し、議論に入るための整理を行う。

第二章では、カイロとカイロ近郊農村で活動する二人の女性説教師の活動を事例に、イスラームのジェンダー規範と女性たちとの関係を明らかにする。

第三章では、ファトワーを事例に、シャリーアおよびファトワーがエジプトの法秩序の中で占める位置を、法社会学ないし法人類学の手法を用いて明らかにする。法秩序全体におけるイスラーム法の法的位置づけを解明することによって、イスラーム法とファトワーの有効性や強制力を、マクロな視点から構造的に認識することを可能にする。

第四章では、ファトワーの中でもアクセスが容易であり、日常生活と密着している電話ファトワーを資料に、質問者とウラマーのファトワーをめぐる交渉に注目し、そのダイナミクスの諸相と、人々がファトワーというイスラーム言説を生活の中でいかに使いこなしているかを分析する。

第五章では、第四章までの議論をふまえ、ファトワーを主な資料として、イスラームのジェンダー規範について、特に婚姻と姦通、男女隔離規範とを事例に分析する。

最後に終章で、合法性、権威と正統性という概念を手がかりにイスラーム言説の持つ女性にとっての意義を分析する。さらに私的な社会や共同体という、女性たちの最も身近で、かつ苛酷なアリーナにおける交渉の中でイスラーム言説が持つ意味をまとめ、イスラームとジェンダーという問題系の現在を確認する。さらに質問者とウラマーの間のファトワーをめぐる交渉が何をもたらし、それがどのような意味を持つのかを、バトラーが『ジェンダー・トラブル』で指摘した、反復によるパフォーマティヴな攪乱（subversion）という視座から分析的に考える。

読者諸賢はすでにおわかりのように、本書は二〇〇〇年代のエジプトを扱っており、二〇一一年のいわゆる「アラブの春」以後のエジプトや中東地域の激変については論じない。しかしそれは、本書の価値をいささかも減じない。本書は「アラブの春」以前、ムバーラク政権の開発独裁下における二〇〇〇年代のエジプトにおいて、女性たちがどのようにイスラーム復興を生きたかの記録である。

(2) シャリーアとファトワー、知の体系をめぐる権威

ここで、本書の理解の一助として、シャリーアとファトワー、ファトワーを出すウラマーについて簡単に整理する。ファトワーを出すウラマーは、ファトワーを出す者という意味のムフティーとも呼ばれる。スンナ派イスラームには、教皇を頂点とするカトリック教会のような、全信徒に了解されるヒエラルキーや、ウラマーを対象とする厳密な位階制度がない。原理的には神の前に人は皆平等とされ、ムスリムを拘束するのは神授の法、シャリーアである。国民国家の枠内で機能する近代法と異なり、シャリーアはアッラーという、政治権力を超越する強制力を源泉とするゆえに、原則的には国家を超越すると見なされる。またシャリーアは一八七〇年にオスマン帝国がメジェッレを発布する以前には成文化されたことはなかった［堀井 二〇〇四：二一二］。かつシャリーアは属人法で、その意味で領域に無関心である。

しかし現在では国家単位で、国家によって宗教権威のヒエラルキーが秩序づけられていることが多い。例えば

エジプト、サウジアラビア、イエメン、シリア、レバノン、マレーシア、パキスタンなどは、国家による大ムフティー任命制度を有する。

イスラームには地域・歴史的文脈により多様なヴァリエーションがあるが、ファトワーの法的位置づけも国によってかなり異なる。エジプトではファトワーの発行は国家によって制限されない。一方マレーシアでは各州に一人、役職としてのムフティー位が置かれ、彼が出したファトワーはその州において法的拘束力を有するが、ムフティー位にないウラマーはファトワーを発行できないなど、その発行が国家によって管理され、ファトワーの法的機能および法的地位がエジプトと異なる［竹野 二〇一二、塩崎 二〇一二］。複数のアフマディーヤ・ムスリムの語りによれば、パキスタンの地方の村落では、地域の有力なムッラー（宗教指導者）が出したファトワーには非常に強い拘束力があり、従わないと殺される危険性すらあるという。現代インドネシアにおけるファトワーやシャリーアについては小林寧子［小林 二〇〇八］が詳しい。

エジプトは、九七〇年創設のアズハル・モスク（*Jāmi' al-Azhar*）およびスンナ派世界最古にして最大のウラマー養成機関であるアズハル大学を擁する。*16 アズハルはアズハル総長（*Shaykh al-Azhar*）の指揮下にスンナ派最大のウラマー集団を擁し、国際的にもその権威が認められている［小杉 二〇〇二a：一七］。アズハル総長はエジプトにおける第一の宗教権威者とされ、それに次ぐ第二の宗教権威者が国家機関、ダール・アルイフター（*Dār al-Iftā* ファトワー発行局）の長である大ムフティー（*Muftī al-Misr*）である。ウラマーとしては、アズハル総長の方が大ムフティーより格上とされる。エジプトは、アズハルを中心としたイスラームの知の体系とその権威が確立しているという地域的特徴を持つのである。アズハル大学はインドネシア、マレーシアなどからも多くの留学生を受け入れており、エジプト国内にとどまらない、広い権威と影響力を有する。アズハル留学生の多くは卒業後、母国でウラマーやシャリーア法廷の裁判官などとして活躍する。アズハル出身の著名人としては、インドネシアの第四代大統領、アブドゥルラフマン・ワヒド（一九四〇～二〇〇九、在任一九九九～二〇〇一）や、オーストラリアの大ムフティー、イブラーヒーム・アブー＝ムハンマド（在任二〇一一～）らがいる。アズハル大学は一九六一年から女子学生の受け入れを開始し、女性へも門戸を開いた［Mahmood 2005: 66］。現在はカイロのアズハル大学のみならず、各地の分校にも女子部がある。

ウラマーとはクルアーン学やハディース学[*17]、法源学、法学、アラビア語学などの専門教育を受けたイスラーム諸学を修めた知識人である。しかしスンナ派の場合は、はっきりとした認定制度やヒエラルキーがあるわけではなく、その範囲は必ずしも明確ではない［東長 二〇〇二］。現代エジプトでは一般に、アズハル大学で正規の宗教教育を受け、イスラーム諸学の教師、モスクの導師など、イスラームに関わる仕事（有償・無償問わず）に従事する者をウラマーと呼ぶ。サウジアラビアなど、エジプト以外で正規の宗教教育を受けたウラマーはウラマーと見なされるが、海外で教育を受けたエジプト在住のウラマーは非常に少ない。

エジプトにおいて非宗教教育を受けたイスラーム知識人[*18]が生まれ、ウラマーによるイスラーム的知の独占が崩れてからは、非ウラマーでありながらイスラーム言説を担う者が多くなった。本書で扱う説教師もそうである。説教師は理性ある成人ムスリムなら誰でもなれるとされ、専門知識は必要とされない。前述のようにファトワーを出す者をムフティーと呼ぶが、ムフティーたる資格を持つのはウラマーだけで、説教師はファトワーを出すことができない。エジプトのイスラームの知の体系の中では、ウラマーは説教師の上位に位置する。またこの両者の差異を、エジプト人ははっきり認識していた。エジプトではウラマーによるイスラーム的知の独占が崩れてのちも、アズハルを核とするイスラームの知の体系がヒエラルキーとしてあり、ウラマーとその他の非宗教教育を受けたイスラーム知識人とでは、有する権威が異なる。ただし、人気の説教師や知名度の低いウラマーなどがおり、説教師およびウラマーの認知度および人気度と権威は、必ずしも比例しない。

現代エジプトでは、ファトワーを出すための明確な資格や認定制度があるわけではない。しかし、ウラマーでも誰もがファトワーを出せるわけではなく、ウラマーの中でも学識がある者がファトワーを出すとされる。*[19] 換言すれば、ムフティーは全員ウラマーだが、ウラマーが全員ムフティーになれるわけではない。日常会話で「彼はムフティーだ」と言うときは、ムフティーという言葉は学識のあるウラマーやウラマーの中でも地位の高い人を指す尊称として使われる。実際にファトワーを出しているウラマーでも、通常はそれだけを理由にムフティーと呼ばれることはない。

小杉はムフティーを「①国家に任命され、国事（対外ジハードの宣言など）についてもイスラーム的見解を明らかにする権能をもつ大ムフティー、②公権力によって任命されているが、国民レベルで職務を果すムフティー、③地域共同体が運営するモスクや宗教団体において，団体レベルで指名されているムフティー」の三つに分類する［小杉 二〇〇二c：一三二］。さらに筆者は、④モスクなどで任意に活動する市井のムフティーという第四の項目を付け加えたい。

エジプトで①に当たるのはダール・アルイフターの長で、大統領に任命され、国事についてのイスラーム的見解を明らかにする権能を持つ職位としての大ムフティーである。調査時においてはアリー・ジュムア（ʿAlī Jumʿa 一九五三〜、在任二〇〇三〜一三）*[20] であった。二〇一三年二月にアリー・ジュムアは大ムフティーを退き、イブラーヒーム・アブドゥルカリーム（Ibrāhīm ʿAbd al-Karīm 二〇一三〜）が史上初の選挙によって後任に選ばれた。大ムフティーの国事に関するファトワーは記録され、新聞などで公表される。その他、ウラマーとしては大ムフティーよりも格上であるアズハル総長が、国事に関するファトワーを出せるムフティーである。調査時のアズハル総長はムハンマド・サイイド・タンターウィー（Muḥammad Sayyid Ṭanṭāwī 一九二八〜二〇一〇、在任一九九六〜二〇一〇）であった。[*21] 二〇一四年現在のアズハル総長はアフマド・タイイブ（Aḥmad al-Ṭayyib 一九四六〜、在任二〇一〇〜）である。②に当たるのは、広い意味ではアズハル大学の教授など、アズハルの擁するウラマーたちであり、狭い意味ではアズハルのウラマーたちのうち、ダール・アルイフターのムフティーとして正式に任命されているウラマーであろう。③の宗教団体におけるウラマーとしては、例えばムスリム同胞団の著名な思想家、ユーセフ・カルダーウィー（Yūsuf al-Qarḍāwī 一九二六〜）が挙げられる。④に当たるのがアズハル大学卒業後、地域のモスクなどで活躍する市井のウラマーである。本書で分析対象とするのは、④に当たるウラマーたちのファトワーである。

ダール・アルイフターとは、一八九五年に司法省の一機関として設立された、ファトワーを出すための国家機関である。[*22] 現在は司法省から独立した政府機関で、公式のイスラーム解釈およびファトワーを出す唯一の国家機関である。ここのトップが大ムフティーであり、閣僚ではないが、外交儀礼上は閣僚級の扱いを受ける。これに準ずる公的機関として、アズハルに属し、アズハル・モスクの一角で信徒に対しファトワーを出すファトワー委員会がある。ファトワー委員会については［小杉 二〇〇二a］がくわしい。この二つの機関が、エジプトで組織的かつ公的にファトワーを出す機関である。第四章で論じるNPO組織「イスラーム電話」は、ファトワーを出すが公的機関ではなく民間非営利組織である。それ以外のファトワーは、各ムフティーが個人的に寄せられた質問に回答したものである。

(3) 実践によるイスラームの身体化

私見だが、イスラームは非常に実践的《プラクティカル》な宗教である可能性が高い。宗教が日常儀礼を通じて身体化されることの意味を、筆者はフィールドで、彼女らと共に暮らす中で日々実感した。エジプトでは、イスラームは日常に当たり前に溶け込んでいる。エジプトのムスリムは成長の過程で、空気のようにそれに触れながら育つ。子どもたちは父母やオジオバ、兄弟姉妹、身近な人々が礼拝[*23]する姿を日々見、礼拝の仕草を隣で真似てみせ、母を真似してヴェールをまとっておどけ、集団礼拝の場でうろちょろし、長じてはクルアーンの第一章とその他の短い章句などを順繰りに覚え、諳んじて家族に褒められて喜ぶ。断食月《ラマダーン》時に友人の家を訪ねると、八歳と一二歳の子どもたちが「今日は半日断食できたんだよ！」「私、今日初めて三時まで断食できた！」などと報告に駆けてきてまとわりつく。大人の真似事をし、大人の仲間入りができることが嬉しくてたまらない子どもたちの姿は、断食月にはそこかしこで見られる。毎日五回の礼拝は生活のリズムを形作る。礼拝は「じゃあ日没の礼拝の時間に」「昼の礼拝の時間に行くわ」など、時間の参照基軸として待ち合わせの際などに使われる。[*24] 月・木曜には、熱心なムスリムは推奨行為《スンナ》である任意の断食を行うこともある。清浄なモスクには右足から、トイレには左足から入る、トイレでは神の御名を唱えない、クルアーンの上に他の書物を重ねない、家を出るとき、旅に出るときなど折々に祈祷句を唱える、預言者ムハンマドの名の後に「彼に平安あれ」と言う、預言者ムハンマドを救った故事から蜘蛛を殺さないなど、習慣化／身体化されたムスリムとしての所作や仕草は、暮らしの中に身体感覚として根づいている。

アイデンティティは社会の外ではなく社会のただ中で、日々の暮らしを通じて構築される。エジプトでは社会化および文化化の過程の中に、ムスリムである／なることが不可欠な要素として含まれている。ムスリムとしてのアイデンティティは、一日五回の礼拝など、日々反復される宗教儀礼によって構築され、身体化される。換言すれば、ムスリムとして行為することが、ムスリムとしてのアイデンティティを醸成するのだ。

礼拝を例にとると、日々祈ることは、礼拝を通じてイスラームの道徳的規範、基本的価値観、世界観を内面化し、実践することである。具体的には、聖地メッカの方向に祈ることでメッカの位置とその聖性を、礼拝でクルアーンの章句のいくつかを必ず諳んじることから、クルアーン暗誦とアラビア語の宗教的な絶対性を、礼拝を男女別に行うことで男女隔離規範を、礼拝時に体を覆うことにより、覆うべき身体の部位とそのジェンダー差を、あくびやおなら、睡眠、排泄後には必ず礼拝前に清め《ウドゥー》を右から行うことで、右手の優越とケガレと清めに対する感覚を、アザーンと礼拝を基準に時間を区切ることで時間感覚を、それぞれ身体化し、繰り返し上書きすることである。礼拝は五行のうち二つ目の最大の柱とされるが、日々の宗教実践はムスリム・アイデンティティを構築する上で大きな意味を持つ。本書全体を通じて、きわめて行為遂行的《パフォーマティヴ》な、宗教実践によってムスリムに身体化される宗教として、イスラームを捉えたい。以降の章はすべて、そのような立場に立って書かれている。

注

＊1 高校生のイスラーム像については例えば二〇〇六年の『日本中東学会年報』二一（二）の特集「学校教育におけるイスラーム」所収の論文［Miura 2006; 松本 二〇〇六］を参照されたい。

＊2 神が啓示した真理で、ムスリムが従うべき規定を示す［Encyclopedia of Islam］。理念的には神の意思の体系的な表現。「法」としては、プライマリー・ルール［ハート 一九七六］に当たる行為規範。イスラーム法。民法、刑法などだけでなく倫理

的規定や宗教儀礼に関する規定をも持つ、社会生活のすべてを包摂する法。属人主義をとる。

＊3　ファトワーに関する主要な先行研究として［Amin 2000; Masud ed. 1996; Tucker 1998; 小杉 一九八七、二〇〇二a］などがある。

＊4　エンパワーメントは「力をつけること」を意味する開発学の概念。女性たちが技術や知識、収入などを得ることや人的ネットワークを作ることなどによって力をつけることを指す［モーサ 一九九六］。

＊5　ケーススタディとして桑原尚子「イスラーム離婚法におけるジェンダー」が収録されているが［桑原 二〇〇二］、マレーシアの離婚法を扱った記述的な論文であり、宗教と開発の関係を理論化し分析することは目的とされていない。このような状況に［荻原 二〇〇五］は疑問を呈している。

＊6　http: //www.jica.go.jp/jicapark/frontier/0504/04.html（二〇〇七年一〇月閲覧）。

＊7　ＪＩＣＡで派遣される専門家は市ヶ谷にある国際協力総合研究所で研修を受ける。研修の内容は個々の専門家の経歴や語学力によって異なるが、共通研修が五日間、地域に特化したタイプ別研修および必要に応じた語学研修が一〇日間ある。短期専門家の場合は共通研修のみで、タイプ別研修は行わない。このうち、タイプ別研修の中に「任国概要」という授業が三時間ほどあり（時間は講師の都合により可変的）、その中でイスラームについて触れることはあるかもしれない、とのことであった。講師はアジア経済研究所の職員や大学教授などが務める。特にイスラームおよび現地文化に特化した授業はない［国際協力総合研究所への電話インタビュー、二〇〇七年一〇月］。派遣されるＪＩＣＡ職員は二週間ほどの内部事前研修を受けるが、そこでもイスラームに特化した、または宗教について触れる研修はない［ＪＩＣＡ中東第一チームへの電話インタビュー、二〇〇七年一〇月］。

＊8　人類学とジェンダー、人類学におけるジェンダー研究については多くの先行研究があるのでそちらを参照されたい［Moore 1988; 青木 一九九一、窪田 二〇〇四、中谷 一九九七、二〇〇一、二〇〇三、田中 二〇〇五］。

＊9　例えばマリノフスキーはイギリスによるアフリカの間接統治を支持し、人類学研究は植民地統治のために役立つ実用性

のある学問であると唱えていた。これらの詳細については［山路 二〇〇二］を参照されたい。

＊10 一九一四年に「女性知識人協会」を設立。一九二〇～三〇年代のエジプトのフェミニズムを牽引したフェミニスト。西欧を優れたものと見なす植民地主義を内面化し、西欧化を目指した。

＊11 フェミニスト雑誌『ナイルの娘』（一九四五～五六）を創刊。植民地主義を最も強く内面化していたフェミニスト。

＊12 定期的に新聞に執筆したエジプトで最初の女性。自文化に基づいたフェミニズムを追及した。

＊13 アブー＝ルゴドの議論も多くの示唆を与えてくれる［Abu-Lughod 1990］。

＊14 宗教学全体の研究状況やアサドによるギアツ批判については、よくまとめられた先行研究があるので、そちらを参照されたい［マッカチオン 二〇〇〇、磯前 二〇〇〇、中川 二〇〇三］。

＊15 その姿勢は中山の著作の題名『イスラームの聖と俗――トルコ農民女性の民族誌』に顕著に表れている［中山 一九九九］。

＊16 アズハルについては、［小杉 一九八七、一九九四；Zeghal 1999］がくわしい。アズハル研究については［池内 二〇〇五］を参照のこと。

＊17 預言者ムハンマドの言行に関する伝承。シャリーアの四つの法源のうちのひとつで、クルアーンに次いで二番目に重要とされる法源。

＊18 例えばムスリム同胞団の設立者ハサン・バンナー（Ḥasan al-Bannā 一九〇六～四九）は、近代的な師範学校ダール・アルウルームの出身で、ウラマー出身でないイスラーム指導者の典型とされる。

＊19 明確な資格や認定制度がないため、アズハル大学教授ムハンマド・アブー＝ライラ（Muḥammad Abū Layla）によれば、「事実上はウラマーの自覚や裁量に任せられている」とのことである［二〇〇四年一月］。

＊20 著作を読む限り、彼は法理論だけでなく、現実の社会状況やエジプトにおける女性の地位に配慮した、行き届いたファトワーを出すムフティーである［Jum'a 2005b］。二〇〇八年当時は巷の評判もおおむねよかった。

＊21 彼はアズハル総長となる以前、長く大ムフティーを務めた（一九八六～九六）。政府寄りのファトワーを出すことで知ら

れ、エジプト人には大変不人気である。特に二〇〇四年一月に、フランス政府がフランスの公立学校でヴェールを禁止したことを容認するファトワーを出した際には、大変な議論を引き起こした。ウラマーの多くがこのファトワーに反対した［*Al-Ahram* 672, http://weekly.ahram.org.eg/2004/672/fr2.htm（二〇〇七年一〇月閲覧）］。これはシャリーアが属人法であるにもかかわらず、タンターウィーがそれを尊重せず、フランス在住のムスリムは属地法であるフランスの法をシャリーアよりも尊重すべきと解釈したために起こった議論だと整理できる。

＊22　ダール・アルイフターの歴史的展開についてはスコヴゴアア・ペーターセンが詳細で優れた研究を出している［Skovgaard-Petersen 1997］。

＊23　イスラームでは一日に五回の礼拝が義務づけられている。それ以外に義務の礼拝に追加して行う任意の礼拝や断食月に行う特別な礼拝があり、それぞれ行った者に神からの報奨があるとされる。また結婚の申し出を受けるべきか否か、海外転勤は吉か凶かなどの人生の岐路では、選択礼拝も広くなされている。選択礼拝後に起こることが神の意思であるとされる。

＊24　礼拝は、アザーン（礼拝の呼びかけ）から次の礼拝のアザーンまでと、ゆるやかに時間を区切る。

第2章

日々、イスラーム言説を使う

――女性説教師の活動

野菜を売る女性（高橋美香撮影）

1　はじめに

本章では、都市部とカイロ近郊農村の女性説教師の活動を事例に、宗教的でありかつ女性であること、主体的に女性のムスリムであることは、当事者にとってどういうことかを考える。それによって、現代エジプトのジェンダーを分析するために、なぜイスラーム言説に注目する必要があるのか、その研究上の意義を確認する。

まず第二節で、近年の世界的な宗教復興につれて、エジプト都市部でイスラーム的価値の重要性が増していることを概観する。そしてそれが特に再々ヴェール化という形で表れていることに注目して、イスラーム復興とジェンダーの関連性を、先行研究を用いて整理する。第三節で、イスラーム言説が消費される場においてジェンダー規範がどのように機能しているかを、フィールドの事例を用いて整理し、女性がイスラーム言説の担い手になることの意義を確認する。第四節で、女性説教師二名の活動を事例に、イスラーム言説が創出される様子と、イスラーム言説の消費のされ方、説教師たちと参加者の認識について論じる。最後に第五節で、女性説教師の持つ社会的役割について整理と分析を行う。

2　イスラーム復興

宗教復興は世界的な潮流であるが、イスラーム世界も例外ではない。イスラーム復興については、すでに日本語でも多くの論考が出されている［山内 一九九六、大塚 二〇〇二b、小杉 一九九四、二〇〇六］。本節ではエジプト

における
イスラーム復興について概観し、その中でも女性たちの意識や行動が見えやすい、再ヴェール化について要約する。

エジプトにおけるイスラーム復興はアラブ主義の挫折が明らかになった一九七〇年代に顕在化した。[*1] それは憲法のイスラーム「国教」条項を要求する運動やイスラーム銀行の設立、モスク建設の増加などの形で表れた［小杉 一九九四：一六九］。政治的な復興運動について比較史的に論じた中東学者エミル・サフリエ（Emile Sahliyeh）は、エジプトの事例について「生活水準の向上、高等教育への接近、職業選択の余地、余暇とマスメディアの入手は、社会的にマージナルな集団が政治的により活発になることを可能にする」［Sahliyeh 1990：303］とまとめている。これは現在のエジプトの状況を考える上でも重要な視点であろう。

イスラーム復興におけるジェンダーを考える上で重要なのは、アズハル大学が一九六一年に女子学生の入学を認めたことと［Mahmood 2005: 66］、二〇〇〇年前後からの女性を対象とした宗教専門学校（*Ma'had Da'awāt al-Islāmiya, Ma'had al-Dīn*）の、特にカイロにおける増加である。

宗教専門学校は一、二、四年制が主で、女性説教師の養成、教養としての知識の取得など、目標もさまざまである。増加の背景には女性の識字率向上、都市部女性の高学歴化、[*2] 高学歴層の就職難などがある。筆者の調査によれば、授業内容や設備、一クラスの人数などにはかなりのばらつきがあり、学生の学歴・経済階層とのはっきりした相関関係が見られた。宗教専門学校は、アズハル大学が宗教関連学部の入学に厳しい条件を課す状況下で、イスラームを学びたい女性たちの受け皿としても機能していた。宗教専門学校の増加は、女性のイスラームへの関心の、特に都市部における階層を超えた高まりを示唆すると同時に、市井の女性説教師たちを産出するシステムができあがりつつあることを示している。

またイスラーム復興の背景には、ムハンマド・アンワール・サーダート大統領（Muḥammad Anwar al-Sādāt 一九一八～八一、在任一九七〇～八一）の門戸開放政策以後に実現した経済成長がある。門戸開放政策によって経済成長に乗った都市部の人々、主に自営業者が新しく「新興富裕層」を形成することになったが［大塚 二〇〇〇：二六三］、イスラーム復興を担った人々がこの経済階層から出てきたことは注目に値する。なお、筆者のフィールド調査はこの新興富裕層をも対象として含む。大塚はこの階層が、イスラーム主義運動やイスラーム復興を積極的に担う人々を提供しつつ、西欧文明とその消費物と情報を積極的に享受しているとして、この階層の二面性を指摘している［大塚 二〇〇〇：二六三］。筆者も大筋で大塚に同意するが、門戸開放政策以前からの富裕層である上流階層は、非宗教的傾向が強いことを付け加えておきたい。しかし、このような上流階層が現在、一部イスラーム化しつつあることもフィールドで観察された。

エジプトにおける貧困や階層についての詳細を本書で論じる余裕はなく、詳細は先行研究に譲るが［cf. 岩崎 二〇〇九］、エジプトは年々貧富の差が激しくなる傾向にある。所得分配の不均衡を示すジニ指数は一九九五年には二八・九だったが［加藤 二〇〇一：四六］、二〇〇四年には三五・二まで上昇した［UNDP 2005: 207］。[*3] しかし、カイロは低所得者層にとっても決して住み難くはない。それはエジプト政府がナーセル大統領以来の社会主義的政策を、[*4] 特に社会厚生政策において維持しているからである。食料補助制度や住宅政策、店子に有利な借家法などがその例である。一九七一年に施行された現行憲法は、第二〇条で「公立の教育期間は、すべての段階において無償とする」と定めており、初等教育から高等教育まで、すべての段階の国立教育機関における教育は無償である［日本国際問題研究所 二〇〇一：一四三、田中 二〇〇六：六二］。またエジプト政府は高等教育を重視し、教育省とは別に高等教育省を設けている［http://www.egyptiancabinet.gov.eg/Cabinet/Cabinet.asp（二〇〇七年一〇月閲覧）］。

食料補助制度は、一九四一年に、第二次世界大戦によるインフレと物資不足を補うために、砂糖・灯油・ガソリンなどを割当て制にして安価で供給するために実施されたのが最初で、その後品目を拡大しつつ、消費者厚生政策の一環として拡充した〔土屋 二〇〇四：四三〕。基礎物資の安定供給はエジプト政府と国民、特に都市部住民との間の社会契約と見なされた〔土屋 二〇〇四：四三〕。

世界銀行が警告を発しているにもかかわらず、エジプト政府は食料補助制度を維持し、非常に安価に生活必需品を入手できるシステムを崩していない。一九九三年のデータだが、一日一人あたり一米ドル以下で生活する絶対的貧困層の人口に占める割合は、エジプトでは三・一％と、他の中東諸国に比べてやや少ない。しかし一日一人あたり二米ドル以下で生活する相対的貧困層の人口に占める割合は五二・七％と最も高く、相対的貧困層が多い〔加藤 二〇〇一：四五〕。したがって食料補助制度に依存する人口が多いため、住宅補助や食料補助などの厚生政策は、社会公正のための手段や貧困層のセーフティネットとして欠かせない。政府系の病院では非常に安価に治療を受けられる。

二〇〇〇年代のエジプト都市部では、上記のような政策により最低限の生活——小麦粉、砂糖、油など最低限の食料（肉を除く）、ガソリンやガス、電話、安価な住宅など——は保障されていた。官公庁の公務員はその他、年金や医療の面でも厚生政策の対象となっている〔UNDP 2005: 78-80〕。以上により、食料品や灯油などの生活必需品は補助制度により相対的に安価だが、衣料品や電気製品、車などは高価である。貧富の差は奢侈品や衣類、ＩＴへのアクセスとして顕著に表れる。しかし高等教育の機会は開かれており、学歴を資源としての社会的上昇も不可能ではない。加藤が指摘するように、エジプトは所得貧困と生活の質との間に因果関係が認められにくい地域であるといえよう〔加藤 二〇〇一：四一〕。

(1)再ヴェール化と再々ヴェール化

エジプトのイスラーム復興におけるジェンダーは、まずヒジャーブ(*hijāb* 頭髪を隠す被り物)の復活という形で表れたといわれてきた。エジプトでは一九五〇~六〇年代に都市部でヒジャーブを見ることは、ほとんどなかった[Ahmed 1992: 216]。この再ヴェール化は一九七〇~八〇年代、都市部の大学生、特に中産階級《ミドルクラス》および下層中産階級《ロウワーミドルクラス》の女性たちを中心に起こった。彼女たちは中等・高等教育をその階層で受けた最初の世代で、その階層の持つ保守的なジェンダー規範をも内面化していた。このような大卒の女性たちが従来は男性空間であるとされた職場に進出するにあたり、いわば「持ち運べるカーテン」としてヒジャーブを採用したことが、再ヴェール化の背景にあるとA・マクラウド(MacLeod)は論じる[MacLeod 1991]。彼女たちはヒジャーブを被ることでイスラームの価値に忠実であることを顕現させ、男性空間への参入を楽にし、男性たちからのセクシュアルハラスメントを避けるための方法としてヒジャーブを採用したのである。モフセン(Safia K. Mohsen)はヒジャーブを纏っていると公共の場での扱われ方がまるで違うという調査結果をまとめている[Mohsen 1985]。一方ギンディー(El-Guindi)は、このような現実的で功利的な側面だけでは再ヴェール化は説明できないとして、その宗教的側面を強調している[El-Guindi 1981]。筆者も何らかのイスラームに対する自覚や親しみがなければ、再ヴェール化は起こらなかったのではないかと考える。中田香織も同様の立場をとる[中田 一九九六]。*5 再ヴェール化は、本人たちの動機がどうであれ、イスラーム的なものへ回帰していく社会全体の傾向と、個々人とイスラームとの距離が近くなっていること、イスラームに傾倒する何らかの心理的欲求があることを示唆している。

以下では筆者のフィールドでの経験に基づいて、二〇〇〇年代の再々ヴェール化*6について概観する。

二〇〇〇年以後、ヒジャーブ人口は明らかに増えた。二〇〇六年時点で、カイロの地下鉄の女性専用車両でのヒジャーブ着用率を筆者が数えて算出したデータによれば、着用率は常に八〇～九〇%ほどである（子どもは対象外）。コプト教徒が人口の一割程度であることを考えると、これはかなりの確率である。二〇〇〇年の同確率は六〇%前後であった。

二〇〇〇年以後のヒジャーブは、従来のものと比べてよりファッション性が強い。ヒジャーブの専門店がカイロの高級モールや高級住宅街にいくつも誕生し、ヒジャーブの着こなしを特集する季刊のヒジャーブ専用のファッション誌（例えば *al-Hijāb*）も発行されている。ヒジャーブのお洒落な着こなし方についての特集番組も不定期ながら放映されている。二〇～三〇代女性の纏うヒジャーブの主流な形は二〇〇〇年ごろには正四角形だったが、二〇〇三年ごろから長方形になり、二〇〇五年にはすでに正四角形のヒジャーブは中高年女性用の「ヒマール（*khimār*）」という大判なタイプ以外は売れないので扱わないという状況が生まれていた［二〇〇五年一二月、モハンデシーン地区のヒジャーブ専門店の女性店主へのインタビュー］。

ヒジャーブの色も素材も多様化している。それにともなって、二〇〇〇～〇一年ごろはブラウスなど衣服の中にヒジャーブの裾を収める纏い方が大学生の間で一般化していたが、それに替わって衣服の外に垂らす纏い方が一般的になった。ドレープが強調される纏い方、ヒジャーブの重ね着など、ヒジャーブの纏い方もさまざまになっている。カイロのおしゃれな女性たちは友達同士で情報交換する、店でアドヴァイスを受けるなどして、ヒジャーブを美しく纏うための努力を欠かさない。ヒジャーブは今や、明らかなファッション性を持つアイテムである。

そして重要なこととして、ヒジャーブの質や纏い方など、服装によって経済階層が特定できる傾向がより顕著になったことも指摘しておきたい。再々ヴェール化以後、ヒジャーブの纏い方や素材、色に関する感覚、あわせる服装などの好みに見られる経済階層による差がよりいっそう顕著に表れるようになってきた。新しいタイプのヒジャーブはほとんどがインドや中国からの輸入品であり、四〇～一〇〇ポンド[*7]前後と比較的値段が高いため、これらのファッションの担い手は富裕層の女性たちである。二〇〇五～〇六年には、ドッキ地区など準高級住宅地に、高級ヒジャーブ専門店のデザインを模した、エジプト産のヒジャーブを二〇～三〇ポンドというより安価な値段で売る店も出てきた。しかしその質の違いは一見してわかるため、ショブラ地区などの「庶民街」に住むインフォーマントの誕生日などの節目に、高級ヒジャーブ専門店のヒジャーブを贈ると非常に喜ばれる。一〇〇～一八〇ポンド前後の特に高価でファッショナブルなヒジャーブは高級ショッピングモールで売られており、店頭にはヒジャーブの纏い方を示したマネキンの頭が並ぶ。

近年見られるこのような高級ヒジャーブ専門店のターゲットは、購買力のある富裕層および新興富裕層の女性である。ヒジャーブの高級化とヒジャーブのファッション化は連動して起こっている。二〇〇〇年以後のイスラーム復興は、イスラームに関心が薄かった富裕層および新興富裕層をイスラーム復興が巻き込む形で拡大し、その過程で富裕層および新興富裕層の生活文化――ファッションやインターネットなどのＩＴ――がイスラーム復興の中に取り込まれていったといえよう。

(2) 消費文化とイスラーム

そのほか可視化されるイスラーム復興現象として、クルアーンの章句や祈祷句を印刷したステッカーやキーホルダー、室内・車用装飾品、数珠などの「イスラーム・グッズ」が販売されるようになったことが挙げられる[Starrett 1995]。このような消費文化と結びついたイスラームもフィールドで広く観察された。ステッカーは町のあちこちに貼られている。バスには「神を称えよ。礼拝を忘れるな」、地下鉄には乗り物に乗る際に唱える祈祷句が、エレベーターには「タバコはイスラームで禁止されています」、玄関のドアには家に入る際に唱える祈祷句が、それぞれ書かれたステッカーが貼ってあるという調子である。

また二〇〇〇年ごろから、宗教色の強い挨拶が都市部で現れ、ある程度の広まりを見せている。電話の際、片方が「アッラーのほかに神はなく」と唱え、相手が「ムハンマドはアッラーの使徒である」と返して電話を切るなどが一例である。なお、この文句はイスラームの信仰告白である。

宗教儀礼を新たに生活の中に取り入れようとする動きも見られる。二〇〇六年三月二九日の日食の際には、日食特別礼拝をエジプト人たちが路上で集団で行う様子が観察できた。この礼拝は法学書に記載があるものの［Abū Bakr 2001: 203-204］、一般には知られていなかった。日食前に、TVの宗教番組やモスクでの説教でこの礼拝を知ったエジプト人は、互いに呼びかけ合い、誘い合って集団礼拝を行った。また、新生児の誕生を祝ってヤギを屠り、肉を近所や貧しい人に配る「アキーカ（*'aqīqa*）」と呼ばれる習慣も、エジプトでは従来あまり行われていなかった。しかしそれが預言者のスンナ（*sunna* 預言者ムハンマドの範例・慣行）であることが広く知られるにつれ、アキーカを行う人々が、特に都市部の富裕層の間で増えつつある。*8 日常生活や消費生活に密接したイスラームが、従来とは異なるさまざまな形で現れているのである。

イスラーム復興が広まったのには、印刷技術や識字率向上などの要因もある。この重要性については大塚がすでに指摘している［大塚 二〇〇〇：一八三―一八九］。薄くて手軽に読めるイスラーム関係の書籍が、一九九八年にはコンピュータ関連の書籍と並んで最もよく売れたことも指摘されている［Ayoub-Geday ed. 2001: 63］。最近はやや沈静化しているが、一九九〇年代前半には宗教書ブームが起き、宗教書はベストセラーに頻繁に入っていた

[Ayoub-Geday ed. 2001: 63]。

このような印刷技術の発展、識字率の向上に加え、現在では高等教育の普及、都市部女性の高学歴化、衛星放送の普及、ＤＶＤ、インターネット、パソコンなどのＩＴの進化、宗教専門学校の増加等々の新たな要因が[*9]、イスラームをより身近なものにし、イスラーム言説へのアクセスを容易にしている。

イスラーム言説そのものの内容や担い手が多様化していることにも注目したい。女性説教師や女性ウラマーも増えつつある。衛星放送は都市部では非常に普及しているが[*10]、その中にいくつかイスラーム専用チャンネルがある[*11]。従来、地上波でも流れていた伝統的な宗教番組——クルアーンの読誦やハディースの解説など——は、もともと専門的で難しいため視聴者が少なかったが、衛星放送でも同様にあまり人気がない。これらのチャンネルの中で人気があるのは、より娯楽性の高い宗教番組である。二〇〇〇年代後半の人気局として「イクラア（*Iqra'* 読誦）」「リサーラ（*al-Risāla* 手紙）」「ナース（*al-Nās* 人々）」などがある。例えば二〇〇六年当時のナース局の人気番組、「夢占い（*Tafsīr al-Aḥlām*）」は、視聴者から寄せられた夢を、クルアーンやハディースに基づいてシャイフ（*shaykh*）[*12]、サーリム・アブー・アルファッターフ（Sālim Abū al-Fattāḥ）が夢解きする番組であった。その人気に、他局がそろって類似番組をたちあげた[*13]。人気番組「愚痴（*fadfad*）」は、視聴者の悩みにウラマーが寄り添い、受容的に耳を傾け、イスラームに基づいて助言をする番組で、いわば宗教によるカウンセリングである。物語性の強い、預言者や教友の伝記番組も人気がある。娯楽やサブカルチャー、癒しと結びついたイスラームが、広く人気を博している様子がここから窺える。

サウジアラビアなど、外国のウラマーによるイスラーム言説にも衛星放送を通じて接することができるようになるなど、イスラーム言説のグローバル化も顕著である。また、従来イスラーム言説を担ってきた男性ウラマーだけでなく、説教師や女性ウラマーがＴＶという活躍の場を得たことも大きい。イスラーム言説の担い手と内容がともに多様化し、イスラーム言説そのものが広い裾野を持つようになりつつあるのである。またイスラーム言説が、娯楽やサブカルチャー、癒しと結びつくことによって、消費されるものとしての性格を強めていることも指摘しておきたい。

あるインフォーマント（二七歳既婚女性、カイロ近郊の新興住宅地在住、大学卒、新興富裕層出身）は、自室を示し、「（イスラームについて）知りたかったらインターネットもあるし衛星放送もある。本も読めるし、この部屋の中で知識は事足りる」と語ったが、この言葉は暗示的である。

イスラーム復興につれて、イスラームに則って人生を暮らしたい、イスラームについて知っていたい、イスラームに触れているとなんとなく心が安まるなど、何らかの形でイスラームと積極的に関わりを持っていたいという感情および心性を持つ「敬虔な（*mutadayyin*）」[*14]人々が増えている。

このような状況下で、特に日常生活の中で、イスラームの諸規範は人々の間で重要性を増しつつある。イスラームの内包するジェンダー規範の重要性も同様である。その結果、敬虔なムスリムの間でイスラームの定めるジェンダー規範を知りたいという願いも、それに則って生きていきたいという機運も生じている。

3 イスラーム言説の利用におけるジェンダー

二〇〇六年七月、筆者は第四章で取り上げるＮＰＯ組織「イスラーム電話」の運営責任者シャリーフ所有の、アレキサンドリア郊外の別荘に招待された。そしてそこで、イスラーム言説が利用される場におけるジェンダーについての、興味深い事例を観察した。

それは、つきあいのある名士とその家族四〇～五〇人ほどを集めた会で（シャリーフの祖父はアレキサンドリア出身の高名な教育者で、アレキサンドリアには祖父の銅像が飾られた広場がある。その関係で彼は官公庁やマスコミにネットワークを持っている）、女性ウラマー、アブラ・カハラーウィー（'Abla al-Kaḥlāwī 一九四八～）[*15]が途中参加した。彼女はエジプトの女性ウラマーの中でも人気が高い者の一人で、衛星放送でTV番組を持っている。女性たちの質問に答える際、質問者の感情に配慮し、質問を途中で遮らない（TVでは放映時間の関係で冗長な質問をウラマーが遮る傾向が顕著である）「優しいウラマー」として特に女性に人気がある。[*16]その会には他にシリアの高名な男性ウラマーも同席しており、食後に、参加者の質問に答える形で自然発生的に二人による説教が行われた。食事時も説教開始直後も夫婦が同席するなど男女混在だったが、男性ウラマーと女性ウラマーを中心に輪ができ始めると次第に、女性は女性ウラマーのもとに、男性は男性ウラマーのもとに緩やかに移動し始め、参加者は自然に男性と女性とに分れた。その状態で説教は四〇分ほど続いた。アブラの説教に参加した男性や、男性ウラマーの説教に参加した女性は、子どもを除き、いなかった。男性参加者は説教の後に筆者に「カハラーウィーの話も生で聴いてみたかったが、あの場合無理だ」と語っており、たとえ説教を聞くことが目的であっても、男性が女性空間に立ち入れないことがわかる。逆もまた然りである。

市井の女性説教師の勉強会（*dars*）は女性を対象に行われ、男性の参加を認めることはない。男性説教師の説教がモスクで行われる場合、女性は女性スペースで、中継される説教を聞く。男性説教師の説教は女性に（直接顔を見ることができる場合は稀ではあるが）開かれている。例えば二〇〇一年ごろから急激に有名になった説教師アムル・ハーリド（'Amr Khālid 一九六七～）の熱心な支持者は、主に都市部の女性たちであった。[*17]女性は女性説教師の説教のみを聞いているのではない。しかし女性ウラマーおよび説教師の説教は、有名な説教師の場合でも、男性には一般に開かれていないし、男性で女性ウラマーや女性説教師の言説を熱心に支持する者は少ない。もちろん、カセットやTVなどを通じてのアクセスは可能である。これは、説教師やウラマーのジェンダーによる住み分けがなされていることを示している。

二〇〇六年七月にカイロのラムセス地区にあるガラーア・モスクのウラマーに、女性説教師シャイマー（後述）と同席の上で行ったインタビューによれば、ウラマーもこのような住み分けを認識していた。

「（女性はイスラームに対する知識が少ない、という女性説教師シャイマーのコメントに対して）いや、今は女性たちも知識を持っていますよ。昔はそうではなかったですが。今は女性を対象にした勉強会や授業があります。女性が女性を教える形での勉強会もあります。昔はこういうものは、まったくなかった。今の女性は、昔の女性よりもイスラームを理解しています。知識を得ています。女性が行う女性を対象とした授業のいいところは、彼女たちの感性や、この地方独特の感受性なんかに基づいて授業できることですね。それから何より、彼女たちには、女性同士だけの秘密にしておきたいことがあります。それらの秘密を重視しながら、イスラームの知識を得るという意味では、女性同士の授業は有意義です。」

もうひとつ例を紹介する。カイロの中心駅であるラムセス駅に程近い場所に、男性・女性別学の四年制のアズハル傘下の宗教専門学校がある。そこでは宣教（*da'wa*）を専門にする女性説教師の育成が行われている。*18 この専門学校の教師（男性、アズハル卒、シャーフィイー派法学専門、六八歳）は、筆者のインタビューに答えて以下のように述べている。

「女性たちの間に正しい（*ṣaḥīḥ*）イスラームを広めるには、知識を持った女性たちが必要だ。男性ウラマーが上から指導するよりも、より近い立場の女性たちが呼びかけた方が効果がある。（中略）クルアーンを暗誦してはいないが、イスラームを勉強したいと思う女性たちに学びの場を提供する、このような専門学校は必要だ。さらには、彼女たちが説教師になることによって、まわりの女性たちもイスラームに親しむようになるだろう。」

彼は女性たちにイスラーム教育を施すこと、女性たちが説教師になることを積極的に捉えていた。彼女たちは卒業の際に「免状（*ijāza*）」を受け、その免状を持って説教を行いたいモスクに行き、説教や勉強会の場を持てるよう、各自でモスクと交渉する。[*19]

これらの事例は、①イスラーム言説が消費される場においても男女の空間を分けるジェンダー規範が問題となること、②イスラーム言説とその消費のあり方にジェンダー差があること、③そしてそれがウラマーなどイスラーム言説の担い手自身にも認識されていることを示唆する。ウラマーがこのような女性用の勉強会や説教師を肯定的に評価していることもわかる。

ウラマーや説教師のジェンダーによる住み分けがなされており、女性ウラマーや女性説教師は基本的に「対女性用」である。男性ウラマーや男性説教師は「対男性用」に限定されないことから、その言説の流通および消費のされ方に、言説の担い手のジェンダーによる格差があることは明らかである。これは女性が担い手であるイスラーム言説が周辺化されていることを意味するが、逆説的に、男性が介入しない場で女性による、女性のためのイスラーム言説が構築されつつあるということでもある。女性たちは行為主体として、イスラーム言説に関わり、かつそのための女性たちだけの場を作り出しつつあるのである。次節以降では、このような女性の空間で女性説教師によって行われている活動とその意味について詳述する。

4 創出されるイスラーム言説と女性の空間——女性説教師の活動

ここでは、男性が介入しない場における、女性による、女性のためのイスラーム言説に注目する。具体的には、二人の無名の女性説教師の活動と、彼女たちが主催する勉強会に参加する女性たちに焦点を当て、イスラームの内包するジェンダー規範が彼女たち「敬虔」なムスリムにとってどういう意味を持つのかを分析したい。本書では「敬虔」は、イスラームに則って人生を暮らしたい、イスラームについて知っていたい、イスラームに触れているとなんとなく心が安まるなど、何らかの形でイスラームと積極的に関わりを持っていたいという感情および心性を表す言葉と、とりあえず定義しておく。

二〇年ほど前から現在までのエジプトにおける女性たちのイスラームへの関わり方、イスラームへの関心の高まりを Piety Movement と名づけたサバ・マフムードによれば、このような女性たちを対象にする勉強会や説教はまずモスクで行われたという [Mahmood 2005]。以下では、まずカイロで活動している女性説教師の語りと彼女の勉強会参加者へのインタビューを資料として、イスラーム的な知識やイスラーム的価値観が彼女たちにとってどういう意味を持っているのか、それらと彼女たちがどのように交渉しているのかについて分析する。あわせて彼女たちの社会・経済的位置づけについても整理する。次に、カイロから一時間程度のカイロ近郊農村で活動する女性説教師の語りと彼女の活動の参与観察を資料として、女性たちがイスラームを日常的な交渉の場面でどのように用いているのか、そして説教師がその交渉にどの程度関わっているのかについて論じる。

(1) カイロ――女性説教師サマーハ

サマーハは、カイロで二〇人程度の二〇代女性たちを対象にイスラームの勉強会を週一回開いている説教師である。*[20] 非常に裕福で、支配層に連なる先祖を持つ上流階層の出身（曽祖父がパシャの称号を持つ高級軍人）で、二〇〇六年当時二八歳、五歳の息子がいた。二〇〇五年に離婚、現在はカイロの高級住宅地・ザマーレク地区にある実家で父母と同居している。二〇〇五年にニカーブ（*niqāb* 目以外の顔を覆う形の被り物）を纏うようになった。仕事はしていない。説教師としての活動が生活の中心だが、これは無償で行っている。父親がアメリカ合衆国で研究員をしていたときにアメリカで出生したため、アメリカとの二重国籍である。高校時代にミシガン州に交換留学生として一年間留学した経験がある。九九年にカイロ・アメリカン大学経済学部を卒業、二〇〇二年に一年間宗教専門学校に通い、二〇〇三年から勉強会を、参加者の自宅を提供してもらって始めた。ほぼ毎週、木曜日の日没の礼拝と夜の礼拝の間、一時間～一時間半ほどが勉強会の時間である。その他、クルアーンの解説・読み方講座、ハディースについての研究会など、いくつかの勉強会を主催している。筆者が参与観察を行った勉強会の参加者は二〇代～三〇代初めの女性たちで、参加者は増減があるが毎回二〇名ほどである。

まず彼女へのインタビューを一部引用する。*[21]

離婚について

筆者「離婚してどう？　離婚する前よりも幸せ？」
サマーハ「とっても、安らか。穏やかになった。離婚して本当に、心が穏やか。離婚してよかった。」
筆者「じゃあ、あなたから離婚を申し出たの？」
サマーハ「そう。」
筆者「フルウ*22（*khul'*）？」
サマーハ「そうそう、フルウ。よく知ってるわね。」
筆者「よかったねー、法律改正されてて。」
サマーハ「ホントよ、ほんとによかったわ（ひとしきり大笑い）。アッラーのお陰だわ。彼はいい人だったけど、私とは合わなかった。結婚していたときは全然心が安らかじゃなかったけど、今は心の平安を取り戻した感じ。今の方がずっといい。」

再婚について

筆者「また結婚したいと思う？」
サマーハ「ええ、私はいい人がいたら、また結婚したい、もちろん。」
筆者「結婚したいんだ。」
サマーハ「したいわよう。離婚した人たちの中には、もう十分、結婚したくない（手を前に出して、拒否する仕草をする）と言う人もいるけど、私は違う。したい。」
筆者「でもどうやって相手見つけるの、大変じゃない？」

サマーハ「ニカーブかぶってるから?」
筆者「いやそうじゃなくて、文化の問題。どうやって知り合うの?」
サマーハ「今は新しい方法がいろいろあるのよ。私が結婚したい、こうこうこういう条件の人がいい、と友達とか知人とかに言っておくと、彼らがまた別のネットワークから、こうこうこういう人がいるよ、って私に声をかけてくる。そういう仕組みがあるのよ。」
筆者「それってNGOみたいなもの?」
サマーハ「いや、そういうのじゃないけど、近所とか友達とかのネットワークで。」
筆者「前の旦那さんとは、どうやって知り合ったの?」
サマーハ「友達の近所の人だった。」
筆者「今度はどういう人がいい?」
サマーハ「私はできれば、結構年を取った人がいい。四〇代後半くらいの。」
筆者「え。それはちょっと年取りすぎなのでは。」
サマーハ「それくらいの人の方が、頭がいいし落ち着いているから。前の夫は二歳しか離れてなくて、二つ上だったんだけど、頭があんまり育ってなくて、つりあわなくて困ったから。もちろん年齢が若くても、考え方がしっかりしている人はいるけど。でも一般的には年齢が高い方が考え方がしっかりしているから。今度は私にふさわしい人を探したいと思っているの。」
筆者「結婚相手の条件は? どういう人がいいの?」
サマーハ「まず最も基本で大事なのは、宗教。敬虔であること。これが第一。それから性格ね。この二点が基本。」

筆者「財産とかは。」

サマーハ「私は全然、まったく、気にしない。財産とか社会的地位とかは重視しない。」

筆者「年齢はでも、高い方がよいんでしょ？」

サマーハ「それは私の希望で、条件ではない。条件は宗教熱心な人。」

家族について

筆者「兄弟はいるの？」

サマーハ「兄がいて、五つ離れている。彼は一回結婚して、やっぱり離婚して、その後最近、そう一年前くらいね、また結婚した。彼はあんまり敬虔じゃなくて、もちろん礼拝はするけど、それに断食（*sawm*）[*23]もするけど、でもそんなに熱心じゃないから。だからいっつも不機嫌そうで、周りにもきつく当たってて、お金ももっと欲しい、不当に扱われている、とかいろいろ不満があるみたい。もし敬虔になったら、そういう気分にもならないし、感情面でも落ち着くのに。」

筆者「ご両親は敬虔？」

サマーハ「いいえ、普通。普通に礼拝するし断食するし、でも敬虔ではない。スポーツクラブ[*24]にも行くしね、彼らは音楽も聴くし、それが何で悪いの、と思っている。もちろん礼拝はする。音楽も聴くし、踊りも普通に見るし、TVも普通に見てる。私はTVは見ないし、スポーツクラブにも行かない。彼らは初めはスポーツクラブに私のことを誘ったけど、今では誘わない。私がこういうんだっていうことをわかっている。今では。でも彼らはスポーツクラブに行く。

それから彼らは私がニカーブを纏うのには反対した。ニカーブはtoo much[*25]だと言って。彼らは、ヘジャブはＯＫ、いいことだと思っている。ゆったりした服を着るのもいいことだと思っている。でも、ニカーブはやりすぎだって、そう思ってる。
彼らの世代では、敬虔な人は少ない。あのころはそういう時代だったみたいで。それは世代の問題で、私たちの世代の方が宗教には熱心。」
筆者「あなたがあんなに熱心だから、ご家庭もそうなのかと思ってた。」
サマーハ「ううん、そういうことはない。私は外で説教していて、みな私の話を聞いてくれるけど、家の人は別。彼らは聞こうとしないわねえ（笑）。変な話でしょ？　でもそうなのよ。」
筆者「それに階層の問題もあるんじゃない？　お金持ちの家で敬虔なご家庭は少ないと聞きました。」
サマーハ「そう、それもあるわ。世代の問題と、階層の問題ね。確かにうちくらいの階層では、礼拝に興味も示さない親世代は多いから。うちは礼拝をするし、断食もするから。断食をしない親世代の人も、私たちの階層では珍しくないのは、確かです。」

イスラームに興味を持ったきっかけ

筆者「あなたは大学のときはヒジャーブを被っていなかったんでしょう？　いつからヒジャーブをしているの？　どうして宗教に目覚めたの？」
サマーハ「もちろん大学のときはヒジャーブを被っていなかった。大学のあとに石油関係の会社に勤めて、それがまた忙しい会社だったけど本当にやりがいがあった。でもカナダに行ったりして、主にカナダとイギリスだったけど、本当に忙しくて。しかもこの仕事はきつくて、いっつも外で、つなぎを着て一〜二ヶ月、ろくな格好もできなかったしね、仕事は全部海外だし、カナダは寒かったわよ！　マイナス三〇度よ。
　仕事でいろんな国の人と親しくつきあってたの。ベネズエラ出身の女の子とか、出身はいろいろだった。みんなお酒飲んだり、踊ったり、もちろん男女が混ざるのも普通のことだし、彼らにとってはなんでもないのね、いろんなことが。言いたいことや雰囲気わかるでしょう?」

筆者「わかる、わかる。」

サマーハ「でも私は、お酒飲んだりする彼らや、特に彼らはエイズが多くて、そういうのにとっても抵抗があった。それはイスラームには存在しないことだし、いけないことだから。そういう人たちがお酒飲んでいる隣で礼拝する自分がいて、なんだか違和感があって。私はこういうところにはいたくないなあと思った。それで、エジプトに帰ってきたときに、母に『仕事に疲れた。小巡礼（*'umra*）[*26]に行きたい』って頼んだの。母は喜んで、すぐ兄と一緒に小巡礼に行った。その小巡礼がとっても心が休まって、よかったから、その後は敬虔になった。ヒジャーブも被るようになった。」

筆者「敬虔になってからと、なる前では、どっちがいい？　精神的には安定した？」

サマーハ「ええ、とっても、とてもよくなった。ほんとによくなった。本当に。今までは情緒不安定というか、感情的に不安定だったり、どうしていいかわからなかったりね。そのころは、何かあったり悩みがあったりすると大学の友達に電話をしていたけど、大学の友達だって正確な知識を持っているわけじゃないし、友達のアドヴァイスも、正しいときと間違っているときがあって、混乱した。今はそういうことはない。もちろん今でも落ち着かないときはあるけれども、でも扱い方がわかったというか。兄は敬虔じゃないから、いつもそういうときにイライラしている。もっと穏やかになればいいのにと思う。」

一夫多妻について

筆者「一夫多妻についてはどう思う?」

サマーハ「(楽しそうに、いたずらっぽく笑い、大きく頷いて)一夫多妻ね、私は完全に納得してる(*muqtani' bihā*)。心から納得してるし、よいと思う(笑いながら。心から楽しそうに手振りつきで)。」

筆者「えー、ほんと。珍しいね。」

サマーハ「ええ、珍しい。確かに珍しい。でも私は本当に納得してる。」

筆者「どうして?」

サマーハ「理由はたくさんあるけど、最も大きな理由は、まずイスラームがそれを肯定しているから。それから、預言者ムハンマドがそれをなさっていたから。これが一番大きな理由。それから私も、一夫多妻はよいと思うの。」

筆者「そうなんだー。」

サマーハ「そうよ。私、今度結婚するときも、結婚している人がよいもの。」

筆者「え、ほんとっ?」

サマーハ「ええ。そういう条件で(探すように知人に)お願いしているの。絶対その方がいいわ。」

筆者「なんでまた。」

サマーハ「だって、毎日ずっと夫が一緒にいたら大変じゃない。夫がずっといたら、彼のことで忙しくて自分のことができなくなっちゃうし、彼も私のことでイライラしたりするでしょうし。それに男性には必要があるから。*27

例えば私が生理で、一〇日くらいそうだったとして、彼にはそういうことは関係ないから。そういうときに別の妻がいたら彼はそっちに行けるし。そしたら、そうしたらよいと思う。彼もイライラしないし。

ずっと私と一緒にいて、いろいろ要求があって満たされなくて、っていうよりは、別の妻もいて、彼はそっちにも行けて、別のところで必要を満たすというのはよいと思う。しかも、比べられるでしょう。一人だったら私が何をしてもそれを当然だと思うかもしれないけど、別の妻がいたら、私もフェアにがんばろうと思うし、夫も二人妻だったら一日おきで、三人だったら三日おき、四人だったら四日おきで、いつも新しくて、いつも新鮮で、しかも惰性じゃないから私のことをちゃんと見てくれるし、たまにだから、よいところを見せようと思ってくれるでしょう。私も比べられると思ったらがんばれるし、夫も、私のことを恋しがってくれて、かえってうまくいくと思う。」

筆者「(別の妻とは)同じ家でもいいの？　別の家がいい？」

サマーハ「それはどっちでもいい。そうね、同じビルで別々に住居を持っているのが理想かな。別の妻とも仲良くやっていきたいしね。私は基本的には嫉妬深いんだけど、でも夫が公正(*'adl*)で、ちゃんと私の権利と彼女の権利を尊重してくれて、時間や曜日をちゃんと配分してくれるんだったら全然気にならない。

私、離婚する時にも元夫に、あなたがもし別の妻と結婚してくれるんだったら続けてもいいって言ったもの。」

筆者「ホントにっ!?」

サマーハ「うん(笑)。そうしたらやって行けると思ったから。」

筆者「珍しいねえ。」

サマーハ「うん。珍しい。私は周りの友達に一夫多妻布教活動をしてるんだけど(笑)。なかなか。家族は、私が再婚相手は結婚している人がいいって言ったら、あんたは狂人だって言うし。全然理解できないみたいよ（けらけら笑う）。」

筆者「まあ、あなたは宗教と結婚しているみたいなものだし、夫にまで手が回らないかもね。」

サマーハ「夫が一緒にいて、毎日一緒に暮らしてたら、彼がいる間は彼に従わないといけないし、彼の言葉を聞かないといけないし、彼に配慮しないといけないでしょ？　毎日それぱっかりだったら、私がやりたいことができなくなっちゃう。自分の時間もほしいもの。自分の時間がほしいと思ったら、夫は私べったりでない方がよいわ。一夫多妻だったら、夫は毎日はいないでしょ？　いないときに自分のことができるもの。」

筆者「あなたはとても independent なのねえ。」

サマーハ「そうね、私は independent だわね。だから一夫多妻がよいんだと思うわ（笑）。」

この彼女の長い語りから以下のことがわかる。①上流階層の現在五〇〜七〇代前半に当たる親世代は、宗教的に敬虔ではない世代・階層だと認識されていること、②家族が敬虔ではなくとも敬虔なムスリムになる場合があること、③海外生活など、何らかのグローバル化の影響が、敬虔になったきっかけとして語られていること、④自身が敬虔になったことで、精神的な安定を得たと認識していること、⑤一夫多妻を女性の視点から肯定的に捉えていることである。

⑵勉強会参加者たち

彼女の勉強会参加者の語りにも、最初の三点は共通している。*[28] サマーハの勉強会の参加者は毎回二〇人前後、

表 2-1　サマーハの勉強会参加者一覧

	名前	年齢	最終学歴	高校	住居	職業	既婚・未婚	備考
1	A	22	修士（在学中）	私立（英語）	マーディー地区（カイロ郊外高級住宅街）	学生	未婚	
2	B	24	大学 薬学部	私立（フランス語）	ガーデン・シティ地区（高級住宅街）	薬剤師	未婚	
3	C	30	大学 文学部	私立（英語）	ショブラ地区（庶民街）	無職（旧職はフランス語教師）	未婚	父親は空軍軍人
4	D	25	大学 文学部	私立（英語）	ショブラ地区（庶民街）	無職（旧職は土産物屋店員）	未婚	軍人だった父親の遺族年金で生活
5	E	27	大学	不明	モハンデシーン地区（中・高級住宅街）	OL	未婚	
6	F	30	修士	クウェートの公立学校	マーディー地区（カイロ郊外高級住宅街）	学生？	離婚	
7	G	24	大学 文学部	私立（英語）	モハンデシーン地区（中・高級住宅街）	専業主婦（就労経験なし）	既婚	父親は衣料品店経営 母親は銀行勤務
8	H	27	大学	私立（英語）	モハンデシーン地区（中・高級住宅街）	OL	既婚	
9	I	22	大学	アメリカの公立学校	不明、父方オバ宅	学生	未婚	親がエジプトからアメリカに移住 本人の意思でエジプトに単独再移住
10	J	26	大学 文学部	私立（英語）	ザマーレク地区（高級住宅街）	外務省	未婚	父親は自営業
11	K	28	大学	私立（英語）	不明	専業主婦（旧職はOL）	既婚	
12	L	25	大学 歯学部	私立（英語）	モハンデシーン地区（中・高級住宅街）	学生	未婚	父親は開業医
13	M	23	大学	私立（英語）	モハンデシーン地区（中・高級住宅街）	学生	未婚	Lの妹
14	N	不明、20代後半	大学	不明	ピラミッド地区（新興住宅街）	OL	既婚	
15	O	25	大学	私立（英語）	ピラミッド地区郊外（新興住宅街）	専業主婦（旧職不明）	既婚	父親は自営業
16	P	21	専門学校	公立	不明	不明	未婚	パレスチナ難民
17	Q	27	大学	私立（英語）	ドッキ地区（中・高級住宅街）	無職	離婚	父親は株式投資家
18	R	20代中ごろ	大学	不明	アグーザ地区（中・高級住宅街）	観光会社OL	未婚	

注）高校の（　）内は高校教育に用いられた言語を指す。特に家が裕福な参加者を網掛けで表示した。年齢は2005～06年当時。

年齢二〇代〜三〇代前半、多くが大卒か大学在学中で、宗教専門教育を受けた者はいなかった。階層も都市中流層、新興富裕層、上流階層で、親が裕福な者が多い。筆者が継続的にインタビューしたのは一八人である（表２‐１参照）。

一八人中、親世代の方が自分よりも敬虔であると答えたインフォーマントはいなかった。親、特に母親よりも自分の方がイスラームに関する知識があると答えたのは一四人で、勉強会で得た知識を母親に教えたりすると答えた者は六人、親はイスラームに関心がないので困っていると回答した者が四人いた。私立学校[*29]で教育を受けた一二人のうち八人は、私立学校でのイスラーム教育が十分でなかったことを認め、通常の学校教育で得られなかったイスラームの知識を求めて勉強会に参加したと述べた。極端なケースでは、インフォーマントQが、父親は株式投資家のナセリストでまったく宗教に関心がなく、二二歳まで礼拝のやり方を習ったことも断食をしたこともなかったと発言して、筆者を驚かせた。留学や外国人との交流をきっかけに敬虔になったなど、グローバル化の影響を感じさせる回答は二例あった。また参加者の親の一人からは「本当は私たちが家庭で指導すれば一番いいんだと思うけど、時間もないし、子どもは親から言われると反発するし……。だからこういう勉強会があって助かってます。敬虔な、いい友達とつきあっているってわかって安心だし」という語りを聞くことができた。

なぜモスクや宗教専門学校などでイスラームを勉強せず、女性説教師の勉強会を選んだのかという問いには、たまたま誘われたから、近かったから、友達が行っているからなどの偶然性の強い回答と、初心者向き、わかりやすく解説してくれる、堅苦しくない、自由に質問できる、モスクは人数が多く、学のない人間も多いから、などの意識的選択を反映した回答とがあった。Dは英語交じりに「サマーハとは距離も近く、まあ友達というわけじゃないけど、それに近い。なんていうか、いろんなことをわかってくれる。彼女はとても近くにいるマイ・シャイフ（宗教的な指導者を指す日常語）。だから勉強会に来ている」と表現した。「ムスリムとして自分がＯＫかどうか、確認して安心するために来る」という回答もあった。感受性が似ているから楽、同じ文化の中にいる人から聞くとわかりやすいし聞ける、モスクのウラマーは私たちをわかっていないなどの回答も多かった。[*30]

ここから、アクセスの容易さと敷居の低さ、自分たちの知識のレヴェルにあっていることが、女性説教師を選ぶひとつの基準になっていることがわかる。同年代で同じような学歴、出身階層であり、共通項が多いことも大事なようである。事実、彼女たちは学歴や出身階層において共通点が多い。

エジプトでは独身女性の一人暮らしは一般的ではないので、参加者たちはすべて家族と同居していた。需要が常に供給を上回っているカイロの住宅事情上も、エジプトのジェンダー規範上も、女性の一人暮らしは一般的ではない。[*31]家族がアメリカにいるIも、父方オバと同居していることに注意したい。

一八人中、就労経験のあるのは一〇人である。そのうち給料を家計に入れている者はおらず、個人収入は全額彼女らのものになる。Dの姉は二〇〇〇年当時エジプト航空に勤める客室乗務員で、高給取りだったが、[*32]給料をまったく家に入れていなかった。理由を聞いた筆者に、彼女は「どうしてそんな必要があるの？」と答えた。なお、彼女の給料は母親が得ている軍人遺族年金より高額であった。彼女の母は「将来のために貯金をしてほしいとは思うが、家にお金を入れてほしいとは思わない。子どもを結婚まで食べさせ、教育を受けさせるのは親の私の義務だから」と語った。本人や家族が、独身女性の給料を本人のものと見なしていることがわかる。夫婦別産制をとるイスラームでは妻の給料は妻のもので、夫はその処分権を持たない。一方、妻と未婚の娘の扶養は夫または父親の義務であり、シャリーアもエジプト身分法もともにそう定めている［一九二〇年法一〇〇号第一条、柳橋二〇〇一：二三九―二四一］。

働いている場合、参加者たちは全員、給料を全額自由に使っていた。生活費は保護者か夫が賄う。特に裕福な

ＧやＱは求職動機を「家にいると暇で仕方がない」「やることがない」「時間がありすぎる」などと述べ、経済的事情を考慮していない。庶民街に住むＣとＤは求職動機に「自分で好きに使えるお金がほしい」「（経済的に）独立したい」と経済的理由を挙げる。しかしこの場合も、給料を家計や生活費に回すという発想はない。

これらの事実は、彼女たちの就労と収入が期待されていないことを示唆する。[*33] なお女性の所得をあてにする夫を、彼女たちは面と向かってではないが「けち（*bakhīl*）」や「男らしくない（*mishu rāgil*）」などの強い言葉で非難する。マチスモや男らしさは性的な強さでも測られるが、[*34] 婚姻外の性交渉が禁じられ、性的に活発であることを男性が誇示できる環境があまりないエジプトでは、男らしさの最もわかりやすい基準のひとつとして、経済的な気前のよさがある。

仕事が彼女たちの生活に占める重要性は相対的に低いが、この背景にはエジプトの労働市場の問題がある。エジプトは都市部高学歴者の失業率が高く、高学歴の女性が安定した仕事に就くのは難しい。政府は失業対策に力を入れているが効果は上がっていない［UNDP 2005: 102-104］。加藤博は高学歴に集中する高い失業率、企業の国有化などの政策による政府部門の規模の大きさ、官僚制度の非効率化・肥大化がエジプトの労働市場の特徴だとしている［加藤 二〇〇一：二七］。岩崎えり奈は、一九九八年以降、女性若年労働力は厳しい雇用難にさらされるようになったと指摘する［岩崎 二〇〇九：一六］。このような状況は参加者たちの就業形態にも影響を及ぼしていた。

有職参加者のうち転職経験がないのはＪのみで、安定した仕事に就きにくい彼女たちの状況が窺える。非正規雇用や学歴に見合わない仕事に不満を持つ参加者は多く、これが仕事への意欲の低さとなって表れていた。一生仕事を続けたいと明言したのはＪのみで、彼女は外務省で事務仕事をしながら外交官を目指している。Ｇの母親は長年銀行で働いているが、ＧとＤは二〇〇一年に彼女に「専業主婦である方がイスラームの教えに叶う」と言い、仕事をしていることを暗に非難した。確認したところ、この母親の収入も家計に計上されていなかった。

結婚前は父親が、結婚後は夫が生活を支えるべきとされ、また事実、彼らにそれだけの経済的基盤がある中上流階層の若年女性たちは、不安定で学歴に見合わない「やりがいのない」仕事に一般にあまり関心を持っていない。仕事熱心なのがJと、歯科医として働く予定だったLの二人だけだったのは示唆的である。

相手が敬虔であることを理由に、経済的には下降婚となる結婚をしたのはサマーハとQである。彼女たちは結局離婚を選んだが、二人とも「夫の給料のみで生活していくことの困難さ」を離婚理由のひとつに挙げた。[*35] Qはムスリム同胞団に所属していた、下層中流階層出身の元夫についてこう語っている。

「経済的なことは結婚してから問題になった。私が考えなかったんだけど、家は実はよい暮らしをしていたから、彼との生活は文化が違っていて大変だった。彼は学校の同級生の親戚で、階層が違っていた。それが離婚原因になった。彼は私の生活レヴェルを贅沢だと言ったし、住まいなどについて約束を果たさなかった。約束を違えるのはイスラームではとても悪いこと。彼の両親はムスリム同胞団の人で、とてもいい人たちだったし、姉妹もとてもいい人たちだった。彼はいい人だったけど、でも同胞団の人は思っていたよりずっと生活水準が違った。私の家はこんなでしょ？（お手伝いさんが掃除をしている、シャンデリアのある広い居間を振り返って）夫の家では私が何もかもしないといけなくて、もっとも、イスラームは夫のできる限りで妻を扶養するように言っているから、彼は何も間違ってないし、それは何も悪くないんだけど、でも私には無理だった。そういう暮らしは。夫もきっと負担だったと思う。」

Qは他の参加者が敬虔な男性と下降婚をしようとしたときに助言を求められ、「自分の経験から言わせてもらえば、それはやめた方がよいと思う。今はよくても、彼がどんなにいい人でも、敬虔でも、きっと合わない。お金のことは私たちが思っているよりも大事なこと」と答えた。

傾向をまとめると、彼女たちは親世代よりも宗教熱心でかつ高学歴であるといえる。そして職を持っている場合には比較的不安定な仕事についており、仕事そのものに関心が薄い。

(3)説教師サマーハの役割

サマーハの勉強会は「来る者拒まず去る者追わず」を方針としていたが、参加者の定着率は高く、常連も多い。そのため勉強会は親密な雰囲気の中で行われ、説明を途中で遮ったり、自分の意見を述べたりできる。疑問に思ったことをその場でとことん追及することもある。例えばイスラームが定める夫婦間の権利について講義していたときには、参加者の一人がサマーハの回答に納得せず、より多くの権利をイスラームは妻に保障していると主張して譲らなかった。そのためサマーハは「自分の先生に当たるウラマーにこの問題を再び聞いてくるから、この問題は来週に再び論じましょう」と言って事態を収拾した。後日、サマーハは参加者の主張を認め、自説を訂正した。これについてサマーハは「彼女の主張は私も妥当だと思ったので、私の先生とクルアーンやハディースを検討して、その主張を裏づける法源を探した」と筆者に語っている。

ここから、積極的に彼女が法解釈を行っていることがわかる。その際に彼女は伝統的な法解釈や学説を検討し、それに忠実に法解釈を行うという正統的手順を踏んでいない。彼女は仮定（このケースでは「イスラームはそこまで苛酷なことを妻に要求していない」という確信）から出発し、それに法的根拠を与える方法を探る、いわば「ためにする」法解釈を行っていた。参加者も非常に主体的にイスラーム言説に関わっていた。一方的な講義に終わらせない参加者と女性説教師との対話および交渉によって、女性たちに受け入れられるイスラーム言説、女性たちのためのイスラーム言説が創出されていく様子が窺える。このような場ができあがりつつあることは、女性たちのエンパワーメントやシャリーアにかかる法識字、[*36]女性たちにとってのイスラーム言説の意味などを考える上で非常に重要である。

サマーハ個人について大変興味深いのは、一夫多妻についての彼女の意見である。彼女は基本的に、イスラームの定める男女の性別役割分業と女性の権利と義務については疑問を持たず、「神が定めた義務を果たしたい」と明言している。参加者の夫婦間のトラブルも、イスラームのジェンダー規範に沿って処理していた。しかし現実の彼女の結婚生活は、サマーハの元夫が彼女の宗教的な活動に無理解で、説教師としての活動に難色を示したため、結婚生活と説教師としての活動との折り合いがつかなくなって破綻した。フルウを選んでまで離婚を求めた彼女は、二〇〇六年には説教師としての活動に専従していた。[*37]イスラームが結婚を推奨しているため、将来的には彼女は再婚を望んでいる。しかし説教師としての活動は今まで通り続けたい。説教師としての活動をしつつ妻役割を果たすために、彼女が論理的に選択したのが一夫多妻だった。

彼女は妻役割を僚妻と分担可能な役割と見なし、説教師の活動と妻役割を両立させるために、妻役割を分担する相手が必要と考えている、と分析できよう。換言すれば、彼女は一人で妻役割を引き受けるのは荷が重いという認識を以前の結婚生活から得て、一夫多妻を積極的に容認するという、独創的かつイスラーム的な解決策を見出したのである。エジプトで一夫多妻を容認する女性はきわめて珍しい。敬虔な女性でも一夫多妻については、Oのように「預言者ムハンマドが置かれていた歴史的状況に特殊な規定だから……私は夫が妻をもう一人持つのは、いくら合法といっても耐えられない」と現代にはあてはまらないとして否定するか、Dのように「最悪。彼は私のもの」と表現して忌み嫌う傾向が強い。

サマーハの解決策は、独創的なイスラーム解釈と戦略に基づいている。彼女は一夫多妻を女性の立場から積極的に容認し、読み直して脱構築した。敬虔なムスリム女性として、そして独立した説教師として生きていくための、無意識だがしたたかな戦略が、そこから読み取れる。「私は independent だわね。だから一夫多妻がよい」という彼女の言葉は象徴的である。

サマーハは妻役割と説教師としての仕事を両立するため、一夫多妻の肯定的な解釈というイスラーム言説を創出した。またサマーハと参加者たちとのやりとりや交渉の中で、女性たちの納得のいくイスラーム言説が創出されていた。そのようなイスラーム言説の創出は、男性ウラマーたちの目の届かないところで、しかし確実に行われている。そのような場や空間が用意されたことの意義は大きい。サマーハの例が示すように、女性たちのこのような交渉は、敬虔であることと女性であること、そして自立（independent）することを肯定的につなぐためになされるのである。

(4) カイロ近郊農村――女性説教師シャイマー

シャイマーは、カイロの通勤圏内である近郊農村に住む説教師である。[*38] 彼女の住む村は、カイロの庶民街ショブラにある地下鉄のマザッラート駅から乗合バスで一時間ほどの下エジプトに位置する。本書では仮にM村とする。彼女は六人兄弟の三番目で家族と同居しており、二〇〇六年当時二五歳で、両親ともにM村の出身である。高校卒業後、前述のアズハル大学傘下の宗教専門学校に四年通い、特に宣教を専門とした宗教教育を受けた。なお、彼女の父方オジ[*39]であるムハンマド・アブー＝ライラ（Muḥammad Abū Layla）は、アズハル大学英語イスラーム学部の教授であり、彼女は私的に彼からもイスラーム教育を受けている。処理に困るケースなどは彼に助言を乞うこともあるという。二〇〇五年に宗教専門学校を卒業し、現在は村の薬局に勤める。二〇〇四年からボランティアとして説教師の活動を週二回行う、この村初の女性説教師である。

M村は人口八〇〇〇人程度の比較的大きな村だが、道路は未舗装、下水も完全整備ではない。カイロに比べると生活レヴェルは低く、賃金格差も見られた。実質GDPで人々の生活レヴェルの差を説明するのは難しいが、二〇〇三〜〇四年の実質GDPはカイロで七六二二・六、M村のある下エジプトで三七九二・五であり、大きく異なる[*40]（pppベース$）［UNDP 2005: 211］。

M村では、男女隔離規範がカイロより厳格に適用されていた。筆者は調査中、シャイマーの男兄弟とは挨拶するのみで、同室も雑談も許されなかった。シャイマー家に男性の客人が来た際は、姉妹の部屋に篭り、出てこないようにシャイマーから指示を受けた。M村で勉強会参加者の家に四度、個別に招かれたときも、男性とは挨拶のみで、雑談や世間話をしたことはなかった[*41]。カイロでは外国人である筆者を、男性であってもともかく客人に紹介しようとするだが、それとは対照的である。カイロの中でも比較的ジェンダー規範が厳格な地域である庶民街ショブラ地区で住み込み調査をしていたときも、男性に紹介されなかったことは一度もなかった[*42]。

印象的な逸話がある。勉強会に遅れそうになったシャイマーとモスクに向かっていたとき、筆者が走り出すとシャイマーが一言「恥よ（*ʿayb*）」と言って筆者をたしなめた。重ねて彼女は「走ると皆が私たちを見るでしょう。女性は目立つ行動をして不必要に人から見られてはいけない」と説いて筆者をびっくりさせた。カイロでは、庶民街であるショブラ地区でさえ、筆者は走ることを咎められたことがなかったし、カイロっ子たちも走ることに抵抗がなかった。近郊農村では若年女性の外出や服装なども、男性家族成員や既婚女性たちが厳しく監理していた。なお、カイロより農村部の方がジェンダー規範が厳しい傾向はこの村に限ったことではない。[*43]

シャイマーの薬局の同僚マイ（四〇代既婚、夫と二人暮し、カイロ在住の既婚の息子とクウェート在住の既婚の娘）は村での生活をこう語っている。

マイ「あなたは村は初めて？　気に入ったの？」
筆者「はい、静かだし、きれいだし、緑が。村は嫌いですか？　ここのご出身でしょ？」
マイ「私はできればナセル・シティ（カイロ郊外の新興住宅地）の息子のところで一緒に住みたい。ここは嫌だから。都会は静かだし。」
筆者「静かって言うけど、ナセル・シティだってうるさいでしょう。ここより。クラクションもすごいし。」
マイ「なんて言っていいかわからないけど、わかるかもわからないけど……。そういううるささじゃなくてね。ここは悪口を言う女性（*shattāma*）と男性（*shattām*）がたくさんいるし、みな狭い世界だし、お互いに見張りあっているし。私はここの出身だけど、でもやっぱりカイロに行きたい。カイロではそういうことはないし、もっと静か。」
筆者「ああ、私生活に介入されないという意味？」
マイ「まあ、そうだわね。都会の人はみんな忙しいし、カイロは大きいから。」

M村にカイロよりも厳しい相互監視の網の目があることと、それを鬱陶しく思う様子がわかる。人口規模が大きく、人口移動も多いカイロではこのような相互監視も緩いだろうという期待もまた仄見える。

(5)勉強会参加者たち

彼女の勉強会には一〇歳に満たない少女から六〇代まで、幅広い年代が参加する。[*44] 人数も三〇～三五人前後と多い。講義途中での質問は禁止で、参加者は聞くだけで、質問するなどの積極的な関与は講義中には見られない。シャイマーは預言者の伝記やクルアーン、ムスリムとしての正しい振る舞いなどの講義を行っていた。クルアーンの読誦に関する講義は、結果として非識字の年配女性に文字を教える教室となっていた。伝記講義は子どもたちにイスラームの歴史や道徳を教えることが目的だったが、女性たちの息抜きの場でもあった。「こうやって家族から離れてイスラームの話をモスクで聞くのが楽しみなの。散歩もできるしね」とある参加者（五〇代後半、既婚）は述べている。

前述のように、女性、特に独身女性に対する監理は厳しい。筆者はシャイマーの自宅に遊びに来ていた勉強会参加者（二二歳独身、親と未婚の兄と同居）に、一八時半ごろ「帰るのが遅くなってしまったから、母が怒っているると思う。とっても面倒だし怒られるのも憂鬱だから、一緒に家まで来て母の怒りを解いてくれない？　日本人が客人として来ていたから遅くなった、と言えば母は絶対に怒らないから」と依頼された。女性説教師の家でもそんなにうるさいのかと筆者が尋ねると、彼女は「シャイマーにも兄弟がいるでしょう」と返した。[*45]

ほかにも、シャイマーに親との確執について電話をかけて相談してきた女性がいる。シャイマーは彼女に対し「あなたの家族を、必要以上にあなたの人生に干渉させてはダメ。あなたは自分で解決する能力を持っているんだから、家族に干渉させないで、自分で決めなさい。私たちはもう、ちゃんといろんなことを知っていて、自分で解決することができるんだから。それにイスラームはその場合、あなたの意思を無視して全部を決める権利を親に与えていないわ。あなたも知っているでしょう。まずちゃんと話して、がんばって。それでも無理なようなら、また電話ちょうだい、私が話しに行くから」と答えていた。これは父親が彼女の意思を尊重せずに結婚相手を決定しようとしたケースである。電話の主からはその後、イスラームの定める権利の話をしたら父親が不機嫌に黙ったので、まだわからないが、なんとかなりそう、という旨の報告をもらったそうである。

シャイマーが相談役として女性たちに頼りにされていること、彼女がイスラームを資源として使っていること、実際に家族の干渉から逃れるために宗教的知識が役に立つことの三点が、ここからわかる。泣きながらシャイマーに電話してくる女性の例も三例確認した。[*46] シャイマーはそのような監理にあぐねきった女性たちのケアを、説教師としての大事な仕事と認識していた。

またシャイマーは、高校で裁縫を習い、かつ兄が男性用の服飾店を経営していてミシンなどの縫製機器に接する機会が多いため、裁縫技術を一通り身に付けていた。彼女は説教師としてだけではなく、裁縫の師匠としても女性たちに人気があった。彼女の家には、スカートのウエストを詰めたい、ここに刺繍をしたいなどの理由で、女性たちが頻繁に出入りしていた。彼女たちは親しさの度合いによって金銭でシャイマーにその場で報酬を払ったり払わなかったりする。シャイマーと彼女たちのやりとりを参与観察していると、彼女たちは裁縫をしながら日常生活のさまざまな愚痴やトラブル、嬉しかったことなどについて雑談していた。[*47] シャイマーはそれに相槌を打ちながら、彼女がイスラームにそぐわないと思う事柄について「それは相手が悪い」「あなたは挨拶するべきだったわね」などとコメントしていた。勉強会などの形ではなくインフォーマルな場面でも、イスラームのジェンダー規範についての知識がやりとりされていたのである。

(6) 村における女性説教師の役割

ここで、「(宗教的に) 頑固 (*mutashaddid*)」と「敬虔 (*mutadayyin*)」という二つの言葉の用法の違い、さらに「逸脱的慣習 (*bid'a*)」[*48]に注目して、シャイマーの役割を整理したい。

厳格にイスラームを解釈する者、頑ななまでに教条主義的な者のことを、インフォーマントたちは否定的なニュアンスを含む「頑固」という言葉で表現していた。例えば女性が運転免許を取れず、ニカーブを被らないと外出できないサウジアラビアについて、インフォーマントたちは「彼ら(サウジアラビア人男性)は頑固だから」と言う。このような文脈で「彼らは敬虔だから」と言ったインフォーマントはいなかった。例えばシャイマーは以下のように「頑固」を使っていた。

筆者「結婚相手を探すときには何が大事なの?」
シャイマー「そうね、宗教があることと、それに頑固でないこと。頑固だと大変。本来はイスラームは楽しむことも容認しているし、音楽だって認めているし、つまらないことばかりの宗教でもないし、息抜きもできるのに。頑固な人は本来は簡単なことを難しくするのが好きで、堅苦しくて、息がつまるから、そういう人とは結婚したくない。」

「頑固な人はイスラームを口実に女性の行動を束縛するからいや」「楽しみがなくなる」「電話も取れなくなる」[*49]、母方イトコがそれで苦労している」など、結婚相手は「頑固」でない方がよいという語りをよく聞いた。筆者のインフォーマントは女性が多いため、分母に偏りがあって正確なことはむろん言えないが、結婚相手に関して「頑固だと嫌だ」と表現した男性はいなかった。頑固という言葉を女性が使う場合、それはイスラーム過激派やいわゆる「原理主義者」について語る場合と、男性に対して使う場合がほとんどであった。女性に対して「あの人は頑固だ」と使うことは文法上は可能だがきわめて稀で、男性に対して使う場合よりも強い否定のニュアンスが込められていた。以上から、「頑固」は日常的にはイスラームを厳格に解釈し、それによって女性たちを監理しようとする男性に対して使われるといえる。注目すべきことに、「頑固」はカイロでよりも、M村で日常用語として頻繁に使われていた。

一方「敬虔」は、両性に対して使われる誉め言葉で否定的なニュアンスはない。類義語として「宗教がある（*'andhu/'andhā dīn*）」もよく使われる。この言葉は、礼拝や断食などの義務行為を熱心に行い、イスラーム的規範や道徳を身につけている人々に対し使われる。結婚相手に望む資質として「敬虔」を挙げるインフォーマントは男女問わず多い。サマーハの勉強会参加者Gは、二〇〇〇年当時、未婚時にこう語っている。

「そりゃあ、結婚相手は敬虔な方がいいわ。生活習慣が似ているから腹が立つことが少ないでしょうし。でも一番大事なことは宗教があると、公正な振る舞いをしてくれるという確信が持てることよ。最悪の場合、夫が二人目の妻と結婚したとしても、夫が敬虔だったら私を不当に扱ったりしない。仮に彼が二番目の妻の方を好きだとしても、二人を公正に扱うでしょう。イスラームはそう定めているんだから。そうしたら少なくても、イスラームが定めている私の（妻としての）権利は保障されるじゃない。」

表 2-2　インフォーマントたちの日常会話における言語用法一覧

	使用する性別	使われる対象の性別	使用頻度（カイロ）	使用頻度（M 村）	意味
敬虔	男女ともに	男女ともに	多い	多い	肯定的
頑固	主に女性	男性	少ない	多い	否定的
逸脱的慣習	男女ともに	男女ともに（農村では年配者の行動に対して用いる場合が多い）	比較的少ない	多い	否定的

注）筆者作成。

男性の敬虔さは、彼の人格や人間関係、特に結婚した後の夫婦の関係に、ある種の保険や保障をもたらすと考えられている。敬虔だと評判のLは「敬虔な人とは価値観を共有できる」と述べる。彼女たちはイスラーム的規範やイスラームのジェンダー規範についての理解の一致を、価値観の一致とほぼ同義に捉えている。そして男性がイスラームの名のもとで厳しく女性を監理しようとする場合やその予兆がある場合に、それを「頑固」と表現して嫌う。「敬虔」と「頑固」はどちらも熱心なイスラームの実践を形容する言葉だが、対照的な意味を持つ。女性たちから見て好ましいイスラーム的規範に従っている者は「敬虔」と、好ましくないイスラーム的規範に従っている者は「頑固」と呼ばれるのである。

「逸脱的慣習《ビドア》」という言葉も見逃せない。これはイスラームに基づかない慣習を指し、主に非難や否定のニュアンスを込めて使われる。日常用語として「逸脱的慣習《ビドア》」をよく使っていたのは、「頑固」の場合と同様、M村のインフォーマントたちであった。これは人に対する形容詞ではなく、行為や行動を主語として、「そのお墓参りは逸脱的慣習《ビドア》よ」というように使われる。若年者が年配者に使う傾向があった（表2-2）。

用法における地域差はジェンダー規範の厳格さに正比例していた。M村の女性たちは、M村の厳格なジェンダー規範を、イスラームではなく、慣習に基づくものと見なしていた。本書では歴史的・法学的にそれがどちらに基づくのかという問題には立ち入らない。そうではなくて、彼女たちがそのような認識を持つことによって何を得たのかに注目したい。

一般にM村にはカイロよりも「頑固」な男性が多い。したがって女性たちは日常的に「頑固」な男性と交渉しなければならない。彼女たちは「そのような習慣は逸脱的慣習《ビドア》である」として男性の要求そのものを否定したり、「それは頑固にすぎる」として男性のイスラーム解釈に異議を唱えるなどの交渉を行っていた。その際、女性たちの参謀としての役割を果たしているのがシャイマーである。「敬虔」「頑固」「逸脱的慣習《ビドア》」という言葉を持ち込んだのがシャイマーかどうかは不明であるが、彼女は自覚的にそれらの言葉を用い、女性たちの日々の交渉を助けていた。彼女はイスラームの知識を得ることが村の女性たちにとってどれだけいいことかを折に触れて語る。「来世のためにも、現世で神が私たちに認めてくださっている権利を知るためにも、それはとてもいいことよ」と。前述のシャイマーの言葉をもう一度引用する。

「あなたの家族を、必要以上にあなたの人生に干渉させてはダメ。あなたは自分で解決する能力を持っているんだから、家族に干渉させないで、自分で決めなさい。私たちはもう、ちゃんといろんなことを知っていて、自分で解決することができるんだから。それにイスラームはその場合、あなたの意思を無視して全部を決める権利を親に与えていないわ。」

彼女の説教師としての活動は期せずして、①イスラームにおける女性の権利についての知識を提供することによって女性たちのシャリーアにかかる法識字を向上させ、②男性たちの抑圧的な監理に対する抵抗に役立つ「頑固」と「逸脱的慣習」という概念を女性たちに与えることによって、女性たちの日常生活における交渉を助けていた。宗教専門学校でイスラーム教育を受けたシャイマーのイスラーム言説に、正面切って反対・反発する男性は管見の限りいなかった。一方、シャイマーが間に立つことによって抑圧的な男性がそのような行為をやめざるをえなくなった例は三例観察した。父親の結婚に関する過干渉を阻止した例、夫による過度の嫌がらせを阻止した例[*50]、外出する自由を家族との交渉で勝ち取った例である。この場合、交渉相手である男性も、イスラーム復興の影響を受けるムスリムであることは無視できない。

イスラームが彼女の活動とその言葉を裏書きし、それにお墨付きを与えていたのである。

5 イスラーム言説と女性説教師たち

本節では二人の活動を比較し、説教師の社会的役割と戦略を分析する。

サマーハの場合は、参加者が二〇~三〇代の高学歴女性であり、多くが新興富裕層や上流階層出身者であった。説教師との親密性の高い空間におけるイスラーム言説の消費には、強い積極性と選択性が認められた。説教師の解釈に異議を唱え、解釈の変更を迫るなど、参加者は非常に主体的に宗教言説に関わっていた。説教師も積極的に応対し、それによって新たなイスラーム言説を創出するなど、イスラームの解釈そのものをめぐるやりとりがなされていた。ここからは、イスラーム言説を創出または再構築しようとする積極的な姿勢が窺える。

一方シャイマーの場合は、参加者の年齢がばらばらで参加人数も多く、講義も参加型ではない。そこではイスラーム言説の解釈変更や言説の創出はなされず、クルアーンの読誦方法の講義を通じた読み書き能力の獲得など、より実際的なニーズに焦点が当てられていた。現実にある女性たちへの抑圧にどう対処するか、その戦略を示す

表 2-3　カイロと M 村における勉強会の性質の違い一覧

	場所	参加者年齢	形式	参加者の参加度	親密性	人数	イスラーム言説との関係
サマーハ（カイロ）	参加者自宅	20 代	講義（参加型）	大きい	高い	15 ～ 20 人前後	再構築および創出
シャイマー（M 村）	モスク	子ども～60 代	講義	小さい	比較的低い	30 人前後	解説による権利の自覚

注）筆者作成。

参謀として、また女性たちの活動を援助するソーシャルワーカーとしての役割を、シャイマーは担っていた。その際には「敬虔」「頑固」「逸脱的慣習」という言葉が効果的に使われた。

二人の説教師による勉強会の性質の違いと、活動の意義の分析をまとめると表2‐3のようになる。

以上から、①イスラーム言説が実際に女性たちの資源となること、②イスラーム言説の利用にかかる女性たちの法識字の向上、③イスラーム言説そのものの創造に女性たちが積極的に関わり始めていることが確認できた。これはイスラーム言説という資源を、女性たちが効果的に動員する力をつけつつあること、彼女たちが行為主体としてそれに関わっていることの二点を示している。しかしその関与には、法識字や他の資源へのアクセスの程度による差異が見られた。

クルアーン解釈やハディース解釈、法学などのイスラーム的知は、近代化につれてウラマーの独占物ではなくなった。その理由として大塚らは近代的教育の普及により読み書きができる人口が増えたことと、出版技術の普及を挙げる［大塚 二〇〇〇：一八三―一八九、Zeghal 1999］。筆者は大塚に賛同するが、大塚にはジェンダーの視座が欠けていることも指摘したい。エジプトの近代化の時期にイスラームの知の体系に参入してきたエフェンディ（*afandīya*）層[*51]は、ハサン・バンナーやサイイド・クトゥブ（Sayyid Qutb 一九〇六～六六）など、非宗教教育を受けた男性であり、女性たちは当時、ここに参入はできなかった。これは当時のエジプトの識字率のジェンダー差を考えれば当然の帰結である。また当時、このようなアズハルでの「正規の宗教教育」を受けていない層のイスラーム言説は、ウラマーによって恣意的な解釈で、正統な手続きを踏んでいない生半可な読みであると見なされてきた［大塚二〇〇〇：二四七］。

そのような状況下で、女性たちは自らのイスラーム言説に権威と正当性を与えるためにどのような戦略をとったのか。シャイマーはアズハル傘下の四年制の宗教専門学校を卒業し、サマーハは一年、宗教専門学校に通った後、アズハル卒の女性ウラマーに師事し、門弟としてインフォーマルな形で教えを乞うている。「はじめに」で触れたように、エジプトにはアズハル総長を頂点とするイスラームの知の権威のヒエラルキーがある。エジプトでイスラーム的権威と見なされるためには、正当な手順を踏み、アズハルの権威のシステムの中に参入する必要がある。ある人とそのイスラーム言説がどの程度権威を持つかを左右する大きな指標として、当該人物がアズハルの知の体系に、正統な方法でどの程度コミットできているかは重視される。エジプトでは、スーフィー教団を例外として、個人のカリスマ性や出自（系譜）といった先天的な資源は、その人の人気を左右することはあっても、権威にはつながらない。むしろ後天的に得られるアズハルに列なる学歴が権威を与える。アズハルの外に位置する説教師もそれを理解している。

例えば、エジプトの著名な説教師アムル・ハーリドはファトワーを決して出さないことで、アズハルの権威に挑戦しないという姿勢をとる。第二章の女性説教師の勉強会参加者たちの幾人かは、説教師に習うだけではよしとせず、説教師から一定の知識を得た後、説教師を経てアズハル傘下の宗教専門学校などに入学するなどして、自らその権威のシステムに参入しようともしている。

シャイマーの通ったアズハル傘下の宗教専門学校の教員はアズハル教授や講師らであった。アズハルが女性説教師の養成に乗り出したことはすなわち、その領域をも管轄下に置こうとするアズハルの試みとしても読める。本章の二人の市井の女性説教師が、宗教専門学校で宗教教育を受けている点は非常に興味深い。これは彼女たちがイスラームの知の体系に組み込まれていることを意味している。マフムードはそれを悲観的に捉え、男性のイスラーム言説に参入するだけでは構造的限界があるとしているが［Mahmood 2005: 65］、説教師の語りからは、知の体系に積極的に参入していこうという意思が窺える。確かにマフムードの指摘するような限界はある。しかしながら、女性たちが積極的にイスラームの知の体系に参入していくことの意味を分析する必要がある。なぜ彼女たちは正規のイスラーム教育を重視するのか。

そこにはもちろん、彼女たち自身の、正統イスラームへの憧れがある。これはイスラーム復興現象と結びついたエジプト社会全体の傾向でもある。管見によれば、このような正統イスラームに対する志向性はウラマーだけではなく、イスラーム復興が進む現在、多くのムスリムが持っている。しかしそれとともに、イスラーム言説の有効性という問題系を考えなければならない。

ウラマーが「正規の宗教教育」を受けていない人々のイスラーム言説を退けてきたことは前述したが、女性の言説に対してはよりその傾向が強い。女性は性別ゆえに、二重にイスラーム言説のアリーナから疎外される危険性を持つ。*[52] そのような不利な立場から、彼女たちは自分のイスラーム言説が受け入れられる方法を探らねばならない。イスラーム言説は受け入れられなければ意味がないからである。シャイマーの例からもわかるように、宗教教育は彼女たちに正統性を与える。彼女の宗教専門学校の免状と、アズハル大学教授のオジがいるという出自が、彼女の言説を権威づけたのである。*[53] ここから、彼女たちは戦略的理由から、イスラームの知の体系に組み込まれることを積極的に選択したのだと考えられる。

たとえ女性たちの選択が、正統イスラームに取り込まれ、その中で周辺化されるという危険性を孕むものであったとしても、フィールドで彼女たちの活動を見る限り、その戦略は有効に働いていた。確かにマフムードの指摘通り、女性のイスラーム言説は構造的にも周辺化されている。ウラマーや説教師にジェンダーによる住み分けがあることと、女性ウラマーや女性説教師が「対女性用」であることは前述した。しかしそこに、男性が介入しない場で、女性による、女性のためのイスラーム言説が構築される機会と契機があることを、筆者は積極的に評価したい。それは、女性たちが行為主体としてイスラーム言説が構築されるアリーナに参入することを意味する。その際、現代エジプトではイスラームの正統性がジェンダーにかかわりなく、「正統なイスラーム教育を受けた者」に対し開かれていることに注意する必要がある。一九六一年以降、イスラーム学へのアクセスそのものに関するジェンダー差はなく、現在は個々人の解釈が正統かどうかが争われている。イスラーム言説は多様化し、その中で女性が担う女性のためのイスラーム言説も着実に育っている。

サマーハやシャイマーの事例は、そのような女性が担う女性のためのイスラーム言説が、実際に女性たちがさまざまな慣習に基づく身近な抑圧やそれを担う「頑固」な周囲の人々と交渉する際の、有効な資源となっていることを示している。日々の実践の中で彼女たちが紡ぐイスラーム言説は、彼女たちの生きる社会の中で、ムスリムであることと主体的な女性であることを肯定的につなぐための交渉に実際に役立つ「アリアドネの糸」であるといえよう。

注

＊1　小杉はイスラーム復興の始まりをムハンマド・アブドゥフ（Muhammad ʻAbduh 一八四九～一九〇五）やラシード・リ

ダー（Rashīd Riḍā 一八六五〜一九三五）、ハサン・バンナー（Ḥasan al-Bannā 一九〇六〜四九）らの活動に求め、その起点を二〇世紀始めに設定している［小杉 二〇〇六］。本書はイスラーム復興の歴史的展開を跡づけることを目的としないので、本書では「イスラーム復興」として主に七〇年代以降、アラブ民族主義が衰退して以後の現象を扱う。

＊2　二〇〇四年の上エジプト行政区の非識字率は四三・二％、同女性は五一・八％。都市部の非識字率は一九・二％、同女性は三一・一％、エジプト全体の非識字率が三四・三％、同女性は四四・八％である［UNDP 2005: 27］。一九九八年のカイロの非識字率は二四・二四％、エジプト全体は三九・三六％であった［UNDP 2001: 85］。一五歳以上の男性の識字率を一〇〇とした場合の女性の識字率は、一九九二年に五七・〇％、二〇〇四年に六八・三％であり、改善が著しい［UNDP 2005: 41］。詳細は付録の表を参照されたい。

＊3　詳細は巻末の表を参照されたい。

＊4　エジプトは一九六一年に社会主義宣言をした。六七年の第三次中東戦争の敗戦によって社会主義路線は破綻し、サーダートの門戸開放政策で事実上撤回されたが、低所得者層への施策はそのまま引き継がれた。

＊5　中田香織の論考は非常によくまとめられている［中田 一九九六］。

＊6　これは筆者の造語である。本書では二〇〇〇年以後、ヴェール人口が顕著に増えたことに注目し、これを再ヴェール化と区別するため、再々ヴェール化と便宜上名づける。

＊7　二〇〇三年九〜一〇月ごろにエジプトポンドが暴落し、一エジプトポンド三〇円が一ポンド一八円前後まで下がった。以後二〇〇七年一〇月現在にいたるまでポンドは一ポンド二〇円前後で安定している。ちなみに第三節で詳述するカイロ近郊農村の女性説教師（専門学校卒）は薬局で働いているが、月給は三〇〇ポンド、時給換算で六・二五ポンドである。カイロの大卒女性の初任給は職種にもよるが、四〇〇〜八〇〇ポンド前後である。

＊8　第四章で詳述するイスラーム電話に寄せられた質問と回答を引用する。ここからも、ＴＶの影響でアキーカが広く行われるようになったことが窺える。

質問：最初の妊娠のとき、ぶじに生まれたらアキーカすると誓いました。でもそれをしないうちに、二番目の妊娠をしました。どうすればいいでしょうか。

回答：誓いを破った償いをしなさい。アキーカは推奨される行為で、義務ではありません。最近ＴＶなどの影響でやる人が増えてはいるようですが、それはスンナです［二〇〇六年八月二一日採取、回答者不明］。

＊9 詳細は付録の表を参照されたい。一例を挙げると、一九六〇年の一五歳以上の識字率は二五・八％、二〇〇四年は六五・七％である［UNDP 2005: 203］。

＊10 庶民街でも衛星放送は普及している。これは「ワスラ（*al-wasla*）」と呼ばれる、正規アンテナから脱法的に電波を受信するための方法が普及したためである。

＊11 イスラームとメディアとの関係については［Poole & Richardson ed. 2006］がくわしい。

＊12 イスラームに関する知識を持つ人に対する敬称。

＊13 第四章で詳述するイスラーム電話にも、この番組の影響を受けたことを窺わせる、夢占いに関する質問が二六件寄せられている。

＊14 「敬虔」という言葉は、エジプト社会の中で肯定的な意味をもって使われる。厳格にイスラームを解釈する者、頑ななまでに教条主義的な者は、否定的なニュアンスを含む「頑固（*mutashaddid*）」という言葉で表現される。詳細は本章第三節を参照されたい。

＊15 アズハル大学ポート・サイード校イスラーム・アラビア語学女子部学部長、カイロアズハル大学イスラーム・アラビア語学女子部教授。伝記が出ている［'Abla 2003］。

＊16 カイロ近郊農村の説教師シャイマーの勉強会参加者（二〇代女性）は、彼女について以下のようにコメントしている。「ア

ブラは言い方がやわらかくて、抑圧的でもないし、脅さないから、彼女が好き。例えば他の男性ウラマーたちの中には『そんなことすると地獄に落ちるぞ！』みたいに、強い調子で脅しながら説教する人がいる。そういう話し方は好きじゃないし、落ち着かない。でもアブラは、『そういうことをするあなたを神様はお好きにはなられませんよ（*rabbinā mishu yuhebbik*）』という言い方をする。その方が私は好き。やわらかくて、優しい」。

＊17　アムル・ハーリドの説教の概要は［嶺崎 二〇〇六］を、彼のヴェールに関する言説は［後藤 二〇〇六］を参照されたい。

＊18　アズハル大学の宗教関係学部にエジプト人が正規入学するには、クルアーンを少なくとも半分は暗誦していなければならない。外国人にはこの条件は課されていない。この条件を満たさないが、イスラームを勉強したいという人々のために、アズハルは傘下に宗教専門学校をいくつか持っている［アズハル宗教英語学部教授、ムハンマド・アブー・ライラへのインタビュー、二〇〇五年］。後述のカイロ近郊農村の説教師シャイマーは、この専門学校の出身である。

＊19　筆者は免状を授けられる日に最終試験に飛び入り参加し、彼女たちが免状を授けられるのを参与観察した。彼女たちは華やかに笑い騒ぎ、早口で希望のモスクについて語り合っていた。彼女たちと前述の教師によれば、大きなモスクで説教するのは、すでにモスクが独自に組織した勉強会があるなどの理由で比較的難しいが、地元や地方のモスクでの説教は、ここの免状を示せば、ほぼ認められるとのことであった。

＊20　サマーハとは、筆者が住み込み調査をしていたインフォーマントの紹介で会った。このインフォーマントがサマーハの勉強会に定期的に出席していたのである。筆者は二〇〇三年から断続的に毎週彼女の勉強会に通い、参加者として勉強もしながら参与観察と半構造インタビューを行った。

＊21　アラビア語エジプト方言は系統的な敬語を持たないため、親密度の高いインフォーマントとの会話はどうしてもくだけた調子や表現になる。ここでは、それをあえてそのまま訳出した。

＊22　結婚契約書で定めた財産権を放棄するという条件で、女性の意思で離婚を裁判所に申し立てることができる。二〇〇〇年法律第一号八九〜九一条［Qadrī 2001: 244-269］制定による身分法改正以降に可能になった離婚。

＊23　イスラーム暦九月、ラマダーン月に一月行われる断食で、成年ムスリムの義務。夜明けから日没まで食事や水分を摂らない。病人や妊婦、授乳中の母親などは免除されるが、免除にも体調により後で埋め合わせの断食を行う必要がある場合と、ない場合がある。その他に月曜日や木曜日の断食など、任意の断食がいくつかある。

＊24　筆者は、スポーツクラブを男女の社交の場であると見なして嫌う敬虔な人や頑固な人にフィールドで何人か会った。

＊25　インタビュー中の英語表記は話者が実際に英語を使ったことを示す。以下同。

＊26　巡礼には大巡礼（*hajj*）と小巡礼がある。大巡礼はできる条件が整ったムスリムに対する義務で、イスラーム暦一二月の決まった日時に行われる。小巡礼はそれ以外の時期に行われる巡礼。

＊27　この場合の「必要」はセックス関係のことを特に指す慣用表現。ここでサマーハが「必要」という言葉でまず夫の性的な満足について触れているのは、シャリーアで定められている妻の第一の義務が夫との性交義務であるためだと考えられる（五章を参照されたい）。夫を性的にも感情面でも満足させることは、妻役割の中でも非常に大事なことであると、エジプトでは一般に考えられている。本書で扱うファトワーにも、性的に夫から求められることを負担に思う妻からの質問が見られる。例えば第四章で扱うイスラーム電話の質問件数二〇五〇件のうち、このような質問は八件あった。

＊28　詳細は表2－3を参照のこと。

＊29　一般にエジプトの私立学校は英語、フランス語、ドイツ語などで教育を行う。ばらつきがあるが授業料は一概に高く、富裕層向きである。ミッション系の、イスラーム教育を行わない学校が多い。高等教育以前に私立学校に学ぶ生徒数は、二〇〇三／〇四年で全体の七％［田中 二〇〇六：六二］。Aşik によれば、近年このような私立学校にかわるものとして、宗教熱心な中上流階層の子弟を対象とした Private Islamic English Language Schools（PIELS）が設立されている［Aşik 2008：100-101］。富裕層におけるイスラーム復興の今後の方向性を示す動きであり、注目に値する。

＊30　この世代と階層のサブカルチャーやメンタリティを指す。

＊31　なお、カイロで一人暮らしをしているエジプト人女性には、筆者はフィールド調査中一度も会ったことがない。

＊32 季節とフライト数によるが、月に二〇〇〇ポンド前後。筆者の知る二〇～三〇代の男女インフォーマントの中で一番高額。参考までに記すと、英語ができるJICAの現地スタッフの給料が勤続三年の大卒で八〇〇～一二〇〇ポンド程度である。

＊33 下層中流階層の場合も、筆者が観察した限りでは、独身女性の給料は家計に組み入れられていない場合がほとんどであった。しかし筆者がショブラ地区で観察した六例の下層中流階層および低所得者層の場合は、共働きの妻の収入は何らかの形で家計に入れられていた。本章第三節四項で詳述する村の場合は、共働きの妻の収入は家計に組み入れられるか、妻の実家との交際費や子どもにかかる費用に使われていた。独身女性の給料は村でも家計に組み入れられてはいなかったが、シャイマーによれば「妹や弟に何か買ってあげたり、食料を私が買ったり、なんだかんだで家族のために使うことは多い」とのことであった。

＊34 男性が性的な強さを誇示するのは同世代の男性間で会話するときである。女性たちに性的な強さを誇示することは礼儀にもジェンダー規範にも反し、一般的ではない。カイロにおいては、男性が女性に自分の「男らしさ」を誇示したい場合には、出かけた際にすべての支払いを持ち、「気前のよさ」をアピールするのが最も一般的な方法である。

＊35 サマーハは、それは大して重要な理由ではないとし、Qはそれが主な離婚理由であると語った。

＊36 法を使いこなすための能力。「権利や法律について批判力があり、自己の権利を主張できる、また社会的変革に対応できる能力を習得するプロセス」[Schuler 1992: 2]。一九九五年に開かれた北京女性会議によって、法識字の概念は女性の権利問題における重要な概念のひとつとなった。北京会議の行動綱領は、女性が「手段的なしくみ」として法を理解すること、政府がわかりやすい用語やなじみやすい言葉に置き換えて法律や決議などの情報を伝えること、警察や軍隊など、法の執行に関わる機関が女性の権利を意識し、それに敏感になることなどを法識字の焦点としている［オルセン 二〇〇二：二八〇―二八三］。多元的法体制（第三章で詳述）の中では、各「法」の法識字はそれぞれ異なっている。本書で注目する法識字は国家制定法にかかる法識字ではなく、シャリーアにかかる法識字である。

＊37 ただし彼女の説教師としての仕事は無償労働（ボランティア）である。彼女の生活費は同居の父親から出ている。

＊38　筆者がシャイマーと最初に出会ったのはカイロの地下鉄の女性専用車両であった。二〇〇四年ごろから、女性専用車両でゲリラ的に、乗り物に乗ったときに唱える祈祷句を唱え、周囲の人々に暗誦させるという宗教活動が観察されるようになった。その活動をフィールド調査していた際、祈祷句を唱えるよう呼びかけていた女性に声をかけたところ、彼女は自分の村での説教師としての活動に筆者を招いた。それがシャイマーである。シャイマーについてのフィールドワークは二〇〇六年四月から〇六年九月に行った。

＊39　彼女は彼と自分の関係を説明する際「父方オジ（*'ammi*）」と表現したが、実際は彼は父親の母方イトコであり、父方オジではない。しかしエジプト人は父方の親族で特に親しい父親世代の人間を「父方オジ」と表現することがままある。このケースもそれに当たる。これらは親族の定型表現に事実上の血縁関係ではなく、心理的・精神的距離がより反映されることを示しており、興味深い。

＊40　シャイマーの月給は月三〇〇ポンドであり、カイロの大学卒の女性インフォーマントの月給が四〇〇〜八〇〇ポンド前後であることを考えると、かなり低い。庶民街ショブラ地区に住む高卒のインフォーマントの月給は四〇〇ポンドだが、シャイマーが専門学校卒であることを考えると、やはり、村とカイロとの賃金格差はあると考えられる。ただしカイロで、大卒者が学校教師をする場合は三〇〇ポンドでも珍しくない。

＊41　これは、筆者を「保護下の未婚女性」であるから、その振る舞いに責任があるとシャイマーの父親が考えたから取られた処置である、と考えることも可能である。しかし他の家でも男性家族成員には紹介されなかったため、村のジェンダー規範では、親しくない未婚の男女が同席して談笑することが許されていないと考える方が妥当であろう。

なお、フィールドで筆者はしばしば「保護下にある客人」としての扱いを受けた。保護下にある客人の性的な評判は保護者の名誉に関わるため、保護者は特に外国人の保護を引き受けるとき、この点に神経質になる。

二〇〇一年の一時期、筆者はカイロで複数の日本人とルームシェアをしていたが、そのうちの一人がエジプト人男性を泊めたために借家を追い出された。集合住宅の一階で、住人の雑用をし、出入りを監視する役目を持つ門番から報せを受けた大家は、怒り狂って部屋に乗り込んできて「出て行け！　こんなだらしない店子を持って、私が近所にどれだけ馬鹿にされるか！　私の評判はがた落ちだ、よりによってエジプト人を連れ込むなんて！　出て行け！」と怒鳴った。近所や周囲がそれとなく性的行状を監視しあっていること、血縁関係や親族・婚族関係がなくても、保護下にあるとされる者の性的行状が、保護者の評判に直結することの二点が、ここからわかる。第五章で詳述するが、近所の目や評判を気にするファトワーの質問は多い。

＊42　男性の調査者が入る場合は、男女隔離はより厳格に行われる可能性がある。なお八〇年代の男女隔離については［大塚二〇〇〇ａ］を参照のこと。

＊43　筆者がＪＩＣＡ平成一六年度調査研究「多様な社会・文化におけるジェンダー主流化のあり方――エジプト事例研究」に進捗監理コンサルタントとして参加して調査を行った際も、農村部のジェンダー規範が都市部よりも厳格であることが観察された［嶺崎 二〇〇五］。しかしこの調査によって、一見自由で、監理されていないように見える都市部の新興富裕層の独身若年女性たちも、携帯電話を持たされ、密な連絡を義務づけられるなど、新しい形で家族によって監理されていたことが明らかになった。都市部の女性たちが監理されていないと断じるのは早計である。今後いっそうの検討が必要であるが、農村の女性たちの方がよりあからさまに監理されていることは明らかである。

＊44　参加者は定着率が低く、人数も多かったため、一覧表を作るに十分なデータは取れなかった。

＊45　結局、彼女の自宅に挨拶に寄った。母親は驚き、珍しさからか筆者を質問攻めにし、娘の帰りが遅いことは（少なくとも筆者が滞在している間は）不問に付された。

＊46　姑とのトラブルに悩む女性からと、鬱で苦しんでいる女性から、もう一例は理由不明。

＊47　なお、農村の二〇代女性はカイロの二〇代女性に比べて裁縫ができる割合が明らかに高かった。筆者が知る限り、カイロのサマーハの勉強会参加者で、裁縫ができる者はいなかった。シャイマーによれば、Ｍ村では結婚にあたって必要となるさまざまな小物――蒲団カバーやベッドカバーなどの寝室周り――を自分で縫う女性が多いとのことであった。筆者が

カイロで観察した結婚は八例あったが（これは婚約式、結婚契約式、結婚式、その後の親族への挨拶、結婚一週間前後で行う新居のお披露目など、一連の儀礼をすべて参与観察できた事例の数である）、花嫁が自分でカバーなどを縫った例はなかった。三年にわたって継続的に調査したサマーハの勉強会参加者からは裁縫についての話を聞いたことはまったくなかったが、五ヶ月強のM村では裁縫にかかる行動や情報を多く収集できた。

ここから、裁縫技能がM村の女性により必要とされており、M村では裁縫は女性役割の一部と認識されていると考えられる。筆者が観察した限り、裁縫が上手な女性は農村の女性たちの間で賞賛されていた。

＊48 ビドアはもともと「新造されたもの」という意味のアラビア語で、預言者ムハンマドの時代になかったすべての事物および行為を指す。ビドアには軽重の程度がある。ビドアの中にも、イスラームの見地から見て容認できるビドア（例：TVや電話など）と容認できないビドアがあるとされる。この区別は時代・地域・法学派によって可変的である。したがって、ある行為を「ビドアである」と見なすことは必ずしもその行為を非難することにはならない。ある行為を「容認できないビドア」と見なした場合には、イスラーム的見地からその行為を非難することになる。本書で取り上げるビドアは「容認できないビドア」なので、訳を逸脱的慣習とした［中田 二〇〇二：四一九「ビドア」『新イスラム事典』、東長 二〇〇二：八一二「ビドア」『イスラム辞典』］。

＊49 「女性の声はアウラ（*ʻawra* 夫と親族以外に見せてはいけない身体の部位）だから、女性は男性がかけてきているかもしれない電話に出てはいけない」という「頑固」な男性がたまにいる。このような極端に「頑固」な配偶者に対する質問はファトワーにも見られる。筆者が収集したファトワーの中から以下に一例を挙げる。

質問：結婚しています。おかげさまで、小さい男の子が二人います。私たちは大きい家に住んでいて、それはありがたいのですけれど、夫の束縛がきつくて困っています。夫は何も許してくれません。家族に会いにも行けないし、窓にさえ近づけません。それは、外から見られないようにだそうです。ほかにも同じようにいろんな制限があります。子どもはまだ三歳と一歳です。私は離婚したいんですが、夫が子どもも、住居も渡さないと言います。疲れました……。私はおかげさまで礼拝もしますし、断食もしますし、クルアーンも読みます。夫は全然公正じゃないんです。私、夫を変えようと随分努力しましたけど、でも無駄でした。どうしようもありません。どうしたらいいでしょうか?

回答：夫との問題は、誰かに仲介してもらって解決しなさい。常識的な妥協点を求めることは、あなたの権利です。でも、離婚については、もうちょっと夫との関係性について努力して、仲介してもらってから考えてはいかがですか。まだお子さんも小さいですし、子どもがいるんですから。夫の信頼が厚い人、男性の家族同士を呼び出し、話し合って、解決法を探ってもらいなさい。この場合は、女性は感情的になるので男性がいいです。あなたの側からも男性、夫側からも男性。そして、夫もあなたに対して、権利を有していることも忘れないでください［イスラーム電話、二〇〇六年九月四日採取、回答者S・F］。

＊50 この例では、夫の母親である姑もシャイマーに援護射撃をし、イスラームの正しいあり方を息子に説いていた。

＊51 エジプト近代の文脈では、近代教育を受けて西欧の文化や習俗になじんだ都市知識人を指す。ひとつの社会階層を形成した。二〇世紀には、近代教育制度によって設立された学校の卒業生によって構成された［長沢二〇〇二：二一七］。

＊52 本章第二節で、シャイマーの「女性はイスラームに対する知識が少ない」という発言を引用した。女性でさえ、女性は無知であると認識している。しかし、これはエジプトの識字率におけるジェンダー差や高等教育におけるジェンダー格差を考えると、決して根拠のない認識ではない。それらのジェンダー差については、付録の表を参照のこと。

＊53 彼女の一族がM村の中で比較的大きい一族であったことも関係している可能性はあるが、これについては再調査が必要である。

第3章 多元的法秩序としてのシャリーアとファトワー

モスクへ（高橋美香撮影）

1 はじめに

シャリーア[*1]やその法源・法理論については多くの研究がなされてきたが、それが現代の国家の法秩序[*2]の中で占める位置についての研究は未だ端緒についたばかりである。法秩序の研究[*3]に、一元的な法秩序に代わるモデルとして多元的法体制（legal pluralism）という概念が導入されたのは一九七〇年代からである。[*4]多元的法体制（法多元主義）とは、千葉正士によれば、「一国の、従って一個の法体系の内部にそれとは異種の法体系が共存している状況をいう。異種とは、法の具体的な規定はもとよりこれを基礎づける法原理・法理念において、ひいてはその全体を支える法的権威において性質が異なること」［千葉 一九八五：一一二］である。シャリーアについても、多元的法体制論をふまえたいくつかの先行研究がある。[*5]

筆者の出発点はイスラーム社会のジェンダー構造とイスラームの関係を明らかにすることにあり、法秩序の構造や「法」としてのシャリーアそのものにはなかった。しかしファトワー[*6]を用いて研究する中で、ファトワーやシャリーアが法秩序の中で占める位置に関する先行研究が十分に蓄積されていない[*7]ことが明らかになった。

本章では特に文化としての「法」に注目し、現代エジプトの法文化[*8]の特徴と法秩序の構造、その中で「法」シャリーアが果たす役割について、法制度というマクロと現代のファトワー[*9]に現れるミクロの双方の視座から、ファトワーとフィールドノート[*10]を資料として分析する。

本論に入る前に概念の整理をする。ここで対象とする「法」は、国家法[*11]や法律に限定されない、広義の「法」である。以後、狭義の法に対し、広義の「法」を記述するときには便宜上「 」をつける。また、法システム[*12]や法文化などという場合の法は、広義の「法」を指し、この場合には特に「　」を記さない。この「法」は、社会通念や法の一般原則、シャリーア、慣習（*'āda*）、その他の規範など、人々が日常生活の中で依拠する、エールリッヒの定義するところの「生ける法」を含意している。また、さしあたっては法に包摂されていないが、将来的に法化（legalization）される事柄［竹下・角田編 二〇〇二：二八三］も、「法」の対象になる。したがって、イスラーム世界の「法」の範疇は、従来の狭義の法の範疇よりもはるかに広くなる。そもそもシャリーアが通常は法に含めない領域をも包摂した「法」であり、道徳規範、生活規範でもあり、かつ属人法であることを考えると、それはイスラーム世界の法文化の持つ特質であるといえる。

以上をふまえ、本章では次の二点を明らかにすることを目標とする。

① エジプトの法秩序と、その中でシャリーアが占める位置づけを明らかにする（第二節、第三節）。

② シャリーアの法システムが機能する場における紛争処理場面で、ファトワーが果たす役割について分析する（第四節）。

2　現代エジプトの「法」秩序

(1) エジプト法制史概観

オスマン朝支配下に置かれた時期（一五一七～一八〇五）には、エジプトの法秩序はシャリーアが統治の基礎に置かれ、行政法（カーヌーン）も用いられる二重構造になっていた。制定法だけでなく、地域共同体やアーイラの慣習などもこの時期に「法」として機能していたと考えられ、シャリーアの法システムのみが唯一の法システムであったわけではない。しかし、「法典化」されておらず、制定法ではなかったにせよ［小杉 一九九四：九九―一〇〇、堀井 二〇〇四：二〇七―二〇八］、シャリーアが今日の国家法に当たる位置を占めており、今日の国家法と同様、国家による強制可能性を有し[*13]、かつ一元的妥当性を有する実定法として最も権威があり重要だったことに議論の余地はない。この時期にはシャリーアは狭義の法でもあった。裁判所は、マザーリム法廷[*14]、カーディー法廷などがあった。

エジプトは一八七五年に外国人とエジプト人の紛争を解決するための混合裁判所を設立し、当時のフランス法を継受した法を採用した［塙 一九九九：一二］。一八八三年に設立されたエジプト国民相互間の訴訟を管轄するエジプト国民裁判所で適用された国内法は、すべて混合裁判所の諸法典を模倣したものであった［白井 一九九五：二九五］。

民法典の編纂は一九三九年から始まった。編纂委員会の主席であったアブド・アッザラーク・アフマド・アッサンフーリー（ʻAbd al-Razzāq al-Sanhūrī 一八九五～一九七一）は、民法典の条文の四分の三から五分の四はエジプトの（国民）裁判所の判例とエジプトの現行法令から採用された規定だと述べている［白井 一九九五：二九八］。判例と現行法令がフランス法の直接の影響の下に作られたものである以上、これはエジプト民法典が事実上、フランス法の影響を受けた移植法であることを意味している。しかし、婚姻・離婚・相続に関わる身分法は基本的にシャリーアに依拠しており、婚姻法について立法のない場合にはハナフィー派（*hanafī*）[*15]の法解釈に基づくシャリーアが適用された[*16]。一九四八年七月一六日に民法典は公布され、一九四九年一〇月一五日の混合裁判所の廃止と同時に施行［塙 一九九九：一三］、六度にわたる部分改正を経て、現在でもほぼ無修正のまま適用されている［白井 一九九五：二九八］。

エジプト民法[*17]第一条は、シャリーアの適用に関して以下のように定めている。「一　この法は、その文言と精神が妥当するすべての事柄にたいして適用される。二　該当する条項の存在しない事柄に関しては、裁判官は慣習により判断し、慣習が存在しない場合にはイスラム法の原則にしたがって判断する。そのような原則も存在しない場合には、裁判官は自然法の原理と条理を適用する」(傍点引用者[*18])。

一九二三年に公布された憲法は、フランスとベルギーの憲法をモデルに作られた［塙 一九九九：一二三］。憲法は一九七一年九月一一日に国民投票で承認され、八〇年四月三〇日に一部改正された［木庭 二〇〇一：二九三］。七一年の憲法改正によってシャリーア条項が付け加えられた。この条項は「イスラームは国教である。アラビア語は公用語であり、シャリーアの諸原則は立法の主たる源泉である」(傍点引用者[*19])と規定している。八〇年の改正では、七一年に追加した条項の「主要な源泉」に定冠詞をつけた［小杉 一九九四：五九］。

以上から、エジプト・アラブ共和国の国家法の法システムは、慣行やシャリーアの影響を受けてはいるが、基本的には移植法である制定法に依拠していることがわかる。それに従い、かつて狭義の法でもあったシャリーアは、身分法など、その一部を国家法として採用されはしたが、法の効力を保証する、国家権力による強制可能性を喪失した。それは必然的にシャリーアの法益範囲[*20]の変更を伴った。これらの変化はエジプトにおけるシャリーアの「法」としての性質を変容させたと考えられる。

(2) エジプト身分法とシャリーア

身分法は、シャリーアが国家法に採用された分野である。身分法は個人間の社会生活を規律する法律関係のうち、家族生活関係に関する法律の総称である。家族法ともいう。相続法も、財産法的側面もあるが、身分法の一部として取り扱われる［法律用語辞典：一三二三―一三二四］。

エジプトにおける身分法（*aḥwāl al-shakhṣīya*）も同様に、家族生活関係に関する法律の総称である。一九三四年のエジプト破棄院の判決は、身分法を以下のように定義している。「身分関係とは、ある既知の者に関し、その者を他の者から区別し、その者の社会生活において法の下で法的効果を与える関係または家族の叙述の総体、例えば男または女、既婚者、寡婦または離婚された女、両親または嫡出子、成年者の法的能力と、未成年・心神耗弱者・心神喪失者の法的能力の障害や、完全な法的能力を制限された法的能力をいう。（中略）ワクフ（*waqf* 寄進財）、贈与および遺言、対価を伴わない一切の契約は慈善の宗教的観念を基礎とするものであるとの視点から、これらの事項を身分関係の事項の中に含めている」［眞田・松村 二〇〇〇：二五］。

エジプト国家法の身分法は法典ではなく、個々の単行法から成り、新たに制定された法律が新たな規定を定めるか、以前の法律の条文の削除や追加規定を定めるという形で法改正がなされている［眞田・松村 二〇〇〇：三二］。前述のように、法に記載のない事柄についてはハナフィー派のシャリーア解釈が採用されると定められており、身分法の分野においては、シャリーアが国家法の法源となっている。*21

しかしこれは、シャリーアの多数説*22がそのまま国家法たる身分法に採用されたことを意味しない。シャリーアを国家法として採用する際、その地域で支配的であった法学派の説をどの程度踏襲するかは、事項によっても地域によっても異なっている。エジプトの場合は、基本的にはハナフィー派の学説を取り入れて身分法を制定したが、婚姻の解消に関しては、妻にとってより有利なマーリク派やハンバル派の学説を大幅に取り入れている［柳橋二〇〇一：六八］。例えばハンバル派のウラマー、イブン・タイミーヤ（Ibn Taymīya 一二六三～一三二八）が唱えた、夫の一度に三回なされた離婚宣言を、三回の離婚宣言と見なさず、一回と見なす学説は、シャリーアの中では少数説だが［Wahba 1997: 6906］、エジプト身分法はこの少数説を採用している。*23 このように、シャリーアの多数説とシャリーアに基づくエジプト身分法にはズレがある場合もある。

一方でシャリーアと国家法の規定にズレが生じた場合には、シャリーアの規定が優先される。一九七九年法および二〇〇〇年法はその好例である。一九七九年に、「夫が既に婚姻関係にある妻の同意を得ることなく、他の女性と婚姻した時は、これを妻に対する加害と見なす」と定めた、「一九二九年法第六条に対する一九七九年法による第一追加規定」が制定された［眞田・松村 二〇〇〇：二二］。これは夫の一夫多妻が妻の離婚請求の理由になるとする法規定である。一九七九年法は当時の大統領サダトの妻ジハーンによる介入によって成立したため、通称「ジハーン法」とも呼ばれる。しかし夫の離婚権の制限や、前述の一夫多妻の実質上の制限などを含む一九七九年法は、その規定が一夫多妻を認めたクルアーン第四章第三節に反し、したがってシャリーアの規定に反するとして、ウラマーや裁判官らの反対と抵抗に遭った。ここでシャリーアの国家法に対する優越性を認めるよう主張した中に、国家法に従い、法を適用する立場の裁判官がいたことは興味深い。柳橋は近代における法制改革の影響をほとんど蒙ることのなかった唯一の領域として身分法を挙げる［柳橋 二〇〇一：六］。シャリーアに基づいた身分法を求める声が法曹にもあることは、身分法におけるシャリーアの優位を認める法意識の存在を裏づけている。

その結果一九八五年五月に、最高裁判所がこの法律を違法・無効とした［眞田・松村 二〇〇〇：二二］。最高裁は手続き上の問題でこの法律を違憲とし、直接シャリーアと国家法の問題に踏み込んではいない［眞田・松村 二〇〇〇：二二］。しかし結果的には、身分法においてはシャリーアが国家法に優越することが、最高裁によって確認される形となった。なお、夫の一夫多妻に関する妻の離婚請求権を、一九七九年法よりやや制限した法律一〇〇号「一九二九年法代一一条に対する一九八五年法による第一追加規定」が一九八五年七月に制定され、それによって二九年の法律の一部が破棄・改正された［眞田・松村 二〇〇〇：二一］。

さらに重要なのは二〇〇〇年の身分法改正である。これは女性の法的権利の拡大を主な目的とした法改正であり、これによって離婚調停裁判の迅速化、財産権放棄を条件とする女性からの離婚申し立て（フルウ）、ウルフィー婚（*al-zawāj al-ʻurfī*）[*24]の調停を裁判所に申し立てることが可能となった［Qadrī 2001］。この法改正には保守派が強く反対した。例えばワフド党はフルウ条項に反対し、機関紙で「家庭の崩壊の始まり」と論じた［Tadros 2000］。弁護士たちはフルウに対し、男性に上告の手段がないのは憲法違反ではないかと指摘してもいる［Tadros 2000］。

多くの反対意見にもかかわらず、フルウが法として制定された背景には、アズハルおよび当時のアズハル総長タンターウィーが公式に、シャリーアに叶っているとしてフルウを認め、法改正を支持したことがある［Ibrahim 1999］。シャリーアにおけるフルウの必要要件として、夫の同意が必要だとする学説が多数説であるにもかかわらず、二〇〇〇年法において夫の同意がフルウの必要要件とされなかったのは、タンターウィーがそれを必要条件と解釈しなかったためである［Ibrahim 1999］。ここではシャリーアの少数説をとることによって、女性の権利拡大が図られている。女性の権利拡大を図るという法の精神を同じくしながら、一九七九年法が違憲とされ、二〇〇〇年法が可決されたことは、シャリーアに則った身分法か否かが、その成立に影響を及ぼすことを示唆する。

エジプトの身分法を以下にまとめる［眞田・松村 二〇〇〇、塙 一九九九、Qadrī 2001; 堀井 二〇〇四、Esposito & Delong-Bas 2001; Welchman 2004; NWRO 2010］。

一九二〇年法律第二五号「扶養料《ナファカ》及び身分関係法の一部の規定に関する法」

一九二九年法律第二五号「身分関係法の一部の規定に関する法」

一九四三年法律第七七号「相続に関する法」
一九四六年法律第七一号「遺言に関する法」
一九五二年大統領令第一一九号「財産管理後見に関する法」
一九五八年法律第一〇三号　一九二九年法第二五号の改正
一九七九年法律第四四号（一九八五年五月、最高裁により違憲・無効判決）一九二〇年法第二五号・一九二九年法第二五号の改正
一九八五年法律第一〇〇号　一九二〇年法第二五号・一九二九年法第二五号の改正
一九九二年法律第三三号　一九二九年法第二五号の改正
二〇〇〇年法律第一号　一九二〇年法第二五号・一九二九年法第二五号の改正
二〇〇五年法律第四号　一九二九年法第二五号・一九八五年法第一〇〇号の改正
二〇〇六年法律第二号　一九二九年法第二五号の改正

(3)ハード面から見る「法」の機能

法システムは構造（裁判所などのハード）と実体（制度のもとでの現実の行動パターン）からなる［竹下・角田二〇〇二：二六九］。裁判所や法曹人口などの法システムのハード面は、「法」の利用が容易であるか否かを判断する重要なポイントである。それは「法」が十全に機能しうるかの判断材料となる。

エジプトの国家法の法システムを支えるのは、裁判所[*25]、弁護士、公証人、裁判の執行、強制手段を実施しうる国家権力などである。一方でシャリーアの法システムを支えるのは、モスク、ウラマー、シャリーア、ファトワー、

示談[*26]などである。シャリーアの法システムが心理的強制手段のみを備え、権力による組織的・物理的強制手段を持たない点と、法廷を持たない点は、注目すべきである。

エジプトでは裁判に多額の資金と莫大な時間がかかる。裁判には時間、金銭、識字など、多くの資源が必要とされる。また立法者たる国家への不信、裁判における賄賂の横行、司法試験がないなどの問題もあり［al-Fattah 1999: 161-167］、国家の法システムは紛争処理機関として十分に機能していない状況にある。このような状況下では、裁判所で法律に基づいて問題の解決を図るのは困難である[*27]。

エジプト国家の法システムは法改正が頻繁で例外条項も多く、一貫した法理念を持たないため、信用されていない［al-Fattah 1999: 164］。エジプトではサダトが暗殺された八一年以後、いまだに非常事態宣言のもとで戒厳令がしかれている。二〇〇〇年二月二六日、人民議会は非常事態宣言を二〇〇三年六月まで延長するとの大統領令を承認した［木庭 二〇〇一：二九三］。その後二〇〇七年三月二六日の国民投票（投票率二七・一％、政府発表）で、憲法改正案が承認され、通称「反テロ法」が制定された[*28]。

法システムを構成する法機関[*29]における人権侵害や虐待も指摘されている。アムネスティ（Amnesty）は、エジプトの法機関、とりわけ国家治安調査庁（ＳＳＩ）による恣意的な逮捕、裁判がないままの長期にわたる拘禁、拷問その他の組織的な人権侵害が行われているとし、反テロ法は人権侵害につながるとして警告を発している[*30]。国家法の法システムは有効に機能していないだけでなく、人々にとっての脅威ともなっている。国家法は正義を保障するという法の基本的役割を十全には果たしていない。

一方シャリーアの法システムには、①ウラマー人口が弁護士人口よりはるかに多く、②金銭的資源が不要[*31]で、③特別な手続きを必要としないなど、国家法の法システムに比べアクセスが容易であるという利点がある。また国家法以外の法システムの方が、時間と金銭を節約できるため、相対的に満足度が高いことが指摘されている［al-Fattah 1999: 162］。ハードへのアクセスが容易であるかは、「法」の利用のされ方を考える上で重要である。

またエジプトにはウラマー養成のための法学教育のノウハウを持つ最高学府アズハルがあり、良質なウラマーが多数いる。固有の法的思考法も確立されており、法学文献、判例集なども整理されている。国家法の弁護士は質量ともに及ばないといってよい。

また、一般信徒とウラマーとの関係は一般に親密である。親密性はウラマーが民衆と同じ出身階層であることによると小杉は述べているが［小杉 一九八七：四二］、それは彼らの努力の結果でもある。ウラマーは一般信徒と緊密な絆を持ち、彼らの疑問に答えることを大切な仕事の一部と見なしていた。ウラマーの多くは仕事場、自宅、携帯電話の電話番号を公開し、一般信徒からの質問にいつでも答えられるようにしている。宗教関係の出版社に照会すると、有名なウラマーの連絡先などの情報を簡単に得られる。また有名なウラマーのスケジュールは、熱心な信徒にだいたい把握されている。ファトワーを受け取るために自宅を訪問することを容認しているウラマーもいた*[32]。よく勉強会に顔を見せ、ファトワーを受け取りにくる親しい信徒の婚約式に出席したウラマーもいる。

以上のことから、アクセス、人的資源の質、心理的な距離などの条件を考えると、実際の人々の日常世界で「法」として機能する条件を備えているのは国家法よりむしろシャリーアであると考えられる。

3　多元的法秩序としてのシャリーアとファトワー

エジプトで「法」に当たるものは大きく分けて三つある。国家法、シャリーア、慣習である*[33]*[34]。エジプトの法秩序は、これらの「法」が相互に関わりあいながら重層的な多元構造をなしている、多元的法体制であると考えられる。シャリーアは神授の超歴史的な典拠であるが、その適用には限界がある。シャリーアが多元的法体制下の法秩序の一部分である以上、それは完全に自律的な「法」ではありえない。それはシャリーアの法システムを承認する人々や場においてのみ有効な「法」である。国家による強制可能性の喪失によって、シャリーアは人々の承認を必要とする「法」となった。

以下で、多元的法体制下におけるシャリーアと他の「法」や社会状況その他との関係について、ファトワーを手がかりに検討する。多元的法体制下のシャリーアの役割を検討する際、ファトワーを分析対象にするのは、普段は体系的に意識されることがないシャリーアを現象させ、実体化させる役割を、ファトワーが持っているからである。

(1)ファトワーに見る「法化」

「法」シャリーアはある程度は自律的でありながら、他の「法」やその他の出来事から影響を受けている。例えば、法になりつつあるもの、あるいは法になる可能性のあるものに関わることも、シャリーアが影響を受けているもののひとつである。

質問：医師が人々の苦しみを和らげるために努力をした結果、ヨーロッパの国々で不妊治療のために開発された人工授精という方法があります。夫の精子を妻に注入するもので、多くの人々がこの恩恵を受けています。この治療とこれを治療として行う際のシャリーアの裁定はどうなっていますか？ また夫の精子と妻の卵子を取り出し、受精させて受精卵を動物の子宮で分裂させ、後にいくつかを妻の体に戻す治療（体外受精）については？

回答：まず、あなたがた医師の努力に敬意を払うとともに、シャリーアの裁定を気にかけ、質問してくれたことを素晴らしく思います。人々のために惜しまず努力をするものには神のお恵みがあるでしょう。①妻の卵子と夫の精子による、もしくは夫の精子と第三者の精子を混ぜたものによる人工授精はシャリーア上は可能である。それは子どもを持つ権利を保障し、妻に母親になる機会を、夫に父親になる機会を与え、二人が別れることなく生活を続けていく上で大きな福音となる。これは他の、薬を飲むなどのシャリーアで許されている治療法と変わらない。②第三者の卵子と第三者の精子を用いての人工授精は重罪に当たる。血統が維持できないからである。③副作用などを調べるために動物実験を行うことは差し支えない。夫からの精子で、危険が伴わないなら妻は人工授精を行うことができる。④妻の卵子と夫の精子を受精させ、受精卵を動物の子宮で育ててから妻の体に戻すことはシャリーア上罪に当たる。神の分野に土足で入り込むことになるからである。⑤夫の精子と妻の卵子を体外受精させ、その後妻の子宮に戻した場合には、子どもは自然な性交によって生まれた子どもと完全に同じ権利を持つ。⑥妻の卵子と夫の精子を受精させ、受精卵を試験管などで培養した後に妻の子宮に戻す方法はシャリーア上可能である。しかし夫の精子以外を用いてはならない［Muhammad 1999: 353-355］。

質問：病気の治癒や痛みの軽減などを目的とした臓器移植に関する、ウラマーたちの見解は異なっている。一部のウラマーはそれは可能だとし、一部のウラマーはそれは許されないとしている。可能と見なすウラマーの間ではさらに、病人による臓器の購入に関して意見の相違がある。一部のウラマーはそれを禁止行為とし、一部のウラマーは必要性のゆえにそれを合法であるとする。売買を罪とする理由は、自分の支配に服さないものを売買の対象にはできないためであった。どの意見が正しいのか？

回答：現代においては、臓器移植は差し迫った需要のために、必要な行為である。現代の多くの病が臓器移植を必要とし、移植なしでは快癒が望めない不治の病も多い。不治の病を治癒し、自然な生活を取り戻すのはシャリーアにそむかない権利であり、そこに疑いの余地はない。（中略）質問された事柄について、昔の法学者たちは研究をしていない。したがって明白なファトワーを出すためには、我々のような現代の法学者はシャリーアの法源に基づいてイジュティハード（*ijtihād* 典拠から特定の方法論によって法規定を導き出す、法規定発見のための努力）をしなければならない。例えば新たな時代背景によって生み出された前例のない新しい事柄で、人々がシャリーアの裁定を必要としている事柄に対しては、知識を用い、類似の事柄に則ってキヤース（*qiyās* 類推）する方法を探さねばならない［Muhammad 1999: 355-356］（以下すべて傍線は引用者による）。

これらのファトワーから、今までシャリーアの法システムの中で想定されていなかった新しい事態をシャリーアがどう法化するか、が問われていることがわかる。[*35] それは新しい医療技術、例えば人工授精、臓器移植、中絶、輸血などについてウラマーに寄せられた質問と回答に顕著に表れる。回答を見る限りでは、ウラマーもこれらのニーズを自覚している。

ウラマーが新しい権利をシャリーアの中に包摂し法化する重要性を認識している例として、一九九四年の人口と開発に関するカイロ国際会議の予備会議として一九九一年一〇月に開催された国際会議が挙げられる。イスラーム諸国のウラマーが集ったこの会議は、家族計画に関するウラマーの法解釈を統一する目的で行われた。この会議は、家族計画をどの程度法化するかが話し合われた例と考えられる。しかし、このような法化は順調に行われているわけではない。統一見解として確立されるにはいたっていない問題も多く、シャリーアは法化をめぐって揺れ動いている。

こうした法化をめぐる働きかけによってシャリーアの法システムは新しい概念や権利をあるいは認め、あるいは否定しながら変容していくことになる。

(2) ファトワーに見る他の「法」とのせめぎあい

質問（回答者による要約）：ある上エジプトから来た男が私に尋ねたのは、結婚するのにふさわしい年齢についてだった。彼が言うには、彼の村ではシャリーアに基づいて、娘たちを九歳で結婚させている。確かにそれはシャリーアで同意され、容認されている年齢である。そして娘たちが法律的に結婚できる年齢、我々の国では一六歳になると、二人の婚姻届を出すという。彼は、法律的な問題はさておくとして、このような結婚がシャリーアに照らして真正なものであるか尋ねた。

回答：シャリーアは、その結婚が娘の利益に適うかぎりにおいて、父親か祖父が成人に達しない娘を結婚させるのを許している。事実アブー・バクルは、娘アーイシャを六歳で預言者に嫁がせ、彼女は九歳で預言者との床入りを完了させている。このように昔はこれは当然と見なされていた。当時の暮らしはシンプルで、生活環境が単純だったからである。（中略）しかし現代では、十分な生活能力や一家の主婦としての能力や知識を身につける前に娘を結婚させるのは一般的ではない。ウラマーと心理学者、社会学者、法律家、医学博士の一致した意見によれば、女性の結婚適齢期は一六歳に達した後である。宗教は現代と未来において何が適切かについて慎重でなければならないし、我々には法律が定める結婚適齢期を守る義務がある。したがって我々は、その年齢に達する以前に娘を結婚させてはならない。それは、娘が結婚生活に必要な知識を得、家を切り盛りする能力を持っていると確信するためである。上エジプトの家族やその他の人のように、質問にあった行為を行うことについては、確かに前述のようにシャリーアはこれを容認している。その伝統は、マフル（婚資）の支払い、床入りの完了、彼女を扶養する義務など、すべての権利義務の履行からなっている。ところで、花嫁に関して、すべての夫とワリー（*walī* 後見人）は、直接、法律に背いた責任を負う。そして法律に背いているゆえに、その行為は伝統にも背いている［Muḥammad 1999: 173-174］。

これは国家法によっても規定されている事柄に関するファトワーである。質問者は国家法とシャリーアとのズレを取り上げ、そのズレをシャリーアがどう法化するかを問うている。これは「法」シャリーアの、国家法に対する認識を問うているに等しい。早婚を国家法が容認していないことは承知の上で「法」シャリーアの裁定を求めていることから、質問者は国家法の規定よりむしろシャリーアの規定に重きをおいていると考えられる。それに対し、ここでは「法」シャリーアの担い手であるウラマーは、むしろ積極的に国家法に従う姿勢を見せている。これは、国家法とシャリーアの規定が対立する事柄に関して、シャリーアの法システムが国家法の進入を受けている例と考えられる。*36

しかし、「法」シャリーアの担い手によって、国家法に対する認識はさまざまである。シャリーアは国家法に優越すると見なす「原理主義者」などは、このファトワーとは裏腹に、シャリーアに背くことを理由にこの法律を無効と見なすと考えられる。国家法とシャリーアとの関係はいまだ確定されてはいない。しかし「法」シャリーアの担い手として最も強い影響力を持つウラマーは、大勢として国家法の優位を容認している。*37

このように、他の「法」との関係性によってシャリーア解釈が変更される事実は、「法」シャリーアの適用が厳密なシャリーア解釈によるのではなく、国家法や慣習など、他の「法」とのせめぎあいや、利害によって変更されうることを示唆している。

(3) ファトワーに見る法文化の変容

一方で、グローバル化など、社会状況の変化にもシャリーアの法システムは影響を受ける。現在、西欧の価値観はＴＶや映画など身近なメディアに常に投影されている。人々はそれらの言説を否定するにせよ受け入れるにせよ、その影響を受けざるをえない。エジプトの人々は西欧の価値観や科学技術に触れることによって、思考法や価値観を変容させている。それはファトワーにも影響を与えている。

質問：あるモスクで金曜礼拝前の説教（*khutba*）をした。説教で私は、有名で、私が思うには真正なハディースである、蝿のハディースについて語った。それは、「もし蝿が飲み物に入ったならば、片側だけでなく両側をその飲み物の中に浸してから蝿を出しなさい。蝿の片方の羽には病気が、もう片方の羽には薬が含まれているから」というハディースであった。説教の後、私と学のある礼拝参加者たち――その一部は医師であった――との間に激しい争いが起こった。彼らはそのハディースを否定し、私を責めたてた。私はハディースの中にある真意と英知とで、彼らに反論することができなかった。私は預言者ムハンマドは真実しか語らないと確信している。（中略）あなたに説明していただきたいのは、このハディースが真正であるか否かと、もしそれが可能ならば、このハディースの真意を、気取らず、過不足なく明らかにしていただきたいということだ。

回答：（中略）これはブハーリー（al-Bukhārī）やその他預言者に近い人々によって伝えられている真正なハディースである。（ハディースの引用、中略）こうしてこのハディースが真正であると判明したからには、我々がハディースを否定することは許されない。我々にできることは、その真意を研究することである。科学の視点からなされた貴重な研究によると、（中略）蝿の片方の羽には病原菌が、もう片方にはそれに対する薬が含まれている。この薬は抗生物質などで、一ミリグラムで一〇〇〇リットルのミルクを消毒することができる［Muhammad 1999: 418-419］。

このファトワーの質問部分は、エジプトの人々の一部がシャリーアの法システムを無批判に承認し、それに従うことに疑いを持っていること、理解しがたい規定の根拠をシャリーア以外にも求めていることを示唆している。近代医学がイスラーム世界に持ち込まれるまでは、人知の及ばない事柄に関するシャリーアの規定は、それが神授の法シャリーアであるだけで所与とされ、その法的根拠が必要とされることはなかった。*38

回答はハディースの真偽を入念に検討し、神の全知全能を語りはするが、研究結果や医学的見地など、近代医学の発達によって得られた知識に触れ、それを規定の根拠のひとつとしている。規定の根拠をシャリーア以外にも求める人々と、説得力のあるファトワーを出すためにその要求を無視できないウラマーの姿が、ここから浮かび上がってくる。*39 質問者、回答者双方の心性が、欧米をはじめとする外部環境の影響の中で変容しているのである。これは、社会的状況が変化した結果、シャリーアを承認する人々の承認の仕方そのもの、つまりシャリーアをめぐる法文化が変容した例である。

以上のように、シャリーアが「法」として承認される場や承認される方法は、シャリーアの法システム外部から常に影響や進入を受け、変容している。その変容しつつある場は、現在のシャリーアと他の「法」やその他の社会状況とのズレと、シャリーアと他の「法」がせめぎあう問題点を示唆している。

(4) エジプトの法秩序

エジプトの法秩序は、多様な「法」が法秩序内部に存在する多元的法体制であると考えられる。エジプトなどイスラーム諸国家の多元的法体制は、シャリーアが実定法であり、かつ神授の法であるため独特である。シャリーアが神授の法であり、現行の国家法制定以前には法として機能していたため、国家法が一元的妥当性を持たないのである。[*40]

そのため国家法は、すでに見たように条文の中でシャリーアや慣習を主要な「法」として承認し、その一部を国家法の中に組み込まざるをえなかった。一方シャリーアの担い手であるウラマーも、ファトワーを見る限り、少なくともシャリーアの運用にあたってはおおむね国家法を承認している。[*41] またシャリーアはその法体系の内部で、慣習を承認すべきものとそうでないものに分類し、慣習の一部を承認してきた。

エジプトの多元的法体制下の法秩序を図にしたのが、以下の図3‐1である。

図3‐1から、国家法の領域とシャリーアの領域、シャリーアの領域と慣習の領域、慣習の領域と国家法の領域が、重なり合っている（＝共存している）部分と、そうでない部分とがあることがわかる。シャリーアと国家法とが重複している部分は身分法に相当する。各「法」は、国家権力による強制を伴う国家法を除けば、その「法」を承認し、その権威や効力に服する個人や場においてのみ「法」として機能する。シャリーアが国家法としての影響力を行使しうるのは図3‐1の斜線部分においてのみである。しかし「法」シャリーアは、他の社会状況そ

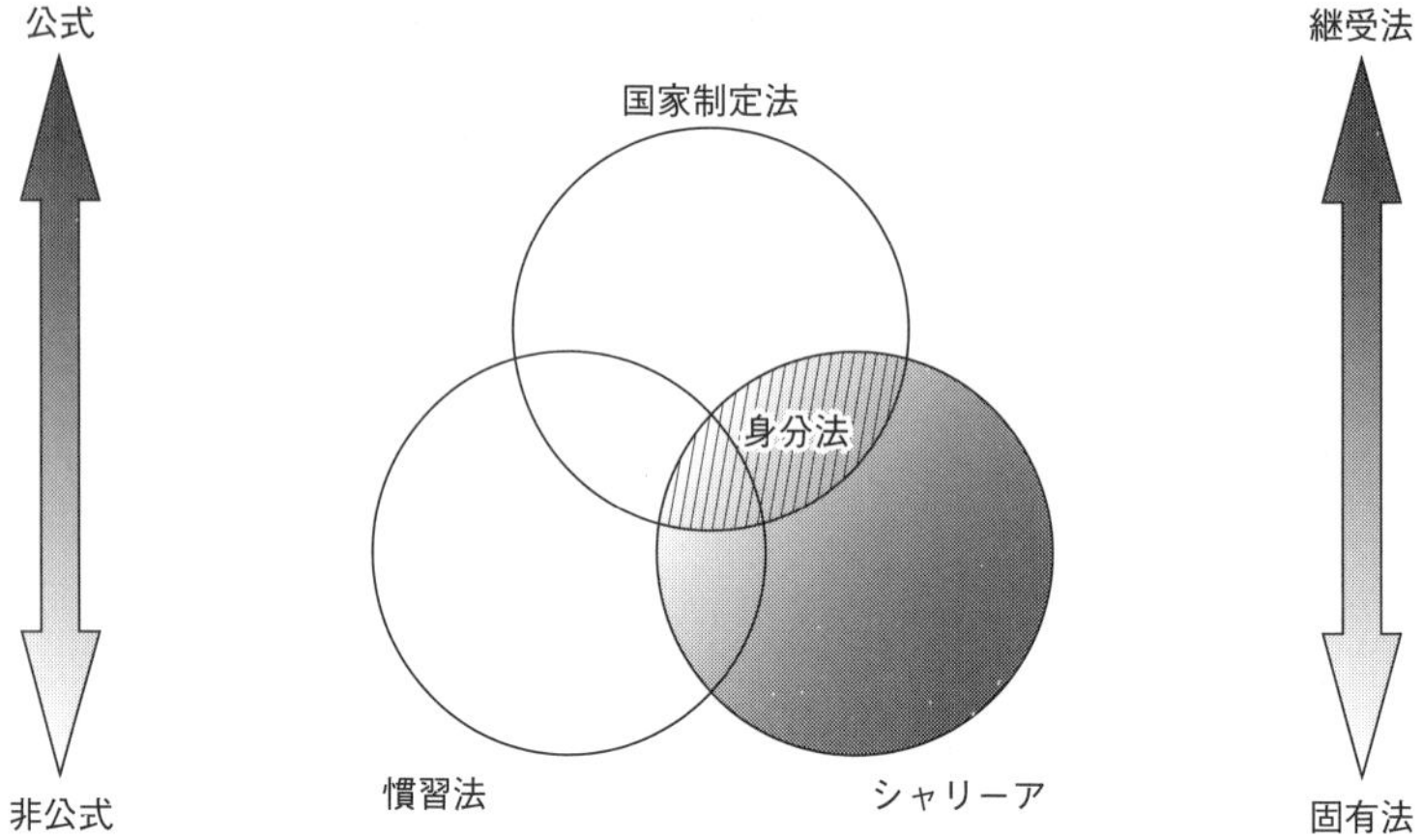

図 3-1　エジプトの多元的法体制
注）筆者作成。

の他に影響されつつも、基本的には独自の場を持っている。しかし個人が常にシャリーアを「法」として一元的に承認しているわけではなく、その承認の度合いは個々のトピックの特性や他の「法」との関係で変容することが、ファトワーから明らかである。場の範囲そのものも流動的で揺れ動いていることに留意する必要がある。

このような場は、サリー・ムーア（Sally F. Moore）のいうところの「準自立的社会フィールド」としても捉えうる。彼女によると「準自立」とは、内部においてそのルールを創り出す能力と、それを遵守させたり強制させたりする手段を備えてはいるが、同時にそのフィールドを包み込むより大きな社会的状況からの影響や侵入を受けるという点において、自己完結していない状態をいう［Moore 1978: 55-56］。*42 シャリーアはエジプトの多元的法体制下で、そのような場を持つ、比較的重要度の高い法システムであると考えられる。シャリーアの持つ場は、法システムが確立してはいるが、強制可能性を喪失するなど外部の影響を強く受けている点から、よりいっそう「準自立的社会フィールド」の特徴が顕在化する例といえよう。

表 3-1　エジプトの諸「法」の法理念・法的権威・法主体・利益者・法的制裁

法	法理念（法の目的）	法的権威	法主体	利益者	法的制裁
国家法	国民国家の維持	国家	国家	国民	権力による罰則
シャリーア	ウンマの形成・維持	神	神（またはその代理人）	ムスリム ズィンミー	神による審判
慣習	なし	慣習であること自体	共同体	共同体構成員	共同体による制裁

注）筆者作成。

エジプトの多元的法体制の特徴は、それぞれの「法」が法理念・法的権威・法主体・利益者・法的制裁の様態を異にしており、「法」の性質が異質であることである（表３・１参照）。そのため、「法」同士の親和性が低い。したがって「法」同士は相互に影響し、相互浸透しつつ排除し合う不安定な関係にある。

「法」の性格が異なることに起因する潜在的な対立要素は、「法」同士の序列をめぐる人々の対立や、「法」の承認をめぐる交渉の激化を招く原因となる（それらは、「法」をめぐるというより、「法」のよってたつ法的権威の優位をめぐる言説闘争の場である、ともいえるかもしれない）。

エジプトでは、「法」の権威や正当性の承認が、個人や団体の利害と関わっているため、「法」の承認をめぐる組織的な交渉が行われる。具体的には、法システムの序列を組み替える交渉をあらゆる勢力が行っている。そのような交渉が行われるのは、規範の変更には、その規範が誰にとって適合的なのかという利害の問題が絡んでくるからである［和田 一九九四：二三五］。その中でも特に「法」シャリーアをめぐる交渉に注目したい。

大多数のエジプト人ムスリムが、優位性を持つ「法」として認知しているのはシャリーアであると考えられる。しかし現実の法秩序においては「法」シャリーアは国家法の下位に置かれており、強制可能性を持たない。したがって本来シャリーアによって守られるべき法益は、十分に保護されていない状態にある。法文化と現実の法秩序との間にこのような齟齬があるため、法文化に適合的な法秩序を求める交渉がさかんに行われていると考えられる。

例えば、一九七〇年代以降のシャリーア法典化の動き［白井 一九九五：三〇四］や、ウラマーによる憲法草案の考案、議会による法のイスラーム化［Bälz 1995-1996: 38］などは、こうした交渉の好例である。国民の中に広く存在する、「西洋法の理念に基づいて制定された現行法令をシャリーアに置き換えようとする動き」［白井 一九九五：三〇六］も、こうした交渉の一環であると考えられる。しかし、シャリーアの法益のうち、何をどの程度保護すべきかについては、ウラマーや「原理主義者」、サラフィー主義者たちの間に認識の相違が見られる。一部の「原理主義者」が現行法を廃止し、シャリーアを国家法にすべく交渉する一方で、シャリーアでは認められない権利を保護するために、法秩序の現状維持（＝国家法のシャリーアに対する優位）を求めて交渉する団体もある。

以上のことから、エジプトの多元的法秩序の特徴は以下の三点である。

① かつて狭義の法でもあり、かつ神授の法であるシャリーアの「法」としての重要性。
② シャリーアへのアクセスが容易なのに比べ、国家法へのアクセスにはより多くの資源が必要であるという事実。
③ 法理念・法的権威・法主体のすべてにおいて異なる「法」の緊張に満ちた共存。

4 紛争――個人から見たファトワー

以上、ファトワーの問答というミクロから、それが映し出す法秩序というマクロを検討した。しかしファトワーとは、もともとは一般の人々から寄せられたさまざまな質問に答えるものである。そしてファトワーの内容を見る限り、それは個別的な紛争解決のための一手段である。

ここでいう紛争とは、文字通り「困り事・心配事」であり、日常のスムーズな生活の進行を妨げる事柄である。本書では紛争の定義を広くとり、信仰に関わる個人の内面的な葛藤なども紛争に含めることとする。それは次節で詳述するように、ムスリムにとって自己の内面で行われるシャリーアとの交渉は、日常生活に密着した「法」的な問題だからである。

本節ではファトワーそのものに注目し、シャリーアの法システムが承認され、機能する場において、個々人に対しファトワーが果たす役割を、紛争処理機能に絞って検討する。まず、第一項と第二項で紛争をめぐるエジプトの法文化について、①イスラームの視点と、②一般的な紛争処理のあり方という視点から整理し、それをふまえて、第三項で紛争処理場面でのファトワーの役割について分析する。

(1) ムスリムの個人倫理――シャリーアとの交渉

ムスリムである、というアイデンティティは、信仰の問題と常に結びついている。イスラームは行為の是非について、五つの段階――①義務行為（*farḍ* ファルド）、②推奨される行為（*mandūb* マンドゥーブ、またはスンナ）、

③許容される行為（*mubāḥ* ムバーフ）、④好ましくない行為（*makrūh* マクルーフ）、⑤禁止行為（*harām* ハラーム）――を設定しているからである。どの行為をどの程度行うかは、基本的な義務を除いて個々のムスリムに委ねられており、その罰や恩恵を受けるのも本人である。

以下に、礼拝と断食、ヒジャーブ、恋人の有無に限り、ムスリムがどのように主体的に行為を選択しているかを、フィールドノートから参考として示す。例えばインフォーマントA（二〇歳女性、大学生、カイロ、モハンデシーン地区居住）は、義務行為《ファルド》と推奨される行為《スンナ》を行い、禁止行為《ハラーム》を行わないよう自らを律していた。彼女はヒジャーブ着用を義務行為《ファルド》、恋人[*43]を持つことを好ましくない行為《マクルーフ》と考えていた。しかし同じくヒジャーブを被っているインフォーマントC（二二歳女性、大学生、カイロ、ショブラ地区居住）は、ヒジャーブ着用を推奨される行為《スンナ》に当たる行為だと考えていた。また彼女は、多人数が集まる姉の婚約パーティーでヒジャーブを外した。彼女は筆者の質問に、「慣習だから外しても構わない」と答えている。インフォーマントAは義務としての礼拝のたびに推奨される行為《スンナ》に当たる自発的礼拝をしたが、Cはこれを行ったことがない。Aは自分について、「私はいいムスリマ（ムスリム女性。ムスリムの女性形）だと思うし、そのために努力もしているけれど、時々自分は悪いムスリマなのではないかと思う。恋人がいるから。彼は私にとって必要な人だし、悪いことをしないように気をつけているから恋人を持つこと自体は悪いことだとは思わないけど、近所のインフォーマントU（二五歳女性、無職、カイロ、モハンデシーン地区居住）や、イスラームの勉強会では悪いことだと教わるし……。だから最近、Uさんに会うとき、ちょっぴり気が重くって」と筆者に語った。

インフォーマントR（二四歳女性、医学生、カイロ、モハンデシーン地区居住）は、ヒジャーブ着用を推奨される行為《スンナ》と考え、義務行為《ファルド》と推奨される行為《スンナ》を積極的に行うよう努力していた。彼女は恋人を持つこと

表 3-2　行為の主観的区分

インフォーマント	ヒジャーブ着用の有無	ヒジャーブの着用*	恋人を持つこと
A	着用	1	4
C	着用	2	3
U	着用（ニカーブ）	1(ニカーブの着用を1)	5
R	着用	2	3ないし4

注）*現代エジプトでシャリーアが女性が露出してもいいとしている身体の部位は、顔と手のひら、踝までの足である［Muḥammad 1997: 439-440; Muḥammad 1999: 27］。なお、サウジアラビアでは顔は隠すべきとされていた［‘Abd al-‘Azīz b. ‘Abd Allāh b. Bāzz ed. 1998: 3］。筆者作成。

を好ましくない行為《マクルーフ》もしくは許容される行為《ムバーフ》と見なしていた。しかし彼女の姉のインフォーマントUは、ニカーブ（顔全体を覆うタイプの被りもの）を被る行為を義務行為《ファルド》と見なし、恋人を持つことを禁止行為《ハラーム》と考えていた。そのためRは恋人がいることを姉に話していなかった。彼女は「私はそんなことないと思うんだけど、姉は恋人を持つことを禁止行為《ハラーム》だと言っているから、（恋人がいることを）姉には内緒にしておいてね」と筆者に頼んでいる（表3-2）。

またインフォーマントJ（三六歳男性、サービス業、カイロ、ショブラ地区居住）は、普段は義務行為《ファルド》の礼拝を行わないが、断食月（二〇〇〇年一二月）だけは断食と礼拝を毎回きちんと行っていた。それについてインフォーマントJは、「今、私は普段の義務をしません。それは私が来世で罰をこうむれば済むことです。しかし断食の義務は特別で、これは神のためにすることです。だから、神のための義務はしなければなりません」と語った。

同じく断食月にきちんと断食していたインフォーマントM（二〇歳女性、大学生、カイロ、ドッキ地区居住）は、「私は今でもよいムスリマではないけど、断食しなかったら、本当に悪いムスリマになってしまう。何あれ?と、みんながよい顔をしない。今でも私はヒジャーブを被ってないし、ミニスカートもはくし、でも断食はしないと。でも私、断食月でも夜はお酒飲んでるよ」と語った。

インフォーマントI（二四歳男性、大学生兼小売業、ヘルワーン近郊居住）は、普段義務行為《ファルド》の礼拝を行わない。断食月には断食はきちんと行ったが、礼拝は行わなかった。

インフォーマントE（二四歳男性、大学生（アズハル）、カイロ、アバディーン地区居住）は、毎回礼拝を欠かさず、自発的礼拝と自発的断食を行うなど、義務行為《ファルド》と推奨《スンナ》される行為を積極的に果たしていた。しかし彼は、恋人と同席しているときには、二人きりになるなど禁止《ハラーム》行為を行っていたと筆者に告白した。また彼は「必要は禁止を解除する」という有名なシャリーアの原則に則り、しばしば五つの範疇を自己に都合のいいように組み替えていた。

以上から、常に来世のことを思い、最後の審判について考え、神に従いたいと願う気持ちが強いムスリムほど、すべての義務行為をきちんと行い、推奨される行為を積極的に行おうとする。さほど熱心でないムスリムなら義務行為を行うだけで良しとするであろうし、さしあたっては来世のことや神のことを考えないし、その必要も感じないと思うムスリムは、それ相応の行動をとっている。行為を選択するという意味では、彼らは主体的である。程度はさまざまだが、各自で神と自分との適切な距離を測り、後ろめたくならない程度に、彼らは神を信仰している。義務を怠りがちだとしても彼らが神を信じていないわけではない。彼らは個々人の状況や信心深さに合わせて、シャリーア、つまり神といわば「折り合って（交渉して）」生活している。彼らは神授の法であり、不変であるとされるシャリーアを交渉の対象と認識しているのである。[*44]

一方で「法」シャリーア自体の正当性や是非が問題になることはない。それはシャリーアに絶対的な価値を置き、かつシャリーアに縛られていないながらそれに不自由を感じないよう、彼らが社会化されているからである。例えば前出の蝿に関するファトワーの回答は、「こうしてこのハディースが真正であると判明したからには、我々がこのハディースを否定することは許されない」と述べている。[*45]

現実生活とシャリーアの間の齟齬や矛盾、自らの行為のシャリーアからの乖離、あらゆることが彼らにとって

「法」的な問題となる。彼ら自身が、「法」同士、または現実と「法」シャリーアがせめぎあう場である、といえるかもしれない。当事者として、彼らは常にシャリーアと交渉する必要がある。しかしシャリーアと交渉するには、シャリーアの規定に関する知識という資源が必要である。

イスラームは生活の細部にわたる複雑で詳細な規定、シャリーアを発達させたため、シャリーアの詳細な規定を知り、運用できるウラマーとその権威に対する一般信徒の尊敬ないし依存は、彼らがイスラームに即した生活を望むかぎりにおいて不可避であるといえる。しかし、ウラマーに対する尊敬ないし依存の度合いは、時代や、個々人がイスラームに即した生活を望む程度によって異なったと考えられる。

現代エジプトのように、書き言葉でありクルアーンの言葉であるフスハーと、話し言葉である方言アーンミーヤとの乖離が著しいために、実際は二重言語生活を強いられ、かつ識字率も依然低い水準にとどまる社会では[*46]、ウラマーへの尊敬ないし依存の度合いは比較的高いと考えられる。イスラーム復興運動の流れの中で人々の間に、慣習や神秘主義的要素をできるだけ排除した「真のイスラーム」に対する関心が高まっている［大塚 一九九六a：六九―七〇］ことも、ウラマーへの依存度を高める原因となっている。これについて、カイロ・モハンデシーン地区のムスタファ・マフムード・モスクのウラマーは次のように語っている。「あらゆる状況、身体に関する問題も人間関係に関することも、すべて正しい道を知るためには必ずシャイフに尋ねなければなりません。」

(2) 紛争と当事者交渉

日常的な紛争場面で人々がとる行動は多分に文化に影響されている。エジプト人は一般に、自分の感情をストレートに示す。エジプトではごく日常的に、町でさまざまな人々が多様な紛争を口頭で処理している風景を見かける。[*47] 道端で口論が始まり、お互いの主張を述べ合い、相手の行為がいかに不当であるかを群集に訴えるエジプト人の姿は、ごく一般的である。その後、そのような街頭での紛争は、双方の言い分をじっくり聞いた通りすがりの第三者たちが彼らに裁定を下し、仲裁に入り、その場を丸く収めるというかたちで収束する。[*48] 当事者交渉と第三者による調停が、エジプト社会の紛争処理の主要な方法である。

一般に、受益者が権利を主張しなかった場合、その権利はないものと見なされ、供益者に権利を実現する義務は生じない。そのため、相手がいかに不当か（自己の権利を侵害しているか）を第三者に訴えたり、相手に異議申し立てをするなどして問題を顕在化させ、紛争を起こす（＝クレーミング）ことが、自己の権利を獲得するために必要なプロセスとなる。したがってエジプトでは紛争は日常茶飯事であり、紛争処理は生活上必要な技能である。紛争の後に当事者が気まずくなることは稀で、一般的には紛争が解決すると感情的なしこりは残らない。それは、権利を主張するための紛争がエジプトの法文化の中に組み込まれているためであると考えられる。

このような、紛争を当事者間で処理するようなあり方を、法社会学ではADR（Alternative Dispute Resolution）という。ADRとは、「紛争処理手続き・過程の中で、裁判以外の方法で紛争の変容や終結を目指す過程の総称」［和田・太田・阿部編 二〇〇二：六三］であり、当事者双方の自発的な合意による紛争処理である。[*49] ADRは迅速な紛争解決が可能、金銭的負担が僅少、当事者の個別的な状況に配慮可能、という長所を持っている。エジプトで紛争処理手段としてADRが多用される理由としては、①訴訟に多額の資金の投入を必要とする、②裁判では扱えないような日常的な事柄も「法」に包摂されている、③法文化がシャリーアの優位性を大筋で認めている、の三点が挙げられ、その結果、エジプト人は紛争処理の司法独占に懐疑的であると考えられる。

⑶紛争処理手段としてのファトワー

エジプトでの紛争処理は既述のように、第三者による調停か、当事者交渉で行われるADRである場合が多い。このような法文化をふまえ、以下では、紛争処理場面でファトワーが果たす役割について分析する。

質問：男性が金を用いることは禁じられていますが、治療目的で金歯を利用したり、身体に金を埋め込んだりすることはできますか？　シャリーアはどう定めていますか？

回答：確かに男性の金の使用は禁じられているが、歯やその他腕やひざなどの治療目的で、他の手段がなく、必要であれば、金の利用は可能である。金歯その他で金や銀を利用することは許されている［Muhammad 1999: 411］。

これは、「法」シャリーアに心ならずも背くことになる場合に、内面化した「法」シャリーアと折り合うためにムスリムが日々行っている交渉の過程で、ファトワーが重要な資源となる例である。この交渉は、「法」シャリーアとの適切な距離を測り、ムスリムとしての心の平安を得るために必要である。

質問（回答者による要約）：彼女は夫と離婚したあと、別の男性と三回の生理を待つことなく結婚した。婚姻契約書を書く役人の質問には、三回の生理はきたと回答した。実際には前夫と離婚して六五日目に婚姻契約を結び、直後に床入りした。近所の男性が彼女にその結婚は無効だと言った。彼の言うことは本当か。もしそうなら、どうすればいいか。

回答：結婚は無効なので二人を別れさせよ。彼女の最初の夫の分の待婚期間（*'idda*）と、無効になった次の男性の分の待婚期間が終了したら、結婚してもよい。しかし、その場合は婚姻契約とマフルを新規に整えなければならない。しかしマーリク派だけは見解を異にしている［Muhammad 1999: 206］。*50

これは、シャリーアの規定が自分に不都合な場合に、「法」そのものの解釈を変更し、行為の違法性を取り除くための交渉に、ファトワーを資源として用いようとする例である。質問者は行為の違法性の告発に不安を覚え、指摘の否定による心の平安の回復と、シャリーアに適う形での結婚の継続を願っていると考えられる。ファトワーは質問者の意図に沿ったものではないが、このような場合に二人の間に永久的婚姻障害が発生するとするマーリク派の学説［柳橋 二〇〇一：三三四―三三五］を紹介しつつも採用していない点に、質問者に対するある程度の配慮が窺える。

質問：有職女性。自分の給料を夫の許可なしに使えるのか、それとも許可がいるのか。また夫は、妻の許可なしでこれを使うことができないのか。夫が私の給料を使うことを私が拒否した場合、これは罪になるのか。結婚前に、結婚の条件として仕事を続けることは挙げてあった。結婚する際に夫は私に、月給の額、支出内訳、貯金額、母と姉妹への援助額を尋ねた。それ以外にもいろいろと質問され、怒っている。何とかしたい。シャリーアではどのように定めているのか、正確なところを教えてほしい。

回答：夫には、妻の給料に対するいかなる権利もない。それが父親や母親、それ以外の親族からの遺産だった場合も、結婚前の給料の場合も同様である。しかしこれらの財産を、妻が夫の許可なしに自由に処分してはならない。

しかし夫は、妻が父親や母親、姉妹などに、援助のため資産を分け与える場合には、これを許可しなければならない。しかし妻の家の外での労働により夫の諸権利が侵害され、それを夫が甘受しているのなら、夫にはその見返りとして妻の給料を礼儀正しく要求する権利がある［Muhammad 1999: 331-322］。

この例では、質問者は夫との紛争場面でファトワーを資源として利用し、財産保全のための交渉に役立てようとしている。このようなファトワーの有用性を自覚し、ファトワーを書面で出すように要求する質問者もいた。紛争相手の主張が「法」シャリーアに照らして不法である場合には、ウラマーも積極的に文書を出して、紛争処理場面で質問者を助けている［Muhammad 1999: 341-348］。[*51] このようなファトワーは相手が「法」シャリーアを承認する限りにおいて、ＡＤＲの場面で一定の役割を果たすと考えられる。[*52]

以上のように、ファトワーを用いて行う交渉にはいくつかのタイプがある。それは交渉対象別に整理すると、①内面化した「法」シャリーアとの交渉（対象は自分の倫理）、②シャリーアの具体的な規定との交渉（目的対象は解釈の柔軟化による規定自体の変更）、③紛争相手と実際に行う交渉、の三つである。③の重要性は当然であるが、ムスリムであることと五範疇との交渉が不可分に結びついている現実を考えると、①の重要性も軽視するべきではない。

紛争の過程別に整理すると、ファトワーには、①侵害を自覚するための資源、[*53] ②問題を顕在化させ、紛争を起こしたり（＝クレーミング）、それに対抗するための資源、③調停的な紛争処理を行うウラマーの資源、という三つの役割がある。

一方、ファトワーが人々の質問に対して示される回答であるという点に注目した場合、ファトワーを出す行為は、事実に法を適用するプロセスと位置づけられる。ファトワーは「ケース・バイ・ケースの法発見であり、その度あらわれては消えていく紛争解決手段」［和田 一九九四：四六］であり、解釈によってそのつど立ち上がる「法」である。

何らかの問題が生じ、既存の法システムのほころびや破綻が現れた場合には、何が規範なのかを明確化する必要が生じる。その場合に、ウラマーはファトワーを出すことによって、当該の秩序がどのようなものであったかを考慮しつつ、新たにどのような解釈が法として効力を持つかを解釈し、宣言する。ファトワーはいわば、シャリーアという原則ルールに、現実を適用させるための応用ルールである。[*54] ファトワーは、生活レヴェルで個別的に「法」シャリーアの私的規範形成を促進する。しかもADRの手段としてのファトワーには、質問者の個別的事情を汲んで法運用をした場合、質問者のニーズにそった採用しやすい「法」を出すことができるというメリットがある。

ファトワーが応用ルールとして特に特徴的なのは、ファトワーがシャリーア上は法的拘束力を持たないために、ファトワーを受け取る側に状況や利害、紛争のトピックに応じて、ファトワーという「法という言説」を選択する機会が与えられている点である。これは、「法」を当事者が一定程度恣意的に選択できることを意味する。[*55]

例えばインフォーマントAは、未婚女性が眉毛を剃ることに関するシャリーアの法規定を知りたがっていた。筆者が眉毛に関するファトワー［Muhammad 1999: 312］をAに見せると、Aは「未婚女性はしてはいけないと書いてあるから、もう決まった。私にはできない」と言い、ファトワーに従った。しかしインフォーマントCは、「既婚女性はいいと書いてあるんだから、私たち（未婚女性）もいいわよ」と言い、ファトワーを採用しなかった。インフォーマントD（二七歳女性、キャビンアテンダント、カイロ、ショブラ地区居住）は、「ダメと書いてあるけど、私は仕事で必要だから仕方がない」と、ファトワーを採用しなかった。ファトワーに接したときの反応は、個々の利害にあわせ、さまざまであることがわかる。

また、受け取ったファトワーを採用せず、納得いく回答をもらうまでウラマーを訪ね歩いた女性もいる。このような、望むファトワーを求めて多くのウラマーに質問をする行動を、本書では便宜上「ファトワー・ショッピング」と名づける。

質問：（中略）質問をどうぞ、と私（ウラマー）が言うと、彼女は話した。「私はとても恐ろしい罪を犯しました（姦通（*zinā*）を指す）。私は既婚です。とても、とても後悔して、たくさん泣きました。その後、宗教的な知識があると思っていた男性のところに行って、どうするべきか尋ねました。彼はこう言いました。「神は、あなたが罰を受けない限り、あなたを許すことはないだろう。罰とは死ぬまで辻で石打されることである。サウジアラビアに行き、真実を裁判官に話しなさい。そうすれば正しい刑が執行される。死んだ後、神にお会いすることができるであろう。」そのファトワー通りには私はとてもできません。私は死にたくないし、それに、人は死ぬ瞬間まで生を望むものです。そこで私は別の男性のもとに行って、同じことを尋ねました。彼の答えもはじめの男性のものと大差ありませんでした。しまいに、私は、彼らは実は宗教的ないかなる知識もない人であったと知りました。彼らは知識に基づいてではなく、独断でファトワーを出しているのです。多くの人々が、何ひとつ理解せず、子ども並みの貧しい知識しかないのに、ミンバル（*minbar* 説教壇）にのぼり説教をしています」。彼女は神経質に続けた。「私は大学を出ています。かつて宗教を勉強しましたが、そんなファトワーはどこにもありはしませんでした。あなたに、私に正しい神の法を教えてくださるようお願いします。もしなさってくだされば、神があなたに報奨を下さるでしょう」［Muhammad 1999: 499］。

姦通はシャリーア上はハッド刑（*hadd* クルアーンに定められた刑罰。ハッド刑は強行規定で、人間による減刑はできない。姦通、姦通中傷、飲酒、窃盗、追剥の諸罪に適用される［Encyclopaedia of Islam 1999］）を科せられる犯罪である。これは、シャリーアに基づき刑を受けるべきとのファトワーを受け取った女性が、エジプトの刑法に則り、ハッド刑の執行停止を容認するファトワーを求めた例である。この女性は「法」シャリーアより国家法が優位にたつと主張することにより、自己の利益の拡大を図っている。一方、男性たちは、この犯罪をシャリーアによって裁き、刑を執行するべきだとしている。サウジアラビアに赴いてまで刑を受けよという彼らの主張は、彼らがいかにシャリーアを重視しているかを示唆している。*56 回答はハッド刑を執行できないエジプトの現行法のシャリーアに対する優位を容認する内容となっており、結果的に女性の要望はかなえられた。

ファトワーを受け取る側には、ファトワーを出すウラマーを選択する自由と、出されたファトワーに従うか否かを決める自由がある。加えて多元的法体制下のエジプトでは、「法」シャリーアをどこまで承認するかを決定する自由も、ある程度までは個々人が持っている。*57 あらゆる問題について、彼らには、①その問題を「法」シャリーアが承認された場で解決するか、②（「法」シャリーアを承認するという選択をとった場合）どの程度まで承認するか、③どのウラマーのファトワーを参考にするか、④参考にしたファトワーを採用するか、を決定する一定程度の自由が残されている。そして、彼らは実際にこの自由を積極的に行使している。

ファトワーは、「法」シャリーアが現実に機能するために不可欠な法手続きの一部を形成している。そしてそれは、①「法」シャリーアが多元的法体制下で強い影響力を持つ、②出す側と受け取る側双方にとって、ファトワーの恣意的な適用と運用が一定程度可能である、という条件を持つため、柔軟な「法」である。そのため、ファトワーは日常的な紛争処理過程において非常に有効な資源となりうる。

しかし、この資源を十全に使いこなすためには法識字が必要である。まず、ファトワーに法的拘束力がない、ウラマーの選択の余地がある、ファトワーを出す資格のない者も偽のファトワーを出している、イスラームの名をかたる人々が存在する、などの事実を認識し、それに対抗しなければならない。また、アズハル付属のファトワー委員会など、ファトワーを受け取りに行くためだけに設置された数少ない施設は別として、最も普通にファトワーが出されるモスクや日常生活においては、地域や階級などにより程度はさまざまだが、男女隔離が行われているのが普通である。したがって、男性であるウラマーと空間的に距離がある女性は、男性に比してファトワーを受け取るのが比較的難しいという点も指摘しておきたい。ファトワーへのアクセスにはジェンダー差がある。納得のいくファトワーを求めてウラマーを捜し歩いた女性ほどのバイタリティを持つ人は限られており、交渉の内容によっては、ファトワーをもらったことが、かえって当事者に不利に働くこともありえる。

また法文化的には、社会的地位や学識、知名度のあるウラマーが出すファトワーを採用しないことは難しい。彼らのファトワーにかなりの程度権威を認め、それに進んで服従するべきだと考えている人は多い。

5 結論

エジプトの法秩序は、国家法として移植法が採用されて以来、法理念や法主体の異なる複数の「法」が対立要素を含みつつも共存する多元的法体制下にある。エジプトの多元的法秩序の特徴は、①シャリーアが神授の法であるため、法の適用の側面では国家法がシャリーアに優越するが、法文化・法意識の側面ではシャリーアが国家法に優越するため、国家法が必ずしも一元的妥当性を持たないことと、②国家法の法システムが不安定で、有効に機能していないこと、③国家法が規定しない領域においてシャリーアが「法」として機能していることである。これらの法の関係をどのように調整するかに関する交渉が、個々の案件について、国会や裁判所、日常生活の場で団体や個人によってなされている。エジプトでは、どの「法」に優位性を持たせるかに利害関心を持つ人々が、「法」の序列を組み替えるべく、交渉を行っている。

そのような法秩序の中で、シャリーアは法文化から見ても法システムから見ても、重要な位置を占めている。しかしシャリーアの法システムが機能するのは、それを承認する人々と場に対してのみである。シャリーアの法システムが機能する場は、内部においてルールを創り出す能力と、それを遵守させたり強制させたりする心理的手段[*58]を備えてはいるが、同時に他の「法」や社会状況など、場を包み込む外部からの影響や進入を受ける。シャリーアの法システムはそれを取り巻く社会状況と無縁ではいられず、他の「法」とせめぎあっている。

ファトワーには、このフィールドにおける紛争処理場面で、新たな「法」を形成しつつ、個々の問題に答える裁定規範としての役割がある。ムスリムとして絶えずシャリーアの規範と交渉する必要があることと、エジプト社会でADRが多用されることを考えると、ファトワーの持つ意義は大きいといえよう。

ムスリム、特に女性の個々人の日常の行動においては、国家法の規定よりもシャリーアの規定が多くをカヴァーする[*59]。一般的な法の多元性ではなく、日常の個人行動という日常レヴェルで多元性がより問題となるのはそのためである。

このような状況下でエジプト人は、「法」の序列を組み替える、ファトワーを採用するか決定するなど、シャリーアの規定を、制定法やファトワーを資源としてムスリム個々人が読み替え、交渉できるという、ある程度選択的な法運用を許される状況を最大限に利用し、自己の利益（信仰上の利益＝心理的葛藤の軽減なども含む）の拡大を図っている。人々は法秩序の多元性を、国家法の範囲内で、交渉過程で自由に利用しているのである。

注

＊1　エジプトの法文化において、シャリーアがカヴァーすると見なされている領域については注38を参照。

＊2　「法」によって規制されている政治社会状態を指す［『法律用語辞典』一九九三：九九〇］。本書では、法秩序は法システムの上位概念である。

＊3　重要な研究として、理論面では［エールリッヒ 一九八四、ハート 一九七六］、法人類学では［ギアツ 一九九一］など。

＊4　千葉によれば、古典的多元的法体制と新多元的法体制の二種類がある。古典的多元的法体制は、ヨーロッパの植民地だった地域におけるヨーロッパからの移植法と固有法との関係の研究、新多元的法体制は、植民地経験のない社会もその対象とする。本書ではかつて植民地であり、かつ、移植法が制定される以前にも多元的な法体制を持っていた地域としてエジプトを扱い、公式法と非公式な秩序形態の複合的で相互関連的な関係の概念化をめざす。多元的法体制については以下の文献を参照のこと［Hooker 1976; Griffiths 1986: 1-55; Merry 1988: 869-896; Vanderlinden 1989: 149-158; Woodman 1998: 21-59; 千葉 一九八五：一〇四―一二四］。

＊5　Bälz 1995-1996; Salamone 1998; Dupret 1998; Dupret, Berger & al-Zwaini eds. 1999; ガーバー 一九九六、ギアツ 一九九一、千葉編 一九九七。

＊6　ファトワーに関する主要な先行研究として［Amin 2000; Masud, Messick & Powers eds. 1996; Tucker 1998; 小杉 一九八七、二〇〇二a］などがある。

＊7　エジプトについて論じた［Bälz 1995-1996］は、シャリーアと世俗法との二項対立に問題を還元しており、エジプトの法

秩序全体の分析をするまでにはいたっていない。[Dupret, Berger & al-Zwaini eds. 1999] の三部がエジプトにおける多元的法体制の分析である。執筆者に法実務者が多く玉石混交であるが、女性の地位について論じているナサール [Nassar 1999] とエジプトの法システムについて概観したファッターフ [al-Fattah 1999] の議論は有用である。ファトワーについては [Masud 1996; Shehabuddin 2002]、慣習法と法体制については [Sarah 1999] を参照のこと。

＊8　日常生活に関わり、それによって形成される「法」に対する人々の考え方や態度、期待、信念や意見、感覚の総体。人々が法システムを利用する仕方や、どのような場面でどの法システムに従うか、どの「法」に優位性を持たせるかなどを決定する [竹下・角田 二〇〇二：二六九]。「法」はそれぞれ法システムを持つが、それらは法文化と法秩序のレヴェルでは統合されている。

＊9　本章では資料として [Muḥammad Bakr Ismāʿīl 1999] を用いる。Muḥammad Bakr Ismāʿīl（一九三六?～二〇〇二）は、アズハル卒、アズハル大学教授。専門はクルアーンとタフシール。幼いころから弱視。著名なウラマーで著作も多い。生前はエジプトを代表する法学者の一人。本書は各界から集められた質問と、イスマーイール氏が答えて出したファトワーを集めたもの。主に日常生活で起こるさまざまな出来事に関するシャリーアの裁定を知りたいというニーズに応えた内容となっている。ファトワーは全部で三三三件あり、そのうち金銭問題（売買、税金、遺産相続、利子など）に関するファトワーは一二二件、喜捨九件、婚約・結婚・離婚・性生活一〇八件、医療四四件（そのうち人工授精などジェンダー関係一五件）、裁判・法五〇件であった。内容の豊富さ、著者の知名度、質問のほぼ完全な形での収録、この三点が、この本を分析対象に選んだ主な理由である。二〇〇二年死去。

＊10　本章で資料とするデータは二〇〇〇年八月一七日から二〇〇一年二月九日までと、二〇〇一年四月一四日から二〇〇一年九月一三日までの計二回のフィールド調査で得た。六〇人ほどのインフォーマントのうち、継続的に話を聞くことができた二二人を選出、分析対象とした。全体的にインフォーマントは高学歴層、新興富裕層に偏っているため、フィールド調査には都市部カイロの高学歴層、新興富裕層の意見を主に反映しているという限界がある。

＊11　国家によって制定された法で、国家権力による組織的かつ物理的な強制可能性（法の効力を最後的に保証するものとして、一定の要件が満たされるとき一定の強制手段を発動する態勢［『法律用語辞典』一九九三：一八七］）を有する法を指す。すべての「法」は何らかの強制手段を持つが、国家法は組織的・物理的強制を伴う点に特色がある。

＊12　ある社会集団において、法規範に基づく根拠づけによって社会秩序のあり方を規制するための、もろもろの制度化された仕組みの複合［宮澤一九九四：六］。

＊13　注11を参照。

＊14　政治権力者が裁定する法廷で、権力の乱用に対する異議申し立てが採決された。

＊15　スンナ派の四法学派のうちのひとつ。他はシャーフィイー派（*shāfi'ī*）、マーリク派（*mālik*）、ハンバル派（*hanbal*）。

＊16　婚姻法の領域では、夫の妻に対する扶養期間に関する一九二〇年法律第二五号と、疾病を原因とする裁判上の別居および夫が妻に支払うマフル（*mahr* 婚資）についての紛争に関する一九二九年デクレ‐ロワ第二五号（いずれも一九八五年法律第一〇〇号により改正）［堀一九九九：一三］、女性の離婚権、海外渡航の規制緩和を図った二〇〇〇年法律第一号［Ayoub-Geday ed. 2001: 118］のみが政府により制定された。

＊17　市民社会における市民相互の関係を規律する私法の一般法［『法律用語辞典』二〇〇六：一三三〇］。

＊18　http://www.parliament.gov.eg（二〇〇二年一一月閲覧）。訳は［柳橋一九八九：五九］によった。

＊19　http://www.parliament.gov.eg（二〇〇二年一一月閲覧）。

＊20　法によって保護されている利益［『有斐閣 法律用語辞典』一九九三：九七七］。

＊21　エジプトの身分法の歴史的展開については堀井とアサド［堀井二〇〇四、アサド二〇〇六：二七一―三三七］を、法廷におけるジェンダー関係の争議についてはシャハーンとホルーシー［Shaham 1997; Kholoussy 2003, 2005］を、シャリーアと立法については小杉［小杉一九八五、一九九〇］を、サーダート期のシャリーアと制定法をめぐる議論は池内［池内二〇〇二］を、シャリーアと身分法の関係についての概説は以下［Esposito & DeLong-Bas 2001; Abdullahi ed. 2002; Abu-

Odeh 2004b］を、それぞれ参照されたい。

＊22　シャリーアでは、四学派の解釈はすべて合法であるという合意（ijmā'）がある。四学派のうちの一派が異なった解釈をしている場合は、それを多数説とも少数説とも表現せず、〇〇派の学説と表現する。法学書は、四学派の主流派はすべてその解釈を認めているが、特定学派の少数のウラマーが異論を唱えている場合、主流の解釈を〇〇派の多数説、少数派の解釈を〇〇派の少数説として紹介する。

＊23　これについては第四章でも触れる。イブン・タイミーヤがこの学説を唱えた社会的背景については［Rapoport 2005］が詳しい。

＊24　ハナフィー派の少数説によれば合法でありシャリーアに則っているが、エジプト身分法上は無効な結婚。第五章で詳述する。

＊25　一九五五年のシャリーア法廷の廃止以後、同年に設立された民事裁判所が身分法に関わるすべての問題に関する唯一の裁判所になっている［堀　一九九九：一四］。最高司法機関としては最高憲法裁判所があり、その下に一般司法裁判所と行政裁判所がある。一般司法裁判所は大審院、高等裁判所、第一審裁判所の三審制である。簡易裁判所として地区裁判所があるほか、軍事裁判所がある。政府機関の決定に関して最高司法評議会と国家評議会がある［木庭　二〇〇一：二九三］。

＊26　示談（majlis al-'urfiya）。紛争当事者がウラマーのもとに連れ立ってきて、ウラマーと他の男性二人（人数は状況によって可変的）が当事者の話を聞き、お互いが納得する妥協点を提示する形の紛争処理法。カイロのムスタファ・マフムード・モスクのウラマーはこの示談による紛争処理を重要な仕事のひとつと位置づけていた。

＊27　裁判官の質もよくないようである。例えば以下のファトワーから、それが窺える。

質問：かつて私と友人たちが裁判について話していたとき、友人の一人が、私は裁判官が証拠提出や異議申し立てなどをまじめに聞かず、自らの義務を怠り、一分やそこらで判決を下すのを知っていると言いました。果たして現実に、裁判官はそのように裁定を下しているのでしょうか?
回答:これらは急いで判決を下そうとするために起こることである。しかしあらかじめ原告の告訴文や被告の申し立て文などに目を通しているために、早く裁定が下せる場合もあるので、それは必ずしも彼らの手抜きを意味しない。しかし審議には適切な時間が割かれなければならない。昨今、不正な手段で裁判官になる者、よって専門知識がないにもかかわらず、そこに座っている者も増えた。彼らは人々の権利を保護せず、それを危険に晒し、責任をとろうとしない。公正な裁判官とは、審議に十分な時間をかけ、起きたことをしっかり吟味し、ふさわしい裁定を下す者である。裁判官は決して賄賂などをもらうべきではない[Muhammad 1999: 453-454]。

＊28 外務省エジプト概況 http://www.mofa.go.jp/mofaj/area/egypt/kankei.html(二〇〇七年一〇月閲覧)。
＊29 法システムのハード面のうち、法規範の定立、適用、執行のために制度化された公式の機関。立法機関(議会など)、裁判機関(裁判所など)、法的役務提供機関(弁護士、公証人など)、捜査訴追機関(改札、検察その他)、規制機関(警察など)、執行機関(刑務官など)の六つに分類される[宮澤 一九九四:六]。
＊30 報告書『治安の名の下での組織的虐待(*Egypt - Systematic abuses in the name of security*)』を参照されたい[http://web.amnesty.org/library/Index/ENGMDE12001 2007(二〇〇七年一〇月閲覧)]。
＊31 アズハルモスク付属のファトワー委員会では無料でファトワーを出す。それ以外でも筆者が確認した限り、ファトワーを出す際に金銭の受け渡しは行われていなかった。シリアのアレッポのムフティーも、「ファトワーに関わる諸費用を含めていっさいが無料で、師は『有料にすると、救われの扉が閉ざされる』と強調していた」とあるように、無料で相談を受けていた[眞田 一九九八:五七]。しかしヨルダンのベドウィンのケースでは、ムフティーはしばしば報酬として金銭を受け取るという[Layish 1996: 272]。
＊32 二〇〇一年五月二七日に、ムスタファ・マフムード・モスクで行ったウラマーへのインタビューを一部引用する。この

インタビューはアズハル大学の学生が一人同席し、半構造式インタビューでアラビア語で行った。

筆者（以下、筆）「質問者のすべてが、例えば電話番号といった情報を知っているのですか？」
I「はい。ほとんどの質問者は知っています、例えば彼のように。」
筆「質問したい人は、どのようにすればいいのですか？」
I「一部はこのモスク（モハンデシーン地区にあるムスタファ・マフムード・モスク）に来るし、一部はヌール・モスク（注：彼が朝の礼拝を先導しているアッバセイヤ地区にあるモスク）に、一部は自宅に私を訪ねてきます。」
筆「ええ？　自宅に質問しに行ってもいいのですか？」
I「はい。一部の人々はモスクに相談に来るのが遅れるものですから。しかし問題をよい方向に導くためには、あらゆる方法をとらなければいけません。」
筆「それでは、あなたは大変忙しいということになりますが……。」
I「はい、とても忙しいです。もし問題を解決し、人々をよい方向に導こうと思うなら、忙しくなってしまいます。」
筆「あなたの自宅に来る質問者とモスクに来る質問者とでは、どちらが多いのですか？」
I「同じくここには電話で質問してくる人々もいて、私は彼らには電話で答え、ファトワーを出しています。またウラマーの集まる会議があり、そこで質問をして、ウラマーから答えをもらう人々もいます。」

＊33　注意しなければならないのは、一貫性を持つシャリーアとは違い、慣習は古くから行われてきた行為の総称であり、そこに一貫した法理念が存在するわけではないという点である。
＊34　他にプロテスタント、ローマン・カソリック、コプト教徒などに適用される身分法があるが、本書では触れない。
＊35　キリスト教や仏教の聖職者も、ウラマーと同様これらの事態への対応を迫られているが、生活規範や道徳規範が法的事

項としてシャリーアに包摂されているため、イスラーム世界ではファトワーによる法化が特に必要とされている。法文化として法化の必要性が広く認識されていることと、ウラマーがこのような人々のニーズや法文化に自覚的であることが、イスラーム世界の特徴であると考えられる。

＊36　身分法に関して政府が制定した注16の法律は、これとは逆に、シャリーアの国家法としての適用範囲の変更を迫っていると考えられる。

＊37　ウラマー間の国家法に対する意見の相違については、例えば［Gihan 1999］を参照。

＊38　シャリーアの規定のすべてが適用されていたわけではなく、刑法や相続法の一部など事実上死法になっていた法分野もある。したがって、シャリーアの法規定のすべてが所与であったとは必ずしもいえない。ムスタファ・マフムード・モスクのウラマーは以下のように述べている。「ムスリムはシャリーアのすべてを守らなければならないのですが、シャリーアの規定のうちいくつかは実行が不可能であり、また一部の人はシャリーアの何たるかを知りません。このような人々もイスラームの重要な根幹を行わなければいけません。」ウラマーもシャリーアの死法部分の存在を容認していることが以上のことからわかる。重要な根幹に関わる規定には従うべきだとする彼の見解から、神の能力やイバーダート（*'ibādāt* 信仰生活に関する事柄）などに関しては、シャリーアの規定が特に所与とされていると考えられる。医学は神の能力に関わる事柄であると考えられている。

以上のことから、エジプトのムスリムが主にシャリーアがカヴァーする領域と考えているのは、実定法的な性格を持つ刑法や相続法などではなく、神の能力や日常生活、信仰生活などに関わる道徳規範および生活規範であると考えられる。

＊39　これらのファトワーに見られるような、シャリーアの規定を疑問視する声は初め欧米諸国での言説から起こった。しかし、それに対するイスラーム諸国での対抗言説や議論が広くエジプトで一般的になるにつれて、エジプト人自身の心性も変容していったのではないかと考えられる。事実、ムハンマド・アブドゥフの時代にすでに、近代的な教育を受けたエジプトのエリート層は、「公然とイスラームの価値への疑問を口にし始めていた」［飯塚 一九九三：九三］。早い時期から、エジプ

ト人のエリート層が西欧の価値観を内面化させ、シャリーアの法システムを相対化しつつあったことが、以上のことからわかる。

＊40　例えば以下のファトワーの質問部分は、「法」としてのシャリーアが法曹界の弁護士にとっても重要であることを示唆している。国家法の担い手たちにとってさえも、国家法が一元的な基準ではないことが窺える。

質問（回答者による要約）：私に多くの弁護士からの質問が寄せられる。事件の解決にあたって、我々の国は制定法を適用しており、シャリーアを適用していない。ほとんどの弁護士は、無罪を主張する被告人が実は有罪であったりするのを体験している。またしばしば、法の抜け穴を抜けようとする被告人、嘘つきな被告人を見ている。制定法において多くの違反行為が見られるのは、人間の知識には限界があるため、法に不備があるからではないか？　法の不備によって不正がはびこっている、このような状態はハラーム（*harām* 禁止行為）か、ハラール（*halāl* 合法）か？［Muhammad 1999: 456］。

以下のファトワーの質問部分は、「法」としてのシャリーアが、一般エジプト人にとって重要であることを示唆している。

質問：村長が私に、村長に言葉で逆らった男を殺せと命じた。男は村長を、悪事を告発すると脅していた。私は拒否し、二～三日村長を避けていた。そのため、村長は私を殺すと脅した。彼は不公正な人間で、無辜の民の殺人もためらいなく行う人物だった。私は村長の命令どおり人を殺した。その後三〇年が経つ。心から後悔している。その行為は誠に罪深いものだ。かつて二五年の間そのために牢屋にいたが、それはシャリーアでの懺悔になるか？　神の意に叶うことは何か？　どうすればいいのか？　牢屋にいたことは罰に当たるのだろうか？　それとも被害者の家族の気が済むよう、私を彼らに提供するべきなのだろうか？　この罪を犯したとき、私はシャリーアを知らず、それが罪に当たることに無知だった。また、すでに述べたように脅されていた。私でなく、村長が罰されるべきだと思う。神の法について説明してほしい［Muhammad 1999: 496］。

回答《ファトワー》は、シャリーアに従ってあなたと村長は死罪に処せられるべきで、禁固刑は死刑の代わりにはなりえないとする。しかしシャリーアの適用を許している国はどこにもないとして、質問者に殺人を犯した故郷からできるだけ遠く離れたところで余生を暮らすべきであると助言している。ファトワーは国家法の優越を容認し、シャリーアの定める刑の執行停止を事実上認めている。

＊41　前注の最後のファトワーを参照されたい。ウラマーによっても差異がある。

＊42　訳は［宮下 二〇〇〇：一一三］を参照した。

＊43　恋人とはこの場合、お互いに好意を持ち、頻繁に電話する程度のプラトニックな関係の異性のこと。

＊44　ユダヤ教やキリスト教も、神は交渉相手であると認識している［『旧約聖書』創世記一八章、一九章］。

＊45　このハディースについて、インフォーマント三人に尋ねたところ、インフォーマントU（二六歳男性、カイロ、ハラム地区居住、大学生）、およびインフォーマントEとインフォーマントL（二二歳男性、ヘルワーン居住、大学生）は、首をかしげた後、ハディースが真正なものかどうか筆者に尋ねた。ファトワーを示すと彼らは頷きあい、インフォーマントUが「ああ、ハディースが真正なら、これは本当です。私は知らなかったけど、蝿にはじゃあ消毒作用もあるんですね」と述べた。注40の最初のファトワーの傍線部分も参照されたい。彼らが社会化されていることが以上のことからもわかる。しかし、このような社会化にも蝿に関するファトワーの質問部分に見られるように、ほころびが生じている。

＊46　エジプトの識字率にはかなりのジェンダー差が認められる。一九九〇年の非識字率は男性三七％、女性六六％［UN & ESCEA 1993］。一九九九年の非識字率は男性三三・九％、女性五七・二％［http://www.undp.org/hdr2001/indicator/cty_f_EGY.thml（二〇〇二年一月一〇日閲覧）］。

＊47　例えば筆者が乗合バスに乗っていて遭遇しただけでも、警察に届けずに口頭で処理された物損交通事故が三件あった。

＊48　これについては例えば［ＪＥＴＲＯ 一九八九］を参照。

＊49　紛争については例えば［Simon 1979; ルーマン 二〇〇〇］を参照されたい。

＊50　その後、ファトワーは第二代正統カリフ、ウマル・イブン・ハッターブ（'Umar b. al-Khaṭṭāb ?～六四四、在位六三四～六四四）のハディースを引用し、永久的婚姻障害が発生するとするマーリク派の説をも紹介している。

＊51　また、ムスタファ・マフムード・モスクのウラマーは、筆者の質問「あなたのファトワーが出版されたり、文書で配られたりすることを望む人は多いのではないですか」に答え、「その通りです。人々は質問に対し私が答えのファトワーを出すことを望んでおり、彼らには私は答を手紙で書いて郵送しています」と述べている。

＊52　注意しなければならないのは、トラブルを抱えた当事者が問題をウラマーに持ち込んだとしても、当事者にとってその行為自体が、そもそもの紛争を処理するための手段に過ぎない、ということである。ファトワーを受け取った後の当事者の行動については資料からは分析できないので、ファトワーを用いた紛争処理過程の全体像の把握は今後の課題としたい。

＊53　たとえば夫が妻の行動をイスラームの名のもとに極端に制限しており、妻が夫の行為はイスラームに適っているのか、とウラマーに質問したケース［Muḥammad 1999: 341-348］では、妻はウラマーに「それは違法である」とお墨付きをもらって初めて、夫に対して紛争を起こす（＝クレーミング）ことができる。この場合にはファトワーは、当事者が侵害を意識的に自覚し、それに対抗するための資源となる。また、このようなファトワーが公開され、それを知ることで、自分の夫が権利を侵害していると自覚する別人がいるとすれば、それはファトワーが自覚を喚起する資源となる例である。

＊54　ハートのプライマリールール（第一次ルール）とセカンダリールール（第二次ルール）という概念によった［ハート 一九七六］。

＊55　一定程度なのは、ウラマーのファトワーに相違があった場合に初めてその選択が問題になるからである。どのウラマーが出しても同じファトワーが出るような問題の場合には、ウラマーの選択の余地はない。また、出されたファトワーに従

わなくてよいのは、その選択によっていかなる社会的制裁も課されない場合か、制裁よりも利益が大きい場合に限られると考えられる。

＊56　同時に彼らのミソジニー（Misogyny 女性嫌悪）をも示唆しているかもしれない。

＊57　無限定に自由ではないのは、どの「法」を参照するかを法文化が規定している（規範やコンセンサスが成立している）場合があるからである。

＊58　現代エジプトではシャリーアは強制可能性を持たないので、物理的強制力を持たない。

＊59　ナサールも、特に女性の日常レヴェルで国家法はしばしば無視されると指摘している［Nassar 1999］。

第4章 日々、ファトワーを使う——生活の中のイスラーム言説

店でベリーダンスを踊る（高橋美香撮影）

1　はじめに

本章の目的は、電話でファトワーやクルアーンの章句解説を提供するカイロの非営利組織「イスラーム電話（*al-Hātif al-Islāmī*）」を事例に、女性によるファトワー利用の実態とその特徴を、特にジェンダーとの関わりに注目して明らかにすることである。

ファトワーは法学的にはシャリーアの手続法に当たる。シャリーアがどのように解釈・適用されてファトワーとして出されるのか、ファトワーを人々がどのような場面でどのように使っているかは、生活の中のイスラームを考える上で非常に重要である。ファトワーはそのための非常に優れた資料であるにもかかわらず、この視点から行われた先行研究は少ない。また小杉を例外として［小杉 二〇〇二a］、従来のファトワー研究は編纂・刊行されたファトワー集に基づくという資料的制約のため、最終的に出されたファトワーのみを分析対象としてきた。しかしイスラーム電話での調査の結果、質問者とウラマーの双方向の交渉の結果が、ファトワーとして結実することが明らかになった。この交渉はファトワー集からは見えてこないが、質問者とウラマー間の、ファトワーをめぐるさまざまな交渉過程に注目することで初めて、社会的文脈の中にファトワーを位置づけ、その意味と働きを実態に即して分析することが可能となるのである。

このような視点から、本章では編集過程を経た二次資料であるファトワー集ではなく、筆者が現地調査で収集した電話による質問と回答たるファトワーの双方を資料として用いることによって、以上の資料的制約の克服を目指す。このような独自性の高い一次資料に基づくことで初めて、ファトワーの果たす役割と、その利用のされ方の実態を明らかにすることが可能になる。

またファトワーとそれをめぐる交渉過程は、日常生活における女性とイスラームの関係を描き出すための優れた資料でもある。そこには市井の女性たちの声や意見、悩みが書き込まれている。本章では女性とイスラームとの関係を、ファトワーを資料とし、ミクロな位相から描き出すことも目指す。

資料として、イスラーム電話のムフティー会議記録およびファトワーの質問・回答記録、創設者およびスタッフに対する半構造インタビュー調査記録を用い、ウラマー一五人および二章の女性説教師二人を対象に行った半構造インタビュー調査記録でそれを補足する。カイロのモハンデシーン地区に事務所を構える民間の非営利組織「イスラーム電話」は、電話を通じてファトワーを出すという、エジプト初のサーヴィスを提供している。ムフティーは全員、アズハル大学で宗教教育を受けた正規のウラマーである。

イスラーム電話での調査は二〇〇六年七~九月と二〇〇七年一二月~〇八年一月に行った。調査はすべてアラビア語で行い、電話ファトワーの質問と回答の内容を、女性スタッフ一人の同席の下で筆者がその場で書き取った。録音機材は禁じられたため利用していない。この方法には、筆者の存在がウラマーにも質問者にも隠されており、筆者の存在が場や質問と回答の過程に影響を与えないという利点があった[*1]。これらのファトワーの質問および回答の研究目的での使用・公表は、イスラーム電話の許可を得ている。しかし質問者が筆者の存在を知らないという調査の構造上、質問者本人および回答者たるウラマーの許可を得ることはできないので、質問者および回答者はプライバシー保護のため匿名とする。ムフティー会議記録はイスラーム電話から提供を受けたもので、筆者は会話が交わされた場所に同席していない。

イスラーム電話で筆者が直接聞き取った電話相談は一三一九本である。一本の電話で複数の質問をするケースもあるため、採取した質問の項目分類・集計数はのべ二〇五〇件である。[*2]質問の項目などについては表群を参照されたい。本章ではイスラーム電話の質問・回答《ファトワー》をめぐるダイナミズムに焦点を当て、できるだけ「厚い記述」を行うことを重視したい。

まず次節でファトワー集の資料的特性を整理する。第三節で、ファトワーを、アクセスの容易さや権威、ウラマーの学問的背景などの項目ごとに整理するとともに、イスラーム電話の基本情報を提示する。第四節で、ムフティー会議記録を資料に、シャリーアの原則とファトワーにおけるシャリーアの適用にどの程度の差異があるかと、多数説の扱いについて検討し、ファトワーを出すウラマーの認識や立場を明らかにする。第五節で、質問者の質問の仕方や質問内容に注目し、電話ファトワーに質問者が何を求めているのか、ファトワー集では見えてこない交渉過程に特に焦点を当てて分析する。第六節で、エジプト人女性がファトワーを使って周囲の人々などと交渉を行う様子を詳述し、女性たちのファトワー利用の特徴と、女性たちにとってのファトワーの役割を考える。第七節で、イスラーム電話の占める位置と、イスラーム電話のファトワーの特徴をまとめ、女性たちが積極的にファトワーを使う意義を論じ、本章を締めくくる。

2　ファトワー集の資料的特性

私人に対するファトワーはもともと一対一で、口頭、稀には書面で出される。近年はＴＶや新聞、インターネットなどのメディアを媒介にファトワーが出される場合があるため、必ずしも対面式であるとは限らず、質問と回答が公開されるケースもある。しかし私的ファトワーが質問者個人のために出されることに変わりはない。

ファトワー集は、実際に寄せられた質問の中から質問をウラマーもしくは編者が任意に選択し、編集作業を経て刊行される。ファトワー集が出版される目的は、ウラマーによれば、①同様の問題で悩んでいる読者の質問の手間を省く、②法学書ほど堅苦しくも難しくもなく、項目ごとに知りたいことを調べることができるファトワーという形で、シャリーアに親しんでもらう、の二点であるという。[*3] 第二章に登場したカイロの女性説教師サマーハは、なぜウラマーが近くにおり質問する機会もあるのにファトワー集が出版されるのかという問いに、「礼拝の際、何回跪拝すればよいのかなど、わかりきったことを知りたいときに、わざわざウラマーを煩わせないため、ウラマーの手間を省くためにファトワー集がある」と回答した。

したがって、ファトワー集では完成品としてのファトワーが重視される。質問経緯や質問者の属性など、編者が回答《ファトワー》に無関係とみなした部分はファトワー集には記載されない。例えばジュムヤーリー編のムハンマド・ムタワッリー・シャーラーウィー（Muhammad Mutawallī al-Shaʻrāwī 一九一一～九八）[*4] のファトワー集は、質問をできるだけ削り、要点だけを簡素な形で記している [al-Jumyālī 1999]。編集過程で個人情報や質問経緯が不可視化される傾向が、ファトワー集にはあるといえる。換言すれば、本来は個人に対し出されるファトワーを、「同様の問題で悩んでいる読者」向けに編集する過程で、質問者の属性や質問経緯は不必要と見なされるのだろう。例外的に、第三章で分析したムハンマド・バクル・イスマーイールのファトワー集は、質問を詳細に採録している。

編集方法にも一定の型がある。本によって若干の相違があるが、ファトワー集ではまず信仰生活——礼拝と礼拝に関連する清め[*5]、断食、喜捨[*6]、巡礼、クルアーンなどに関係する事柄で、これをイバーダート（*ʻibādāt*）という——関連の質問が記載される。次に社会生活や人間関係——売買、遺産、結婚、離婚、医療行為など日常生活全般に関係する事柄で、これをムアーマラート（*muʻāmalāt*）といい、イバーダートの対概念——関連の質問が記載される。

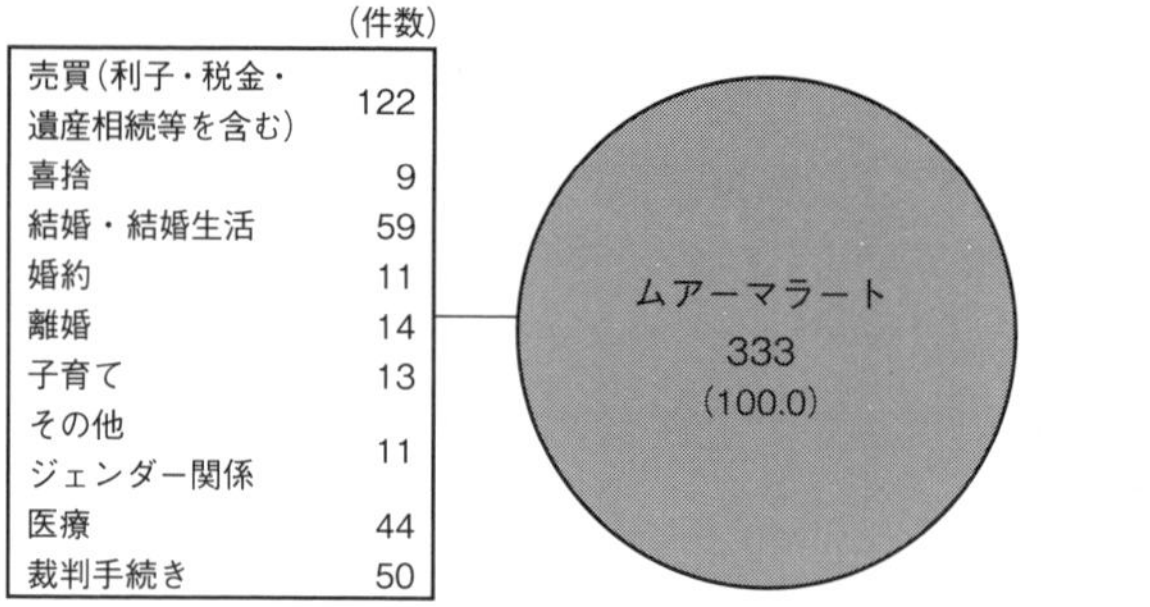

図 4-1-4　ムハンマド・バクル・イスマーイールのファトワー集

[Muḥammad Bakr Ismāʿīl 1999]

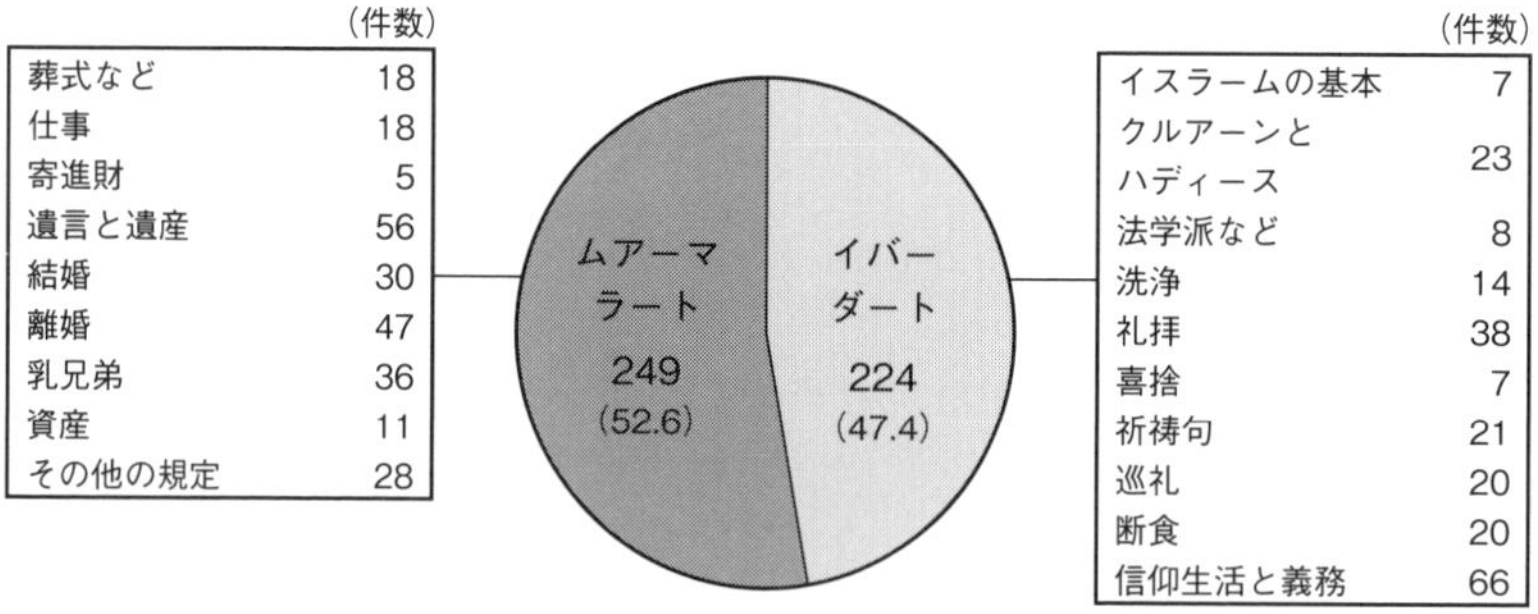

図 4-1-5　フセイン・ムハンマドのファトワー集

[Ḥusayn Muḥammad 1985]

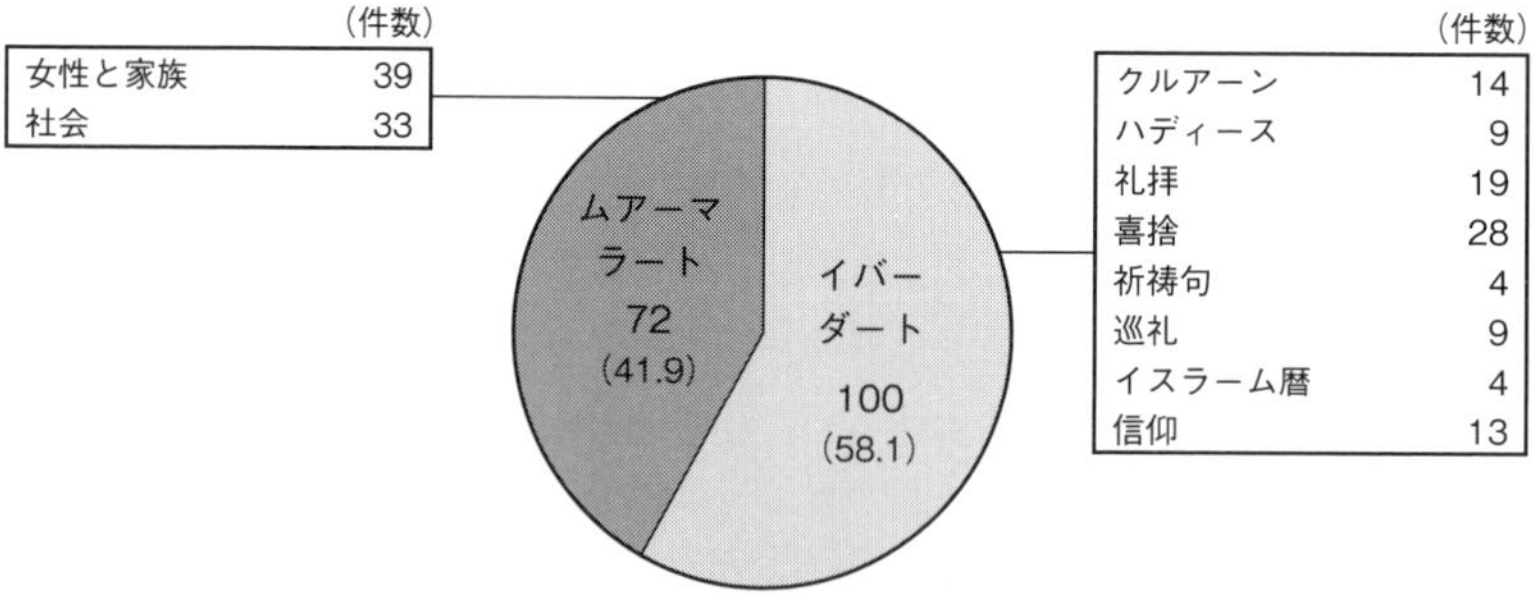

図 4-1-6　ユーセフ・カルダーウィーのファトワー集

[Yūsuf al-Qarḍāwī 2001]

イバーダートおよびムアーマラートの比率

たが、誤植や編集ミスについては適宜修正した。
なかったため、筆者が適宜分類した。

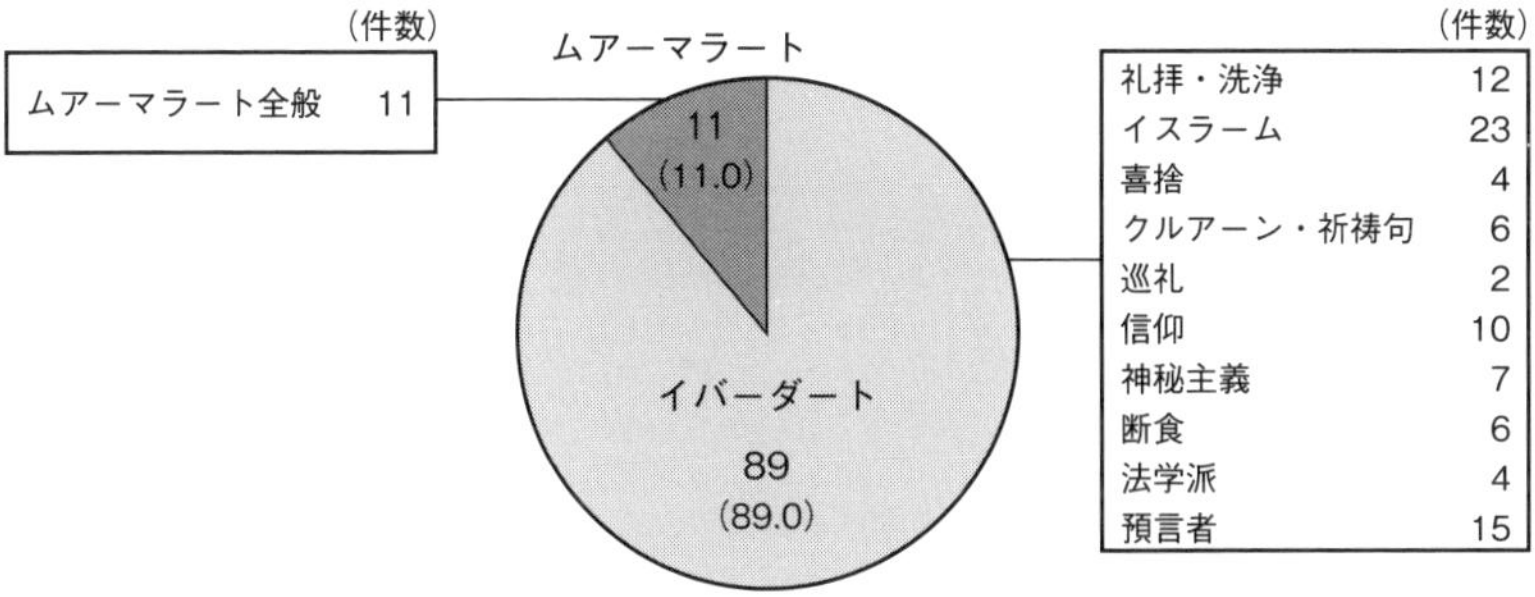

図 4-1-1　アリー・ジュムアのファトワー集 1

[ʻAlī Jumʻa 2005a]

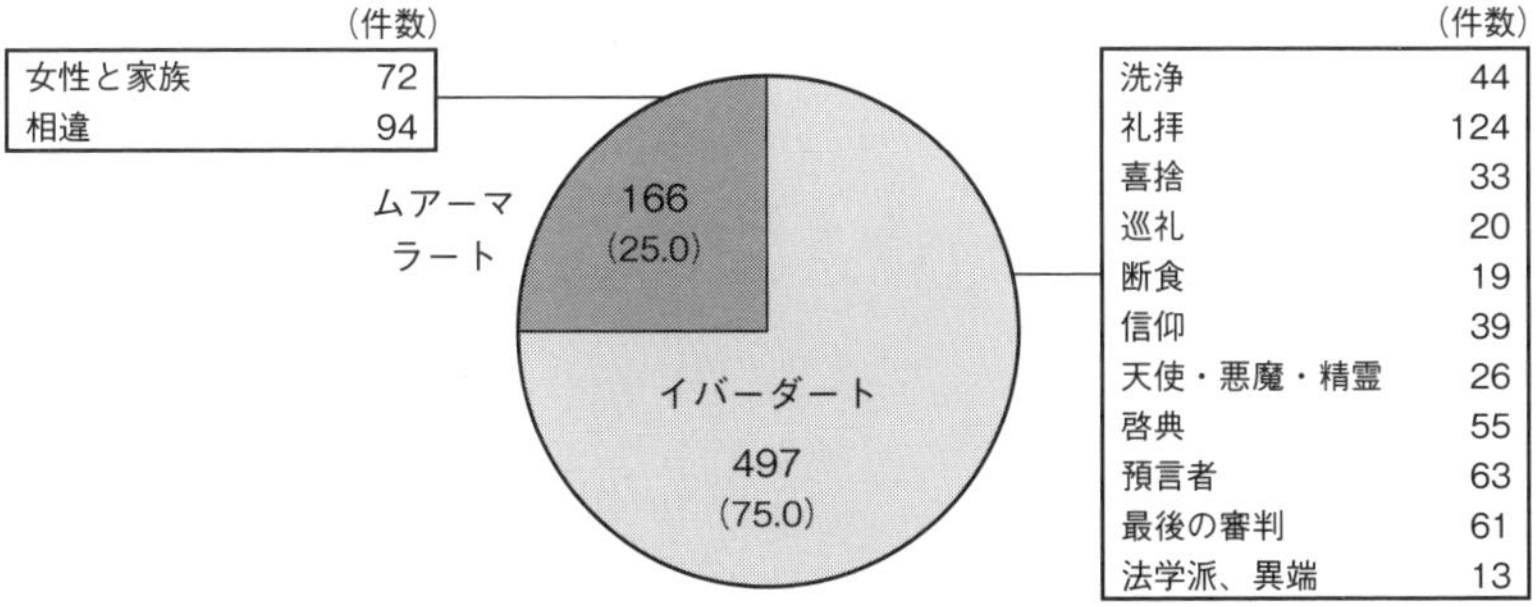

図 4-1-2　アーティヤ・サクルのファトワー集

[ʻĀṭiya Ṣaqr nd.]

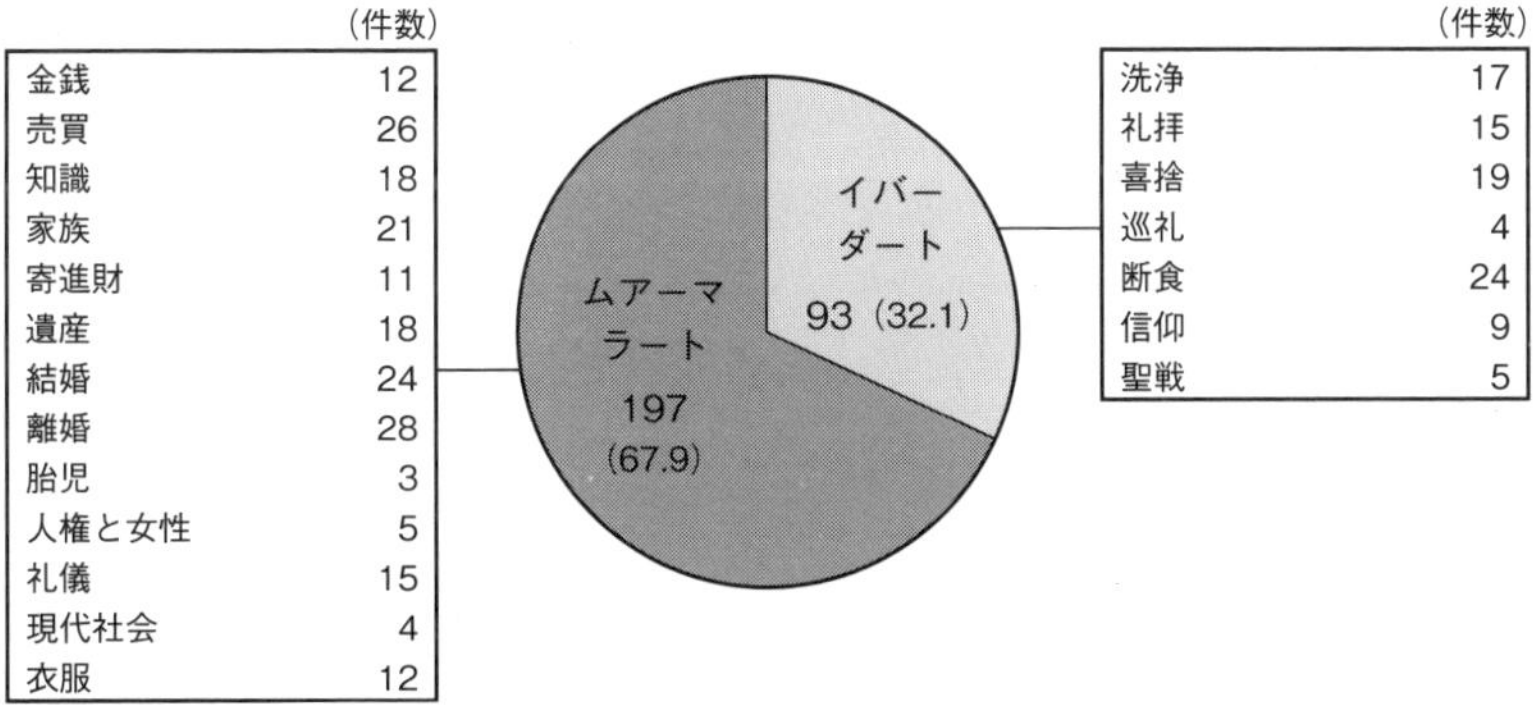

図 4-1-3　アリー・ジュムアのファトワー集 2

[ʻAlī Jumʻa 2005b]

図 4-1　ファトワー集における

注）目次をもとに筆者が作成した。項目はすべて本に従っ
イスマーイールのファトワー集には項目立てが存在し
（　）の数字は割合（%）を表す。

ファトワー集におけるイバーダートとムアーマラートの比率にはばらつきがあるが、同数、もしくはイバーダートが多く取り上げられる傾向にある。これはイバーダート関連の質問は、完成品としてのファトワーに相違が生じにくく、それを普遍化しやすい分、出版に適しているためかもしれない。詳細は図４‐１を参照されたい。ムハンマド・バクル・イスマーイールのファトワー集はこの点でも例外的で、イバーダートを扱っていない。彼はこの点について、日常生活上で生じる質問に答えるためにこのファトワー集を編纂したと述べ、礼拝や断食など、信仰生活上の質問については将来別の本を書く旨記している［Muhammad 1999: 3-4］。通常のファトワー集とは異なる章立てだからこそ、このような序文が必要になると推測される。

ファトワー集は、完成品としてのファトワーと質問の概要を伝えるが、ファトワーをめぐる交渉や質問者の情報や属性など、ファトワーを取り巻く状況の全貌を伝えるものではない。例えば実際に寄せられる質問におけるイバーダートとムアーマラートの比率や、質問者の個人情報、ファトワーが出される過程などは、ファトワー集からはわからない。しかしこれらの情報は、日常生活のレヴェルでファトワーが、ひいてはイスラーム言説が人々にどのように利用され、どのような影響を与えているかを明らかにする上で、重要な資料となる。

この点、ファトワーが出るまでの過程のすべてを参与観察できるイスラーム電話のファトワーは、研究者側からすれば、ファトワー集よりも一次資料として価値がある。質問者の沈黙、泣き声、ため息、ファトワーへの不満と再質問、ウラマーの質問に対する叱責、率直で手厳しい意見などの貴重な情報が得られ、ファトワー集には採用されない類の質問も多いからだ。

しかしファトワーが出される現場での調査は困難である。例えばガラーア・モスクでの調査中、筆者が場にいることを理由に、ある女性質問者は「彼女に聞かれてしまう。これでは質問ができない」と言い、質問をすることを拒んだ。その場に筆者がいることが質問者にもウラマーにも影響を与えるとして、アズハルのファトワー委員会からは調査自体を断られた。イスラーム電話の場合、質問者とウラマーに調査者の姿が見えず、調査者の存在が質問とファトワーがやりとりされる場に影響を与えないという利点があったため、筆者は幸いにもファトワーを大量に収集する機会を得ることができた。このような資料を用いた研究を行う意義は大きい。

3　ファトワーの多元性

(1)ファトワーの多元性

本項ではファトワーを以下の側面から多角的に整理・分析する。①公的・私的、②ファトワーを出すウラマーの学問的背景、③ファトワーの権威、④アクセスの難易度、⑤公開度、⑥匿名性、⑦法解釈、⑧交渉相手である。

ファトワーには質問に答えて出されるもの以外に公的ファトワーがある。第一章でムフティーを四つのレヴェルに分けて整理した。(1)国家に任命され、国事についてのイスラーム的見解を明らかにする権能を持つ大ムフティー、(2)公権力によって任命されているが、国民レヴェルで職務を果たすムフティー、(3)地域共同体が運営するモスクや宗教団体において、団体レヴェルで指名されているムフティー、(4)モスクなどで任意に活動する市井のムフティーである。そのうち(1)が国家レヴェルの事柄を扱う公的ファトワーを出すムフティーである。(1)の大ムフティーおよびアズハル総長による国事に関する公的ファトワーは、私的ファトワーのシャリーア解釈に影響を与える。歴史的には、オスマン朝期の、首都イスタンブルのウラマーの最高位であるシェイヒュルイスラムのファトワーがこれに当たる。公的ファトワーと私的ファトワーの性質の違いは表４-１を参照されたい。

表4-1　公的ファトワーと私的ファトワーの性質の違い一覧

ファトワーの種類	ウラマー	対象	公表	法としての役割
公的ファトワー	大ムフティー アズハル総長	国家 社会	公表	第一次ルール
私的ファトワー	その他の ウラマー	個人	原則 非公表	第二次ルール

注）筆者作成。

以下では本章で扱う、私的ファトワー内部のレヴェルについて論じる。まず②ファトワーを出すウラマーの学問的背景、③ファトワーの権威、④アクセスの難易度の三つの側面について以下で整理する。

ファトワーを出すムフティーの学問的背景にはレヴェルがあり、それによってムフティーの社会的地位とファトワーの権威が異なる。同じアズハル大学卒でも、学歴（学士、修士、博士の別）や教歴（大学教授かアズハル付属高校の教師か）などのウラマーの学問的背景と社会的地位によってファトワーの権威が異なってくる。社会的地位とファトワーの権威は正比例する傾向がある。

ウラマーらイスラーム知識人の共通理解によれば、説教師はファトワーを出す資格がないとされる。しかし市井の説教師の意見が、法識字のない人々に「ファトワー」と見なされるケースを地方で三例確認した。*7 学問的背景によるファトワーの権威や影響力の差異にかかる認識は、法識字によって異なることがわかる。ファトワーは権威*8がない順番に、(a)説教師の「ファトワー」、(b)市井の、学問的背景が不明のウラマーのファトワー、(c)近所のモスクのアズハル卒のウラマーのファトワー、(d)著名なモスクのアズハル卒のウラマーのファトワー、(e)アズハル卒の著名なウラマーのファトワー、(f)アズハル大学教授のファトワー、(g)アズハル付属のファトワー委員会のファトワー、(h)ダール・アルイフターのファトワーと大別できる（図4 - 2参照）。

次に④アクセスの難易度について検討する。地理的に直接のアクセスが易しいのは

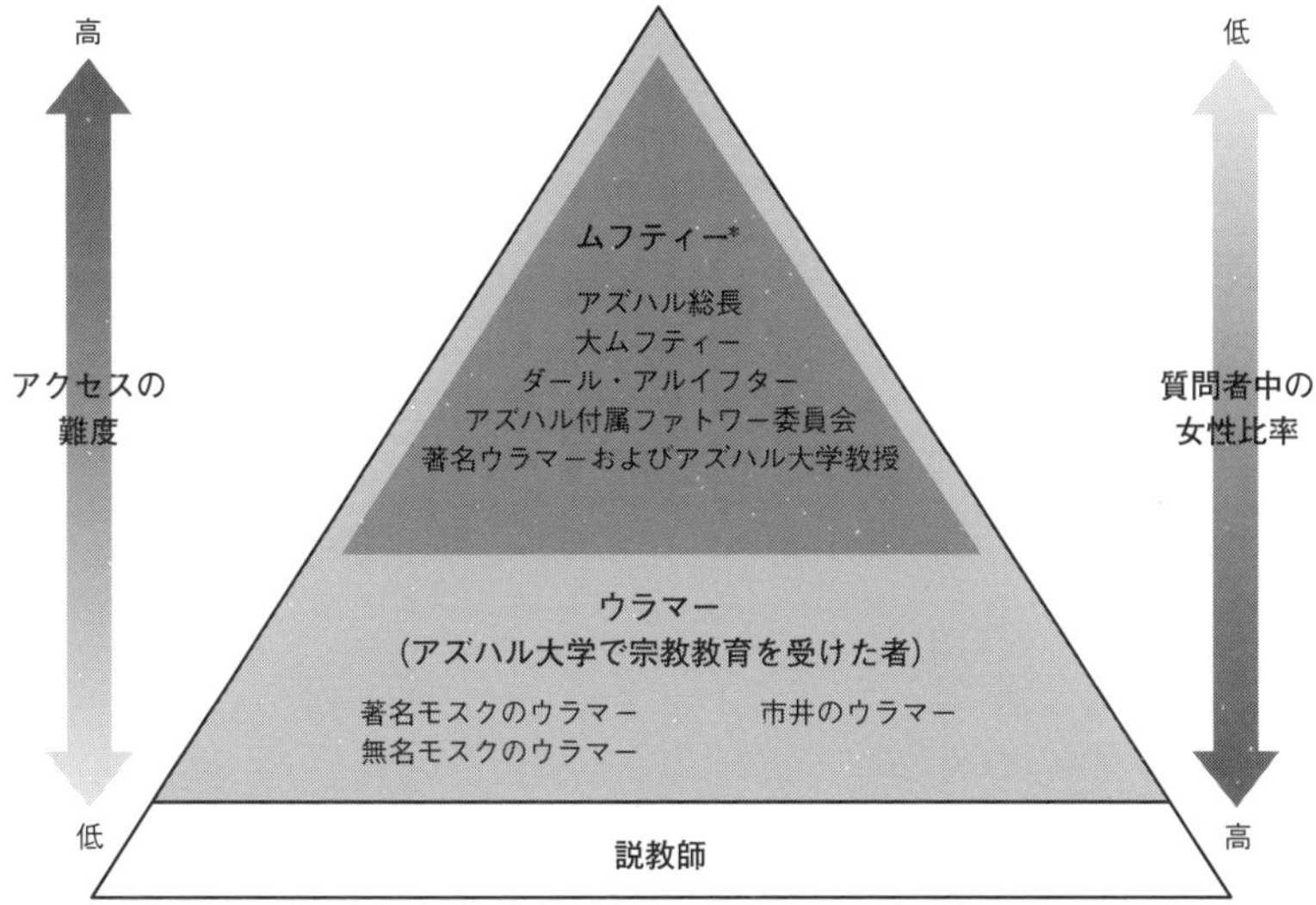

図 4-2　ファトワーの権威・アクセスの難度・質問者の女性比率一覧

注）*尊称としての範囲。ウラマーの中でも特に権威のある者。
図の上部、ムフティーの枠内については、権威・アクセスの難易度・質問者の女性比率ともに、内部で有意な差がない場合もある。したがってムフティーの枠内においては、必ずしも上から下に対応するとは限らない。

近所のウラマーのファトワーである。地方在住であれば、カイロのアズハル付属のファトワー委員会や、ダッラーサ地区にあるダール・アルイフターで直接ファトワーをもらうのは難しくなる。

質問者が女性の場合は、男女の空間が分けられているモスクで、男性のウラマーを捕まえて話しかけるのが難しいというハードルもある。一般に男性に比べ普段モスクに行きなれていない女性*9が、モスクに行き、男性スペースで男性に囲まれているウラマーに声をかけるのには、心理的にも物理的にもかなりの困難が伴う。第三章でも指摘したように、ファトワーへのアクセスの難易度にはジェンダー差が見られる。

二〇〇〇年のアズハル・モスクにおける月曜日の早朝説教を例にとる。これは男女が混在して聞ける珍しいタイプの説教で、女性たちも男性たちの後方での同席を許される。説教を終えたウラマーからファトワーをもらおうとして順番を待っていた女性がいた。ウラマーは説教を終えると、近くにいる男性たちにまず質問責めにされ、一〇分弱その場にとどまってファトワーを出した後、男子学生に周囲を守られて退出した。この間、女性たちは遠巻きにそれを眺めていただけであった。件の女性は「全然チャンスがなかったわ」と連れの男性に苛立たしげに呟き、モスクを後にした。

筆者の参与観察の結果でも、モスクにおける質問者は男性が明らかに多かった。同様に小杉がファトワー委員会で調査した際の質問者の男女比は男性四〇名、女性一三名であり［小杉 二〇〇二a：一二〇］、後述するイスラーム電話への質問者の女性比の高さと対照をなしている。しかしウラマーによれば、男性の質問の中には、女性の質問を男性が尋ねる「代理質問」がかなりあるとのことであった。*10 カイロ中心部、ラムセス地区のガラーア・モスクのように、定期的に質問者のために時間と場所を用意しているモスクもある。このモスクでは女性が質問しやすいよう、ウラマーは男性用礼拝スペースではなく、事務所で質問を受けるという配慮をしていた。しかし自分の後ろに質問者の行列があること、ウラマーの背後に質問を記録する男性が控えていることなどから、個人的な質問はしにくい。*11

質問者が男性であっても、高名なウラマーに質問するのを尊敬と緊張のあまりためらい、声をかけそびれることがある。二〇〇六年のカイロ国際ブックフェア*12の会場に、大ムフティー、アリー・ジュムアがゲストスピーカーとして来た際、「質問したかったが、気後れしてしまった……。残念」と言っている二人連れの男子学生がいた。しかし、このような質問者の「質問のしにくさ」や心理的な距離については、モハンデシーン地区のムスタファ・マフムード・モスクのウラマーが「宗教に恥ずかしいことはないのです。あらゆる状況、体に関する問題も人間関係に関することも、すべて正しい道を知るためには必ずシャイフに尋ねなければなりません」と語っているように、ウラマーに自覚されていない場合もあった。

次に⑤公開度と⑥匿名性を検討する。

公開のレヴェルは、質問と回答《ファトワー》が誰に対しどの程度公開されるかに比例する。ファトワーには新聞紙上やインターネット、ラジオ、TVのファトワー番組など、多様なメディアを介して出されるものがある。

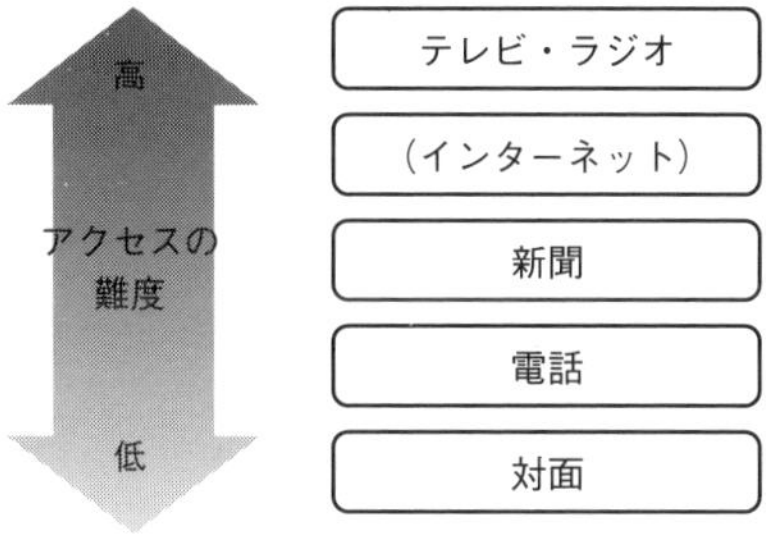

図 4-3　メディアにおけるファトワーの公開度

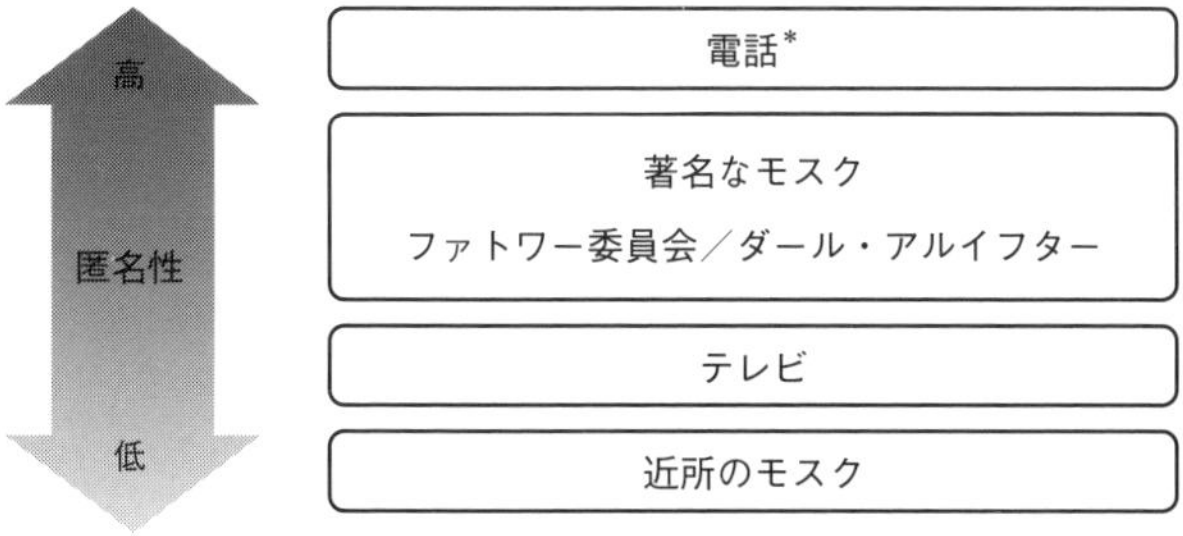

図 4-4　ファトワーの匿名性

注）*イスラーム電話だけではなく、ウラマーに電話で質問した場合など、電話を介したすべてのファトワーを指す。

　TVのファトワー番組および新聞のファトワー欄は公開が前提とされ、ここに質問する際は、質問者も質問と回答《ファトワー》が公開されることを承知している。なおTVや新聞紙上のファトワーは、担当ウラマーが決まっている場合が多く、通常はアクセスしにくい高名なウラマーに質問するよい機会となっている。インターネット上の質問も、公開が原則である場合がある。また著名なウラマーへの質問は、そのウラマーがファトワー集を出版する際に再録され、公開される可能性を潜在的に持つ。しかしこの場合には匿名性が守られるよう配慮がなされるため、質問者の個人情報は保護される（図4‐3参照）。

また、匿名性の確保と公開度とは比例しない。公開度は高くても、新聞やインターネットなどでは匿名性を確保しつつ質問することができる。対面は公開度は低いものの、近所のモスクのウラマーに質問する場合に顕著なように、モスクへの出入りや、ウラマーとの立ち話などが容易に近所の人々に把握されるような環境であれば、匿名性は確保できない。前述のガラーア・モスクのケースも、公共空間で、第三者が同席している中で質問するという点で、匿名性と個人情報が十分に守られているとは言いがたい。後に詳述するが、公開度ではなく、匿名性が確保できるかどうかが、質問の内容に最も影響を与えると考えられる（図4‐4参照）。

その他に、メディアによる心理的・物理的アクセスの次元がある。インターネット上のファトワーにアクセスするにはインターネット環境が必要であるし、調査当時、エジプトではまだインターネットはそれほど普及していなかった。[*13] エジプトの二〇〇四年時点のＴＶ普及率は八九・四％、電話の普及率は一〇〇〇世帯あたり三六四世帯、[*14] 一五歳以上の識字率は六五・七％（女性五六・二％）、新聞宅配の文化はなく、新聞を読む習慣がない人々も多い［UNDP 2005: 204］。調査時の電話の通話料は非常に安価で、女性たちの生活に電話は欠かせなかった。フィールドのインフォーマントたちは、友人・家族・親戚にはどんなに短くてもほぼ毎日電話をし、ご機嫌伺いを欠かさなかった。[*15] 女性説教師サマーハは、ファトワーのアクセスに関する筆者の質問に以下のように答えた。

筆者「ウラマーや説教師の連絡先はどうやって知るの？」

サマーハ「勉強会に行ったり、本に書いてあったり。本に書いてあることが多いかしら。ウラマーによるけど、電話は決まった時間にファトワーを受け付けているウラマーもいるし、ファトワー専用の電話番号を持っているウラマーもいるし。まあ電話に出ないウラマーもいるけど。ウラマーによってそれぞれで、忙しいから話をはしょりたがるウラマーとか、相手の話をしっかり聞くウラマーとか、いろいろね。」

筆者「ファトワーはどうやって出されることが多いの？　電話？　それとも直接？　新聞とかネットとかは？」

サマーハ「それは圧倒的に電話で。厄介なケースとか、離婚とかそういう大きなトラブルは直接会うことも多いけど、ファトワーのほとんどはすぐに終わるケースだし。こうこういう礼拝のときに、これこれを忘れたけど、どうすればよいですか、というファトワーなんかは、すぐ終わるし、そのためにわざわざ行く人はいないでしょ？　それにウラマーも忙しいから会えない場合も多いし、捕まえるのは大変だけど、電話なら二〜三分だし、すぐだから。女性たちが質問する場合も多いし、直接会うのは大変だから。」（傍線部は、女性がウラマーに対面でアクセスすることの困難を指摘しており、興味深い指摘である）

筆者「どういう人がファトワーをもらいにくると思う？　男女別で。」

サマーハ「それは女性の方が多いでしょうねー。女の人はファトワーが好きだから。」

ここからも、匿名性が確保でき、男女が同席してはいけないというエジプトのジェンダー規範に背くことなく、気軽に迅速にファトワーを得る手段として、電話が高く評価されていることがわかる（図4‐5参照）。

次に⑦法解釈のレヴェルを検討する。これは、シャリーアの法解釈にどれほど忠実か、法学派の少数説を紹介するか否かなどの程度による。一般に、出版され流通しているエジプトのファトワー集は、学派間の相違の存在や少数説については言及しない場合が多い。一般のムスリムで、学派間の相違にこだわりを持つ人は少ない。筆者が行ったウラマーたちへのインタビューにおいても、ウラマー全員が、ファトワーを出す際に、学派間の相違や法解釈の厳密さを特に意識していないと回答している。うちアズハル大学宗教学部女子部准教授は「そのよう

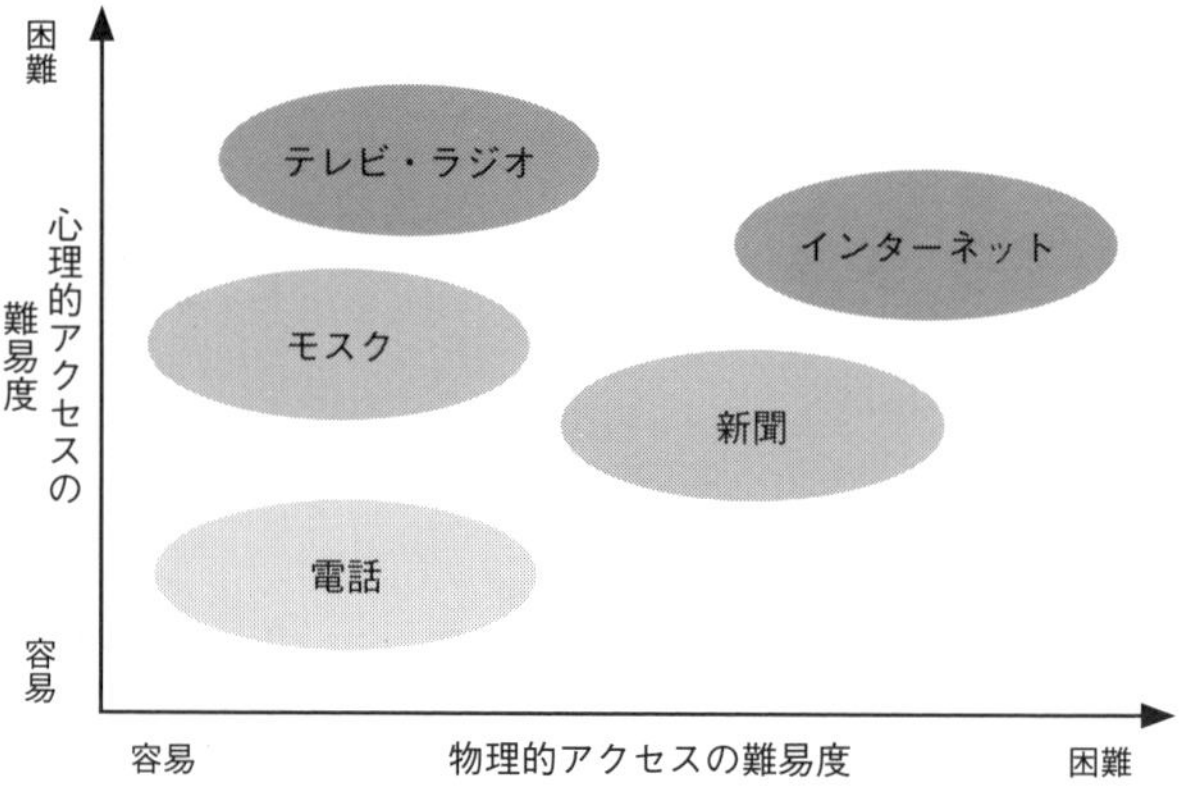

図 4-5　メディアによる心理的・物理的アクセスの難易度一覧

な法学的厳密さを質問者は求めていない。彼らにとって大事なのは問題を解決するための指針を得ることで、法議論ではないのだから」と答えた。しかしダール・アルイフターの遺産や離婚に関するファトワーでは、少数説に言及するケースもあった。

⑧交渉相手という次元は、誰と、何と交渉するためにファトワーを利用するかという問題である。礼拝をしておらず罪悪感があって困るなどの質問は、良心の呵責を落ち着かせるため、ファトワーを求める例である。交渉相手は自分自身であるといえよう。第三章で触れたように、夫や姑など具体的な交渉相手がおり、相手との紛争解決のためにファトワーを利用したい場合には、ファトワーはＡＤＲの一手段として認識されている。

このようなファトワーの多元的なレヴェルの違いは質問者にも広く認識されており、自分の意に沿ったファトワーを得るまで、同じ質問を多くのウラマーに繰り返しする行動もしばしば見られた。この「ファトワー・ショッピング」という行為については、第五節三項で詳述する。

今回取り上げるイスラーム電話のファトワーは、電話を用いるため匿名性が確保できる、アクセスが容易、非公開、ムフティーが全員アズハル大学卒で、回答の質と権威がある程度保証されているなどの特徴を持つ。本書では、電話という、一番物理的に容易で、かつ心理的抵抗感の少ないメディアを通じて得られることから、イスラーム電話のファトワーを「一次ファトワー」と呼ぶこととする。利用しやすい条件が揃っているため、イスラーム電話のファトワーは、人々が最初にアクセスするファトワーと考えられるからである。以下では、このような一次ファトワーとしてのイスラーム電話のファトワーの社会的役割と意義について分析する。

(2)「イスラーム電話」の位置

イスラーム電話は、電話でクルアーン解釈とファトワーを提供する民間の非営利団体である。システム発案者であるシャリーフ・アブドゥルマジード（Sharīf ʻAbd al-Majīd）が、アズハル大学出身のウラマー、ハーリド・ジンディー（Khālid al-Jindī）に協力を乞い、ハーリド・ジンディーの名前で二〇〇〇年八月に設立した。直接の運営・管理はシャリーフが行っている。*16 彼はイスラーム電話の設立動機を「サウジなどの厳格なファトワーが衛星放送などで普及することにより、イスラームは厳格だという誤解がエジプトに広まりつつある。イスラームは本来、そのような厳格なことを信者に強いる宗教ではない。穏健なファトワーを出す機関を作りたかった」と筆者に説明した。

回答に当たるウラマーは全員アズハル大学出身の男性で二〇人ほどおり、自宅の電話で回答している。ウラマーには少額の報酬が支払われる。恒常的に回答しているウラマーは六～八人ほどであった。カイロのモハンデシーン地区に事務所を持ち、そこにウラマーとは別に、正社員スタッフ五人が常駐している。二〇〇六年九月には、技術・コンピュータ維持管理部門、*17 クオリティ・コントロール部門（本項で後述）およびファトワー編集・クルアーン部門*18があった。

ファトワー希望の質問者は電話をし、アナウンスに沿ってダイヤルして質問を録音する。録音後、機会音声が受付番号を告げる。電話録音後、二四時間以降に同じ電話番号にかけ、受付番号を入力すると回答が聞ける。ファトワーの最後に必ずウラマーが名乗り、誰がファトワーを出したのかが質問者に明らかになる。ウラマーの指名も可能である。利用者は通話料以外に一分一ポンドの情報料を電話会社に支払い、この情報料の半分がイスラーム電話に入る。電話会社がこのような有料情報システムに月三〇ポンドの上限を設けているため、上限を超えるとその月、その電話からはイスラーム電話にかからない。海外や携帯電話からの質問も受け付けている。ラマダン月前や巡礼月前に関連の質問が増えるなどの季節による変動はあるが、スタッフによれば質問は平均して一日一〇〇～一三〇件、少ないときには四〇件ほどで、休日には質問は少ないという。海外からの電話で二〇〇五～〇六年に多かったのは、エジプト人のウラマーによるファトワーをほしがる、サウジアラビアなどのアラブ諸国在住のエジプト人からの質問で、エジプト人以外からの質問は非常に少ない。

イスラーム電話のファトワーは情報料がかかる「有料」ファトワーであるが、エジプトのファトワーは通常無料であり、ウラマーが質問者に金銭や何らかの報酬を求めることはない。運営責任者のシャリーフによれば、ファトワーを有料で出すことについては外部から批判や反対の声があり、イスラームで金儲けをしようとしているという非難も寄せられたという。[*19] これは有料ファトワーという概念がエジプトの法文化や人々の法意識と対立した結果であると考えられる。しかし有料とはいえ少額であること、電話代との同時請求であるため、ファトワー代という感覚が利用者に希薄であることなどから、筆者の知る限り、利用者から目立った苦情が寄せられたことはなかった。このような電話でのファトワー提供サーヴィスを行っているのは、エジプトでは二〇〇六年九月時点で、イスラーム電話のみであった。ウラマーやモスクに個人的に電話してファトワーを得ることは今までも行われていたが、サーヴィスを組織的に提供する組織は今までなく、そのような組織が現れたことは注目に値する。

二四時間後に確実に回答《ファトワー》が得られるシステムが確立された点も、他に類のないことである。[20] その後、ダール・アルイフターが電話でファトワーを出す無料サーヴィスを開始した。回答《ファトワー》はその場で出され、アラビア語の質問の場合には営業日の朝八時から五時まで対応している。[21] しかしイスラーム電話スタッフによれば、このシステムは実態としてはほとんど稼働していないとのことであった。

イスラーム電話の特徴的な点として、クオリティ・コントロール部門があることが挙げられる。ここでは、回答《ファトワー》を公開する前に質問と回答《ファトワー》の両方を聞き、回答《ファトワー》に洩れや間違いがないか、事実関係を誤認していないか、回答《ファトワー》が途中で途切れていないかなど、回答《ファトワー》の質と録音のチェックを行う。イスラーム電話がウラマーのファトワーを事前にチェックする機能を持つことは、ファトワー委員会やダール・アルイフターやその他のモスクで、その場で口頭で出されるファトワーが第三者にチェックされることがないことと比して、特筆に価する。クオリティ・コントロール部門は責任者一人が正社員で他はアルバイトであり、全員が二〇代女性であった。アルバイトは変動するが四〜五人、シフト制で毎日一〜二人が出勤する。巡礼月前など、質問が多くなる時期にはアルバイトを増やす。クオリティ・コントロール部門のスタッフに大学で宗教教育を受けた者はいないが、責任者のSの父親はアズハル大学教授で、イスラーム電話でファトワーを出しているウラマーである。彼は二〇〇六年九月時点で、木曜日夕方に、ラジオのクルアーンの解説番組を持っていた。彼女は家庭で父親から宗教教育を受け、かつ大学卒業後に宗教専門学校に二年通ってイスラームの知識を得ている。アルバイトの女性たちは高卒や専門学校卒で大卒はおらず、宗教教育を受けた者はいない。Sによれば、男性も何度か雇ったことがあるが、男性は質問の生々しさに驚き、ショックを受けてすぐに辞めてしまったために、結果的に女性のみが働く部門になったとのことである。長く働くアルバイトスタッフも、男性は続かない旨の発言をしていた。

クオリティ・コントロール部門は、質問が三つあるのに二つにしか回答していない場合や、ウラマーが質問内容を勘違いしているなどの事実誤認がある場合にファトワーを差し戻し、ウラマーに新たに回答するよう要求する。またスタッフのうち特に二名は、そのような事務的な問題だけではなく、ウラマーの回答《ファトワー》が厳格すぎる場合や、法解釈に問題がある場合なども、ウラマーに回答《ファトワー》を差し戻していた。さらに彼女たちは質問者に逃げ道を残さない回答《ファトワー》や、ウラマーの偏見やミソジニー（Misogyny 女性嫌悪）が感じられる回答《ファトワー》をウラマーたちに積極的に差し戻していた。ファトワーの内容にまで踏み込んだ質の管理がなされていたのである。

これはファトワーが第三者によって管理されていることを意味する。ウラマーたちは当初、宗教教育を受けていない彼女たちによって回答《ファトワー》が差し戻されることに難色と不快感を示したが、第三節で触れるムフティー会議によって両者の役割や立場の確認がなされた結果、二〇〇六年九月の時点で、表立ってウラマーから不満の声はあがっていなかった。なおファトワーが管理されていることは質問者には知らされておらず、質問者はクオリティ・コントロール部門の存在を知らない。

まとめると、イスラーム電話の特徴は、二四時間以内に確実に、アズハル大学卒のウラマーからファトワーを得られる、しっかりした、エジプト初のシステムがあることと、女性スタッフからなるクオリティ・コントロール部門を持つことである。

4　シャリーアと社会規範のはざま――ムフティー会議記録から

本節では、イスラーム電話のファトワーとシャリーアの法規定との齟齬を詳細に検討することによって、回答者であるウラマーたちが、一次ファトワーとしてのイスラーム電話のファトワーにどのような社会的役割を担わせ、または担わせたいと考えているのかを分析する。資料としては、回答者である二〇名弱のウラマーとクオリティ・コントロール責任者および運営責任者シャリーフが一堂に会して行われたムフティー会議記録を用いる。これは二〇〇三年九月から二〇〇六年五月まで不定期に九回行われた。[22]学派ごとの見解の相違や法解釈の齟齬が見られる案件、シャリーア以外の社会規範とシャリーアの法規定が対立する案件や、イジュティハード[23]や法化が必要な案件についての意見調整を目的として開かれた会議である。議題提案はウラマーとクオリティ・コントロールの双方からなされ、実際に受けた質問に対する適切な回答について議論され、決定が記録され、その内容が欠席したウラマーに通告された。この資料から、回答者側《ウラマー》の共通認識を把握することができる。

会議で取り上げたファトワー総数は二六〇件で、うちイバーダート九九件（三八％）、ムアーマラート一六一件（六二％）であった。ムアーマラートでは、結婚、離婚、男女関係などジェンダー関連が八五件と全体の三三％を占め、その他が七六件（二九％）あった。[24]全体的にジェンダー関連の議題が目立つことが、ここからわかる。イバーダートでの主な議論は喜捨、代理巡礼、祈祷句の是非などであった。ムアーマラートでジェンダー関連以外で議論された主なものは利子、生命保険、美容整形などである。

イスラーム以外の社会規範とシャリーアの法規定とに齟齬が見られる例として、性規範および結婚・離婚に関する規定がある。以下ではそれらを検討し、その齟齬をどのように解消することで合意したかを会議記録から、合意事項に基づき、実際にどんなファトワーが出されていたのか、運用実態をイスラーム電話に寄せられた質問から把握し、イスラーム電話のファトワーの特徴と傾向を分析する。

(1)結婚・離婚に見るシャリーアとの齟齬

結婚契約（*katab kitāb*（エジプト方言）、*ʿaqd zawāj*（正則アラビア語））を済ませてはいるが、未同居の夫婦の適切な関係については、一回目二〇〇三年九月と九回目二〇〇六年五月の会議で議題になっている。ムフティー会議は見解の相違を埋めるための会議であり、一度同意を得られたはずの議題が再び取り上げられることは珍しい。この議題は、エジプトの性規範が結婚以前の男女が性関係を持つなどの、婚姻外性交渉を厳しく禁じており、違反した場合には共同体によって厳しい制裁が課されることと関連している。婚姻外性交渉は、女性ならば所属する一族（*usra, ʿāʾila*）の「名誉（*sharaf, iḥtirām*）と評判（*sumʿa*）」を傷つける行為と、男性なら自分の名誉と評判を貶める行為であると見なされる。[*25] このような性規範は通常、イスラームがそれを禁じているからと説明される。事実、シャリーアは婚外性交を姦通罪（*zinā*）として罰する規定を持つ［Muḥammad 1997: 192-226］。しかしシャリーアでは合法とされるにもかかわらず、慣習に基づくジェンダー規範が好ましくないと見なす性関係がある。「結婚契約を済ませたが同居していない男女の性関係」はその一例である。

シャリーア上は、結婚契約を済ませた男女は正式な夫婦であり、夫婦としての権利義務関係が成立する。したがって夫には妻と性交する権利があり、妻には夫に扶養を要求する権利が生じる（妻にも夫と性交する権利が生じるが、それは妻の権利としては二次的なもので、シャリーア上は婚姻はあくまで「夫の性交要求権と妻の扶養要求権とが対を成す契約」である［柳橋 二〇〇一：一二］）。この時点での性交渉は、結婚契約が成立している以上、シャリーアでは完全に合法である。しかしエジプトの社会慣習上は、この二人の性交は好ましくないとされる。それはしばしば結婚契約が結婚式に先立って行われ、周囲へのお披露目がまだ済んでいないためと、夫の性交要求権と対になる妻の扶養義務を、未同居であるために夫がまだ果たしていないためである。エジプトでは都市部においても農村部においても、結婚の際の「周囲への告知」が重視されるため、たとえシャリーア上合法な関係であっても、この状態の男女の性交渉は「不適切（*laysa munāsib*）」と見なされる傾向が強い。

一回目の会議では、この場合は「性関係は持てない。なぜならそれは預言者の『契約を知らしめよ』というハディースにそぐわないためである」との趣旨のファトワーを出すことで合意した。これは社会規範をシャリーアよりも重視した回答である。しかし、伝統的なシャリーア解釈やイスラームのジェンダー規範を無視したこの回答に対し、ウラマーからその後異義が出たため、九回目の会議で再び議題にあがった。九回目の会議は「性関係は合法《ハラール》だが、性関係を持たないことを勧める。もしそういうことが起これば、悪魔の囁きによって信用と名誉を失ってしまうことになるから」との趣旨のファトワーを出すとの意見で一致、ファトワーの方向性が修正された。[*26]

シャリーア上は合法《ハラール》であると述べた上で、個人的意見という形で性関係を持たないように勧める九回目の会議の統一見解は、一回目の会議の統一見解に比べ、社会規範よりシャリーアを重視しているといえよう。事実、筆者が採取した質問には、九回目の会議の合意に沿ったファトワーが出されていた。

Q：［女性、二〇代］結婚契約を済ませました。まだ同居していません。結婚契約の後、夫は私にキスしたり、手を握ったりしてきます。これは、してもいいことですか？　まだセックスはしていません。

A：正式な手続きを終えたのですから、彼はあなたの正式な夫であり、それらの行為は許されています。ただ、一緒に暮らし始めるまで、セックスは控え、あなたと家族の名誉を守ってください。シャリーアでは合法な行為（ハラール）ですが、社会慣習として、この段階でのセックスはよくないことなので、これ以上のことはしてはいけません。しかしキスをしたり手を握ったりするのは差し支えありません［二〇〇六年八月三日採取、回答者M・K］。[27]

このファトワーはシャリーアでは合法《ハラール》であると認めつつ、社会慣習についてもコメントしている。シャリーアに言及してはいるものの、結果的には慣習のジェンダー規範に沿った回答になっていることに注目したい。ファトワーが、必ずしもシャリーアの厳密な解釈に拠らないことが、ここからもわかる。

次に宗教婚としては合法《ハラール》だが、エジプト民法上は無効な婚姻（二〇〇〇年法一七条による限定的救済措置有）、ウルフィー婚について検討する。これについては第五章四節も参照されたい。ウルフィー婚は法律婚として届け出ない宗教婚である。結婚の必要条件として、シャリーアの多数説は、女性は結婚にあたり後見人を必要とするが、ハナフィー派の少数説はこの説をとらない。このハナフィー派の少数説をとって行われるのがウルフィー婚である。ウルフィー婚に関連してイスラーム電話に寄せられた質問は二三件（うち男性からは二件）あった。ウルフィー婚は大きく二つのタイプに分類できる。亡夫の遺族年金確保のため、再婚の際に法律婚ではなくウルフィー婚を選択するタイプ（再婚型、質問数二件）[28]と、九〇年代から都市部の大学生の間に広まって社会的に問題となったとされる、結婚の事実を当事者と証人二人以外には家族にも秘匿し、同居を行わないタイプ（若年層秘匿型、質問数一九件）[29]である。若年層秘匿型のウルフィー婚は、シャリーア上の婚姻をすることによって姦通罪を免れる、換言すれば性交渉をシャリーア上で合法化するために行われる。この婚姻がハナフィー派の少数説をとれば合法《ハラール》であるという認識はウラマーたちに共通してあるが、ムフティー会議記録によれば、イスラーム電話はこの少数説には言及しないことで一致を見ている。婚姻の条件である「告知」および秘匿された婚姻は解消されなければならないとするマーリク派の法解釈[30]を拡大解釈することによって、イスラーム電話は法運用上、ウルフィー婚を違法と見なしているといえる。なお、このやり方はほとんどのエジプトのウラマーが採用しているが、例外もある［ʻAtiya 2006］。イスラーム電話のウラマーの中には、ウルフィー婚をした女性の質問者に厳しい態度で臨み、その名誉を重んじない姿勢をファトワーの中で強く非難した者もいた。

同じ質問者が同日に二回続けて同じ質問をし、それに別々のウラマーが答えたケースを見たい。

Q：［女性、二〇代］ウルフィー婚をしました。公証人と証人がいて、でも後見人がいませんが、これはシャリーアにのっとっています。当事者二人だけでなくて、みな私たちが婚約者同士だということを知っています。私たちは、禁止行為《ハラーム》をすることを望んでいません。でももしこの状況が、この期間が、ハラームだったら。結婚契約を済ませたあとは、（性的なことを）何でもしていいんですよね？　この結婚は果たして、真正《サヒーヒ》かそうでないのか。もし真正でないなら、後悔して悔い改める以外に何ができますか？　アズハルの雑誌を見ると、ウルフィー婚は合法《ハラール》だと書いてあります。ハナフィー派は、後見人がいない状態の結婚を認めています。彼女の場合、状況的に結婚契約ができなかったんです。人間にはどうしようもないことって、あるじゃないですか。私の両親は亡くなっていて、いません。今、男性側は私の妻と呼び、妻の方は彼を夫と紹介しています。彼らは結婚しているのでしょうか。彼女は今一人で住んでいます。もうセックスはしました［二〇〇六年八月一六日採取］。

最後の「もうセックスはしました」は二度目の質問だけで語られたが、その他の質問内容に一回目と二回目で大きな異同はない。私、彼女、など当事者の女性の呼び方は混乱しているが（姦通やウルフィー婚などの相談では呼称の混乱が多く観察される）、本人による質問であろう。この質問者がかなりウルフィー婚について勉強し、高い法識字を持つ様子が質問から窺える。ウラマーの回答はそれぞれ以下である。

A：（一番目の回答）イスラームが結婚を嘉するためには、後見人と公正な証人二人、婚資、人々への告知が必要です。これらの柱をひとつでも欠いたなら、それは結婚として認められません。この場合、後見人と人々への告知を欠いています。多分、「公正な」証人も欠いているのではありませんか。おそらく、公証人による婚姻証書も正式なものではないでしょう。

結婚契約は、夫と妻の双方の権利を保全するためにあるのです。どうして、彼女の権利を考慮せず、彼の権利も考慮しないなどということが、できるでしょうか。神に悔い改めなさい。ウルフィー婚で守られる互いの権利はとても脆弱です。イスラームを尊重し、きちんと公的に手続きをしなさい［二〇〇六年八月一六日採取、回答者A・A］。

A：（二番目の回答）神の罰が下りますよ、悔い改めなさい。家族の名誉もよくよく考えて行動するべきです。相手がすでに他の女性と婚約していて、結婚契約を結ぶのが無理なら、*31 どうしてわざわざウルフィー婚をしたのですか。正式な婚姻後見人（*walī*）と二人の証人がいない結婚は無効である、無効である、無効である、と預言者ムハンマドがおっしゃっています。それは無効で、それを行った者は姦通罪を犯した者です。婚姻後見人なしの婚姻は姦通罪にあたります。神はお怒りになります、神に縋りなさい。結婚の条件は告知です［二〇〇六年八月一六日採取、回答者不明］。

二つのファトワーの比較から、ウラマーの個性の違いが浮き彫りになる。また、シャリーアだけでなく、ウラマーが内面化しているジェンダー・バイアスのある社会規範も、ファトワーに影響を与えうることがわかる。なお、二番目の回答を聞いたクオリティ・コントロールのスタッフは「回答が厳しすぎるからキャンセルする」と言い、ファトワーを即座にウラマーに差し戻した。一番目の回答はそのまま採用された。

一方、再婚型のウルフィー婚については、告知が不十分な場合であっても、柔軟な対応がなされていた。この場合にはウラマーはウルフィー婚を容認しており、態度に違いが見られた。[*32] ウルフィー婚の容認は、本質的には告知や婚姻の秘匿の有無ではなく、その婚姻が慣習に基づくジェンダー規範に抵触するか否かによることを、これらのファトワーは示唆している。

以下では離婚（*talāq*）について検討する。シャリーアの離婚規定は複雑であるが以下に要約する。シャリーアの離婚には取り消し可能な離婚と取り消し不能な離婚がある。夫は妻を三回まで離婚でき、最初の二回は妻の待婚期間中に復縁すれば、婚姻はそのまま持続する（待婚期間が終了した後に復縁を望む場合は結婚契約と婚資を新規に整える必要があるが、復縁は可能）。三回目の離婚は取り消し不能な離婚となり、この場合には夫婦の間に一時的婚姻障害が生じ、妻が他の男性と正式に結婚し、床入り後に離婚された後でなければ復縁はできない。これは現実的ではないため、事実上復縁はできない。離婚は、夫が離婚の意思を口にすれば夫の真意にかかわらず成立する。しかし極度の怒りに囚われたり酔っていたりして、夫が自分が何を言っているのかわからない状態（*ighlāq*）の場合は、離婚は成立しない。夫が「お前が料理を作らなかったら離婚だ」など、条件をつけて離婚を口にした場合には、夫に離婚の意志があれば離婚が成立し、離婚の意志がなく、懲戒や警告が目的だったときには成立しない。その場合、夫には破約の贖罪（*kaffārat al-yamīn*）が求められる。取り消し不能な離婚が成立した場合は、夫婦に結婚継続の意思があっても婚姻は解消されなければならず、以降に性関係を持った場合にはシャリーア上の姦通罪に当たる［Wahba 1997: 6863-7006; 柳橋 二〇〇一：二六二―二七八］。

したがって何回離婚をしたかに、エジプトのムスリムの夫婦は大きな関心を寄せる。離婚や離婚宣言に関する質問が多いのはこのためである。

会議で取り上げられているのは、妻と喧嘩して、一度にお前は離婚だと三回言った場合のシャリーアの裁定についてで、一回目二〇〇三年九月三〇日と四回目二〇〇五年一月三〇日に議題となっている。統一見解は二回とも同じで、「一回の（取り消し可能な）離婚が成立したと見なす」としている（（ ）内は筆者による補足、以下同）。実際に筆者がイスラーム電話で採取したファトワーも同様であった。

Q：［女性、三〇代？］夫が私を一度に三回離婚しました。これは一回の離婚に当たりますか。それとも三回でしょうか。

A：これには二つの意見があります。夫に、三回離婚する意思があったのなら三回になるというウラマーと、そうではないというウラマーがいます。たいていは、それは三回ではなく一回（の取り消し可能な離婚）と見なします

［二〇〇六年八月一日採取、回答者不明］。

しかしシャリーアの多数説では、一度に三回の離婚宣言をすると三回の離婚が成立して取り消し不能な離婚となり、夫婦の間に一時的婚姻障害が発生する［Wahba 1997: 6906; Muhammad 1997: 110-112; 柳橋 二〇〇一：三四〇―三四一、三四四―三四六］。しかしイスラーム電話は多数説をとらないばかりか、少数説をとり、それを多数説として紹介している。エジプトの他のウラマーにも一般にその傾向がある。*33 第三章一〇〇頁で前述したが、エジプト身分法もこの少数説を採用している。そのため、イスラーム電話が身分法の規定とファトワーとの整合性を重

視して少数説を採用した可能性もある。いずれにせよ、この問題に関しては、現在エジプトではシャリーア解釈上の少数説がとられるのが一般的であるといえよう。

これにはエジプト人の夫婦喧嘩のやり方が密接に関係している。エジプト人は夫婦喧嘩の際、離婚をよく話題にする。妻側が「離婚してよ！　もうアンタなんて！」と感情的に叫び、夫が売り言葉に買い言葉で「お前なんか離婚だ！」と言ってしまったがどうなるか、という類の質問はイスラーム電話にも多く寄せられていた（四二件）。[*34] ここで夫が「お前は離婚だ、離婚だ、離婚だ！」と叫ぶと三回の意思を表明したことになり、多数説をとれば、その場で即座に取り消し不可能な離婚が成立してしまう。以下のファトワーが典型例である。

Q：［女性、二〇代］夫と妻の間に問題があります。服を破ったりして壮絶な喧嘩をしてしまいます。そのとき、私も興奮しているので夫に向かって「離婚してよ！　三回離婚してよ！」と怒鳴ったりします。この場合、夫が三回、「お前は離婚だ」と言えば、離婚が三回成立したということでしょうか？　それとも一回ですか？

A：そもそも、あなたたちは頑張って自分自身をコントロールして、そういう言葉やそういうやり方で喧嘩しないようにしなければなりません。いいですか、あなた方には責任があり、あなた方の家族も、妻も、夫も、きちんと守らなければいけないのですよ。このような言葉を喧嘩に使うのは大変いけないことです。十分注意して、使わないようにしなさい。

ところで、その離婚は一回分だけ成立します［二〇〇六年八月二八日採取、回答者Ａ・Ａ］。

このようなケースで取り消し不能な離婚が成立したと見なすと社会生活や家族の安定に支障をきたすため、

シャリーアの法学上の解釈よりはむしろ現状維持を優先する形でファトワーが出されていることがわかる。類似のケースでは、夫が「離婚だ!」と叫んだが、そのときに夫は「怒りに我を忘れていた状態(*ighlāq*)」であったため、その離婚宣言は無効であるとして、離婚宣言そのものを破棄するファトワーも多い。これらの質問はファトワー集にも収録されているが、一次ファトワーではこのような質問が占める割合がファトワー集より高い。日常的にこのような紛争が夫婦間で起こっていることを、一次ファトワーはより雄弁に伝えている。

三回目の離婚が成立したかどうかに関する質問も多い。取り消し不能な離婚が成立することは、クオリティ・コントロールのスタッフHによれば「家族生活の危機である」ため、イスラーム電話ではできるだけ質問者に選択肢を与えるような回答を出しているとのことであった。

Q:[男性、二〇~三〇代] 妻に「~したら離婚だ」と条件をつけて、その通りに三回目の離婚をしてしまったのですが、妻と復縁することはできますか? それともそれは私が誓いを破った、つまりは嘘をついていることになるのでしょうか。

A:離婚して妻に戻れるのは二回まで。三回目には意思にかかわらず(取り消し不能な)離婚が成立する。あなたの場合では、多くのウラマーが離婚は成立と見なす。もしかして一回目と二回目の離婚に曖昧性(*shubha*)*[35]があるかもしれないので、事情をきちんと詳細に話して、どうすればいいか聞くこと。ダッラーサ地区にあるダール・アルイフターか、フセイン・モスクの隣にあるアズハル・モスクの中にあるファトワー委員会に行って、ウラマーにちゃんと話を聞いてもらいなさい[二〇〇六年八月二二日採取、回答者S・F]。

ここでは、三回目の離婚が多くの場合成立するとしながらも、イスラーム電話よりも権威があり、事情を詳細に話すことができ、事情を配慮しうる機関でファトワーをもらうことを勧めている。ここから、対面式でない、当事者同士の調停ができないなどの限界が、電話を用いたイスラーム電話の一次ファトワーにあることと、その限界をウラマーがきちんと認識していることがわかる。

(2)利子などに見るシャリーアとの齟齬

結婚、離婚以外の規範に、イスラーム電話はどのように対応しているのか。利子など比較的多い質問と、他のウラマーとの意見の相違が明らかな問題について、以下で整理する。

イスラーム電話は整形手術には柔軟に対処し、それをおおむね認めている。

Q：女性が鼻の整形手術を行ってもいいか。
A：もし鼻の形が醜悪なら、そしてそれが心理的な疾患の原因となっているのならしてもいい［五回目会議、二〇〇五年三月六日］。

Q：六本指を持っている人が余計な一本を手術で切除すること。
A：可能［六回目会議、二〇〇五年四月三日］。

ムハンマド・バクル・イスマーイールはファトワー集の中で、この場合、指の切断手術はできないと答えている［Muhammad 1999: 390］。美容整形についてはイスラーム電話が比較的緩やかであることが窺える。その他、観光業、銀行員、看護婦など曖昧性《ショブハ》があると一般に解釈されている職業[*36]などにも柔軟に対処し、離職は勧めないという見解で一致を見ている。事実、採取したファトワーもそのように回答していた。

Q：［女性、年齢？］一四年前に父が亡くなりました。私たちは七人兄弟で、二人の兄は役に立たず、もう一人は湾岸に働きに行って消息不明です。無尽講（*jam'īya*）をしています。私は教育を受けていますが、今母親を引き取っていて、ろくに働けない状態です。仕方がないので、私はお酒を出すような場所で働いています。このような事情があって、お酒の出る場所で働くのはハラームですか？　どうしたらいいでしょう？

A：質問から、三人の男と四人娘の兄弟と理解しました。まず、母親の扶養放棄は大罪です。母親の扶養は三人の男兄弟にその責任があります。これを放棄するのはとんでもないことです。仕事についてですが、これはハラームです。私はあなたがまず、ハラールの仕事を見つけてから、その今のハラームである仕事を放棄するように勧めます。もし、ふさわしい仕事が見つかったら、そのときに今の仕事をやめなさい［二〇〇六年八月二〇日採取、回答者H・H］。

イスラーム電話が、離職しても新たな職を得ることが難しいエジプトの社会状況[*37]に配慮していることが、ここからわかる。

利子（*fā'ida*）に関するファトワーもまた興味深い。イスラーム電話は変動利子を認め、固定利子を禁止する多数説をとるが、固定利子をごく少数のウラマーが認めていることに必ず言及することで一致を見ている［七回目会議、二〇〇五年五月二九日］。この統一見解に沿って出されたのが以下のファトワーである。

Q：［男性、二〇～三〇代］銀行の利子についてお聞きします。利子はハラームですか？　それともハラールでしょうか？　ハラームかハラールかわからない場合、それをモスクに寄付して清めることはできますか？

A：銀行の利子のうち、利率が決まっていないものはハラールです。利率が決まっているものについては、ほとんどのウラマーがハラームとしていますが、ごく一部のウラマーはそれをハラールだとしています。あなたはよく考えて、自分でどちらの説をとるか選びなさい［二〇〇六年七月三〇日採取、回答者不明］。

二〇〇二年にアズハル総長、タンターウィーが固定利子をも認める公式ファトワーを出し、二〇〇三年にそれに反対するアズハルのウラマーとの間に論争が起きた。*38 タンターウィーの法解釈についてはウラマーの間で批判が多いにもかかわらず、イスラーム電話はタンターウィーの意見を少数説だと付言した上で一応紹介している。タンターウィーはイスラーム電話創設にあたり「イスラーム電話のファトワーはシャリーア上合法である」との意見を新聞紙上に発表し、イスラーム電話の後押しをした人物である。*39 以上から、タンターウィー説の言及には、イスラーム電話寄りのウラマーを尊重することによって、有料ファトワーであるために生じる運営上の障害などを少しでも排除しようとする意思が働いている可能性もある。しかし結果的に、質問者の選択肢が増えていることは注目に値する。

(3)社会状況とファトワー――ウラマーの立ち位置

イスラーム電話のファトワーの特徴について以下にまとめる。イスラーム電話のファトワーが、必ずしも一定の法解釈上の手続きに基づいて出されるわけではないことは、多数説をとらずに少数説をとった離婚のファトワーと、少数説にあえて言及しないウルフィー婚のファトワーの、法解釈上の手続きの相違から明らかである。結婚契約およびウルフィー婚に関するファトワーからは、婚姻外の性交渉を禁じるジェンダー規範をシャリーアの規定よりも重視するウラマーの姿勢がわかる。イスラーム電話は厳密な法解釈や法理論よりはむしろ、社会秩序の維持や現実の夫婦生活の維持、家族の福祉などを重視する。特にジェンダー規範に関してその傾向が顕著である。イスラーム電話の場合、結婚・離婚に関してファトワーが守ろうとしている法益は、社会秩序の維持である。クオリティ・コントロールのスタッフも、その旨を認識、明言していた。

その他、社会慣習や社会状況をシャリーアの規定より優先させている例として、曖昧性があると考えられている職業や美容整形のファトワーがある。就職難など、個々人では変革できない社会状況がある場合には、それに配慮し、それと対立しないというイスラーム電話の姿勢がわかる。政治色の強い質問については回答を避ける傾向にあった。[*40] イスラーム電話は学派間の相違にはこだわらないが、必要と認めた場合には少数説に言及、または少数説を多数説として紹介することをためらわないなど、学派間の相違を積極的に活用して、柔軟な法解釈を行っている。また複雑なケースでは判断を避け、ダール・アルイフターなどから、対面式で、より権威あるファトワーを得るよう提案していることから、電話を用いた一次ファトワーとしての限界を把握していることがわかる。利子のファトワーで「よく考えて選びなさい」と言い、複雑なケースではダール・アルイフターやファトワー委員会からファトワーをもらうよう勧めるなど、イスラーム電話は質問者に、より多くの選択肢を確保することを重視している。多様な解釈があり、同じ質問に多くの異なる回答《ファトワー》がありうる状態について、あるウラマーが筆者のインタビューに「ハディースは『差異は恵みである』と言っています。ファトワーがさまざまであることは、質問者にとっての神の恵みです」と答えたことに注目したい。ファトワーの結論に幅があり、結果的に質問者に選択の余地が残されていることを、肯定的に評価する姿勢がここにはある。[*41]

本節で見たように、イスラーム電話は厳格な法学派の解釈を採用せず、法学派の差異にもこだわらずに、厳格でない、中庸で穏健なファトワーを出す傾向にある。グローバル化によって、サウジアラビアの厳格なシャリーア解釈に衛星放送などで簡単にアクセスできるようになったことの影響には無視できないものがある。海外からの質問にエジプト人からのものが多いことは前述した。シャリーフによれば、サウジアラビアからの質問のほとんどは出稼ぎに行っているエジプト人からのものであるという。これはサウジアラビアのファトワーが厳格なハンバル派の法解釈に基づくため、[*42]サウジアラビアのファトワーとエジプトのファトワーにかなりの解釈上の違いがあるためである。ここから、ファトワーに法解釈の相違から来る地域性があることと、海外居住のエジプト人に、エジプトのファトワーに対するニーズがあることがわかる。

イスラーム言説の多様化とグローバル化を受け、ファトワーの言説としての多様性はいっそう増している。結果的に、質問者が選ぶことのできる回答もまた増えている。それを認識しつつ、イスラーム電話はエジプトの一般的な人々に向けて、彼らの事情をふまえたファトワー――シャリーフの言葉を借りれば「追い詰めない、厳格すぎないファトワー」――を出すことを目指しているといえよう。

5　電話ファトワーに求めるもの——質問に見る質問者の動機

(1) 質問傾向

本節では、質問者たちに焦点を当て、一次ファトワーに人々が何を求めているのかについて分析する。イスラーム電話は、都市にのみ存在する人的資源とネットワーク、インフラストラクチャーを前提として存在するサーヴィスだが、利用者の居住区はカイロに限らない。上エジプト、デルタ地帯などの地方、サウジアラビアなど海外からも電話はある。利用者層は、都市性によって存在とサーヴィスが保証されているイスラーム電話にアクセス可能な、空間的には居住区を限定されない人々と定義できよう。

まず質問全体の傾向について概観する。前述のように筆者が聞き取った電話相談は一三一九本、質問項目分類・集計数はのべ二〇五〇件であった。質問には時期的な変動があり、巡礼、断食、試験などが近くなるとその話題が増える。また時事問題や流行の話題についても、直後に質問が集中する。第二章で触れた、衛星放送の夢占い番組が人気を博したときには夢占いに関する質問が増え、サウジアラビアのウラマーが、やはり衛星放送でニカーブ（*niqāb*）を被るのが女性の義務だと発言した後には、ニカーブについての質問が増えたのがその好例である（衣類、ヒジャーブ、化粧などについての質問は七一件）。他に常に一定程度を占める質問として、一般常識やジン（*jinn* 精霊）、邪視（*hasad, 'ayn*）[*43]に関するものがあった。学派間の解釈の相違についての専門的な質問や、質問者が高い法識字を持つことを窺わせる質問は二〇五〇件の質問中八件のみで、法学的な厳密さや学派間の相違に対する質問者の関心は総じて低い。ジハード、パレスチナ問題などの社会問題についての質問も三件と非常に少ない。

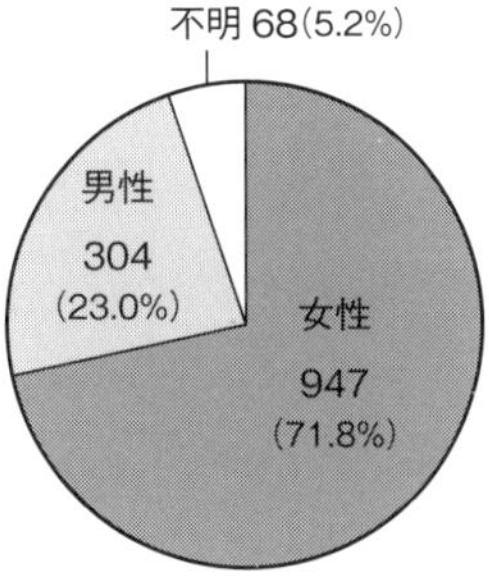

図 4-6　質問者の男女比

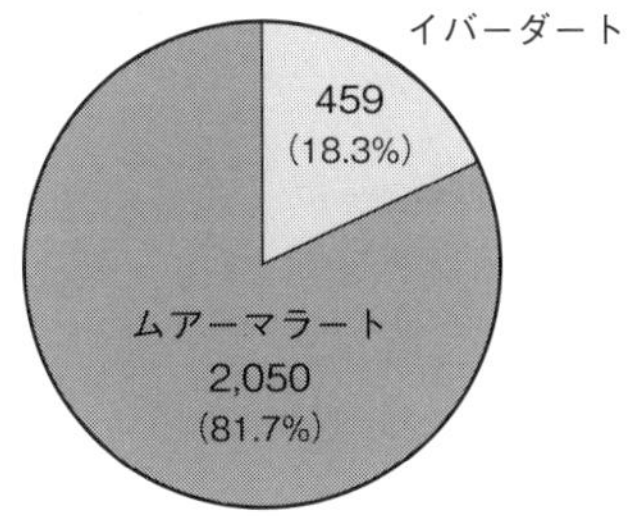

図 4-7　イバーダート・ムアーマラート比率

質問件数と比率は図4‐6〜10にまとめた。多い質問としては、結婚（一九二件）、恋愛・性（一八六件）、ジェンダー規範関連（一八二件）、家族間トラブル（一五六件）、金銭問題（一四三件）、離婚（一三一件）、衣装・化粧（一〇二件）、利子（八九件）、姦通（八一件）、子育て（七三件）などがある。特定の場合に唱える祈祷句やクルアーンについて（九九件）、礼拝について（一一七件）、[44]喜捨について（九六件）、破約の贖罪について（六八件）など、イスラームの日常儀礼についての質問が多いのも特徴的である。

質問者は女性が圧倒的に多い。一三一九本の質問のうち、女性は九四七本で七一・八％、男性は三〇四本で二三・〇％、[45]不明六八本で五・二％、不明のうち就学前・小学生と見られる子ども八本であった。イスラーム電話の質問者の男女比を見る限り、一五七頁の女性説教師サマーハの「女性はファトワーが好きだ」との言は妥当である。質問内容とジェンダーにも明らかな相関関係が見られた。男性の質問者比率が総比率の二三・〇％より明らかに高いのは、保険（五七・一％）、死者・葬儀（四一・五％）、仕事（三七・九％）、破約の贖罪[46]（三六・八％）、利子（三六・〇％）、姦通（三三・三％）、恋愛・性（二九・〇％）などであり、逆に低いのは、婚家とのトラブル（一〇・六％）、衣類・化粧（一一・八％）、婚約（一二・五％）などであった。ジェンダーにより関心に差があること、質問が基本的に性別役割分業に沿っていること、男性にはあまり厳しい罰則が科せられ

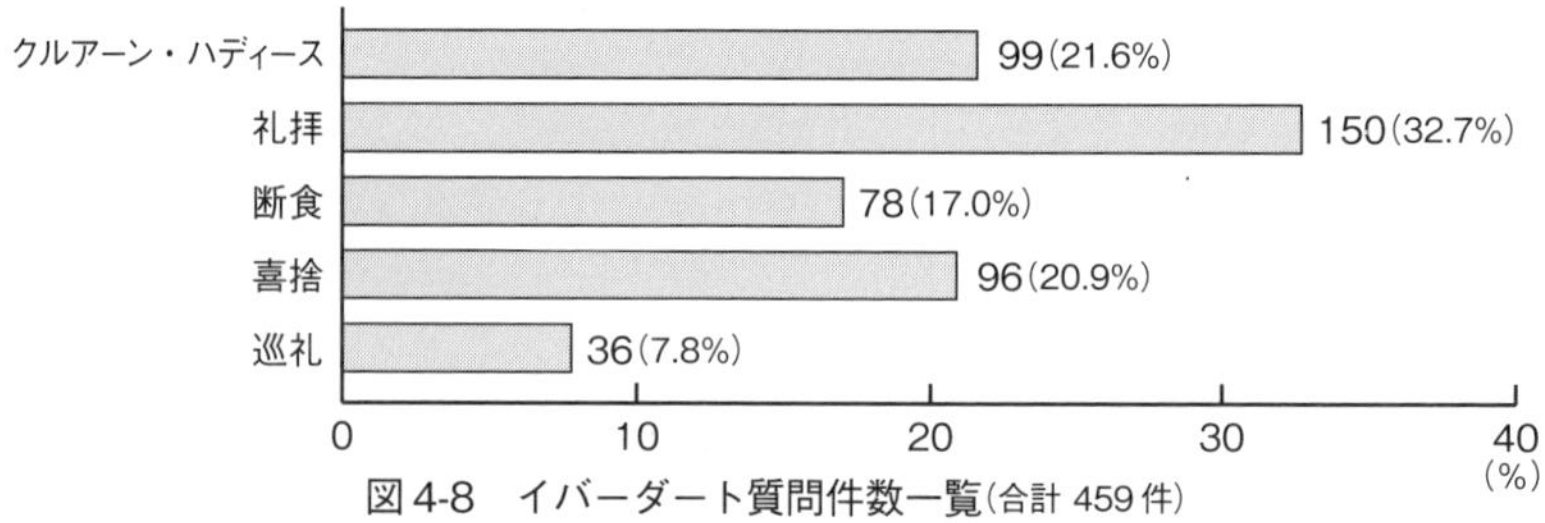

図 4-8　イバーダート質問件数一覧(合計 459 件)

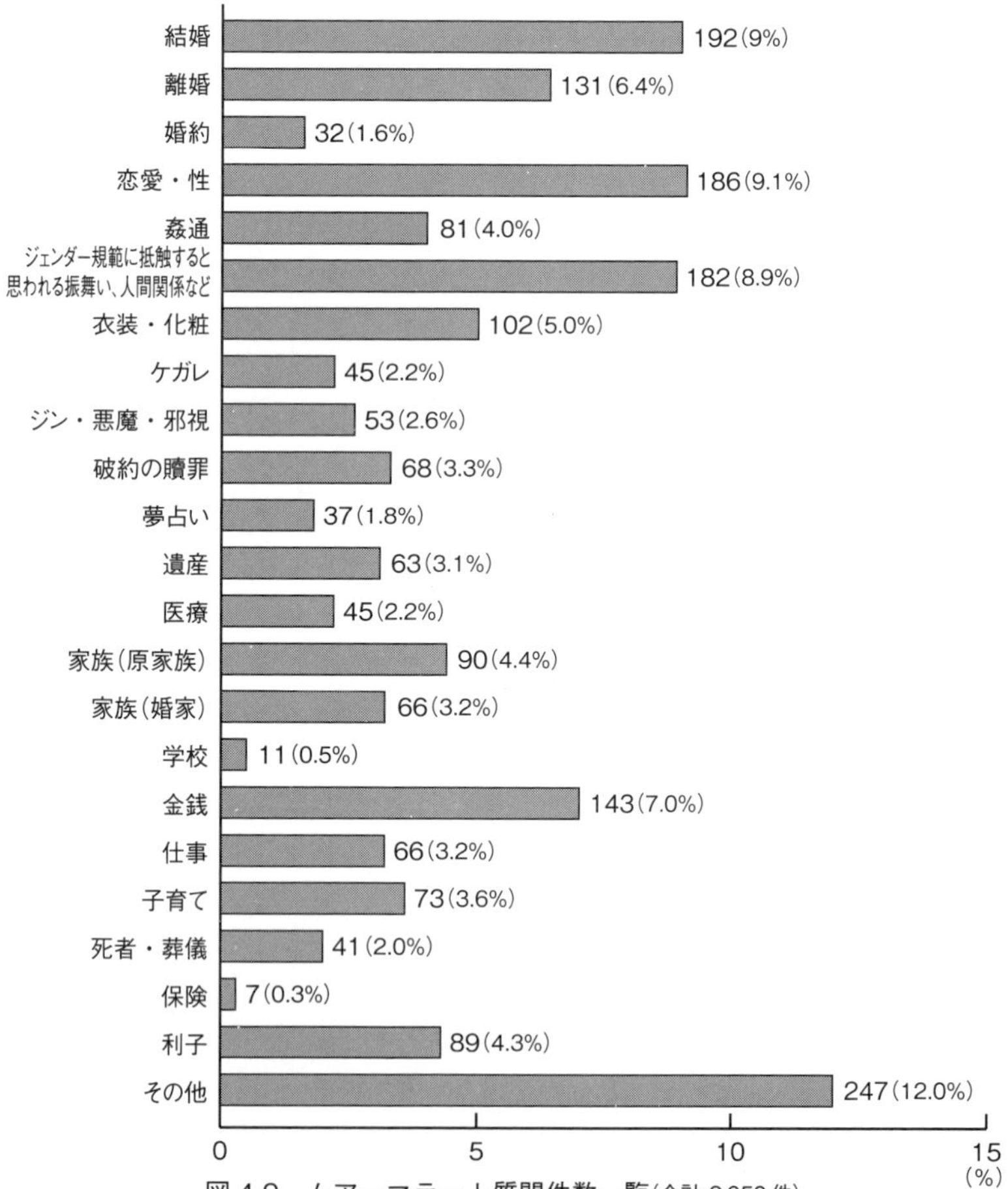

図 4-9　ムアーマラート質問件数一覧(合計 2,050 件)

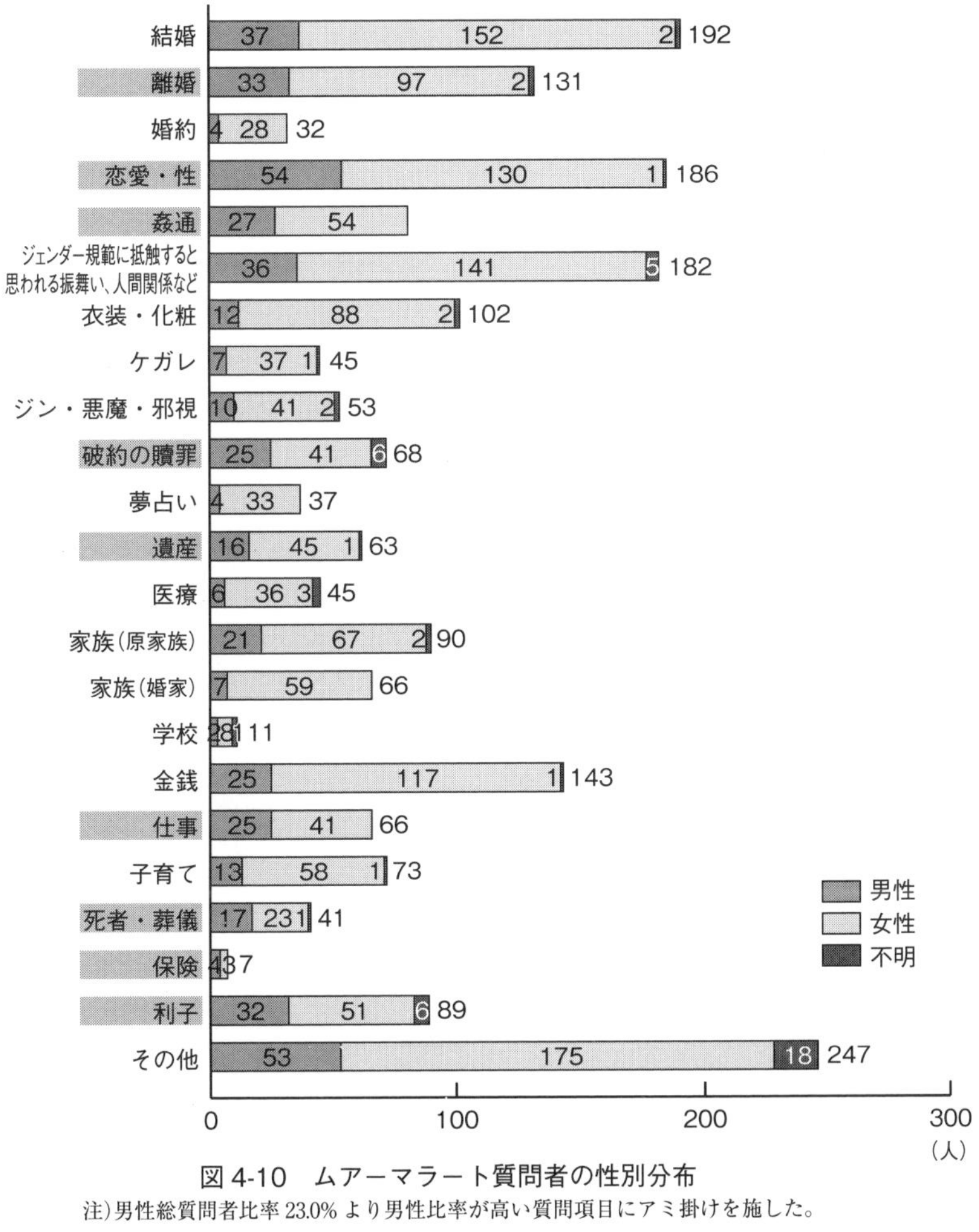

図 4-10　ムアーマラート質問者の性別分布

注）男性総質問者比率 23.0% より男性比率が高い質問項目にアミ掛けを施した。

ないエジプトの慣習に基づくジェンダー規範を反映してか、男性からの、性規範逸脱に関する相談が多いことが、ここからわかる。[*47]

以上からイスラーム電話の一次ファトワーには、質問者の女性比が高く、ムアーマラート関連の質問と、日常生活に密接した質問が多いという傾向があるといえる。

(2) 繰り返される質問——ウラマーとの交渉

イスラーム電話の特徴のひとつは、質問者にリピーターが多いことである（一八九件）。ウラマーを指名して質問するリピーターがいる。同じ質問を繰り返し尋ねる質問者も多い（一二八件）。回答が不満だった場合、同じ質問を細部を変更しつつ繰り返す、言い訳をする、注釈を加えて回答《ファトワー》の変更を迫るなどの行動がよく見られた。このような場合、質問が非常に長いのも特徴的である。前述のようにファトワー集では、質問は省略されるか端折られることがほとんどである。しかし質問は、人々のイスラーム言説との関わりを分析する上での貴重な資料となる。口頭ファトワーは質問が長いため、回答《ファトワー》が相対的に簡潔な印象を与えることも多い。質問が長すぎる、と回答《ファトワー》の中で苦情を言われる質問者もしばしばいた。

Q：［男性、二〇〜三〇代、早口で］以前に相談させてもらった車の件について、もう一度尋ねたい。この前の回答《ファトワー》では、それは利子（*ribā*）に当たるので、ダメだということだった。でも、まだ説明しきっていない背景があるので、それをふまえてぜひもう一度回答《ファトワー》をいただきたい。そもそも前の回答《ファトワー》では、現金で買わない私のようなケースは利子でありハラームといわれたが、どう違うのか、違いを教えてほしい。

私は確かに車を買ったし、その方法は一見利子がついているように見える方法かもしれない。しかし私は販売見本市のときに、見本市と私との間で売買契約を結んだのだ。確かに利子はついているように見えるが、その利子は見本市と銀行の間の契約によってついているもので、私と銀行が直接利子について合意したわけでも、私が銀行と直接取り引きしたわけでもない。私は見本市と取り引きしたのだ。見本市と銀行の間の取引は私の関知するところではない。また、その保証は確かにあったが、その保証と利子は違う。またこの前の回答《ファトワー》では、利子はハラームだから、利子を避けるためにその車を売った方がいいとのことだったが、中古扱いになってしまうから、買取価格の八~九割でしか売れない。結局これでは私は三〇%くらい損をしてしまう。

何度も言うが、だから私は直接利子と関わっているわけではない。そういう状況を考えてほしい。私はあくまで見本市でその車を買ったのである。確かに、現金契約に比べれば増加分を余計に払わなければならなかったが、それは利子ではない。私はこの前の回答《ファトワー》には納得いかない。納得いかない。こういう状況をぜひ考えた上、回答《ファトワー》をしてもらいたい。では失礼。

A：見本市で買おうと、銀行と直接取引をしようとしまいと、それは重要ではない。大事なのは、利子がつくということである。それはハラームである。何度聞かれても、答えはひとつだ。現金払いでないために増加分が加算されるシステムそのものがハラームであることを知らなければならない。あなたが納得しようとしまいと、それは問題ではない。シャリーアに基づいているのだから［二〇〇六年七月一八日採取、回答者不明］。

対面ではなく、匿名性が確保され、アクセスが容易であるという状況下で、質問者がより「わがまま」になることが窺える。そこには質問者の、シャリーアを自分に有利なように解釈し利用したいという欲望が透けて見える。自分の望む形でファトワーというわば「お墨付き」をもらうために、質問者はさまざまな工夫をこらす。金銭の絡む喜捨や利子、遺産についてのファトワーで、この傾向がより顕著であった。この場合、質問者は実際の交渉およびＡＤＲ場面で利用するためのファトワーを求めている。女性からの、夫・兄弟など身近な人物と交渉する際の資源として用いるファトワーを得るための質問も多かった（一二一件）。ファトワーを用いた交渉によって主張が通った旨のお礼の電話がウラマーに名指しでかかってくることも、しばしばあった。[*48]

婚前交渉や結婚前の男女のあるべきつきあい方など、ジェンダー規範に関する質問は非常に多いが、この場合には自分の良心の呵責を鎮めるために質問をする質問者が多かった。[*49]

なおウラマーたちは、このような質問者たちの「お墨付き」としてのファトワーの希求、質問が繰り返されること、その際には細部に変更が加えられる傾向にあること、ウラマーのファトワーを聞いた上で、「でも、もし〜だったのなら」と多くの質問者が食い下がることなどに自覚的であった。インタビューしたウラマー全員がその傾向を自覚していると回答した。アズハル大学女子部宗教学部の教授は微笑をして答えた。

「そういうことがあることは重々承知しています。ただ、私たちの役目はファトワーを出すことであって、質問者の意図までコントロールはできません。もし質問者が真実を語らずにファトワーを得た場合、その罪は質問者に科せられ、我々には科せられないのです。我々は、与えられた情報を真実と仮定してファトワーを出すにすぎないからです。」

前出のガラーア・モスクのウラマーは次のように語る。

筆者「普遍の規定と、今の世の中にあわせて変える規定、つまり法の適用との間で、どうやってファトワーのバランスをとっていますか?」

ウラマー「ああ、それはいい質問ですね。法には普遍な部分と、変わる部分がある。例えば礼拝が義務であることは不変ですが、やり方は変化しうる。例えば礼拝前の清めをしたいけど水がないときは、砂で清めます。砂もないときは、壁や椅子で。それもないときは、そのままで礼拝、というようにね。どうやって、という方法は変化します。でも基本は変わりません。わかりますか? 普遍とするものを変えないで、変わる部分は状況によって見ていきます。それは話しながらね。」

筆者「では、質問者の質問の仕方は、貴方のファトワーに影響しますか?」

ウラマー「(目をくりっとさせ、すばやく反応して、笑いながら) いい質問ですね。もちろん、影響します。もちろんね。例えば質問者がごまかしていたり嘘をついていたりする可能性はいつだって、あるわけでしょう。私は嘘かどうかまではわからない。質問者の心まではわかりませんからね。

だから私はいつも返事をしますよ、舌でね。つまり、その場合にはこうですというのを舌で答えますが、質問者が私を欺いている可能性はいつも、ありますからね。その場合は神は彼の罪をちゃんとご存知で、それを数えていますから。私は、その状況でのファトワーを舌で言う、答えるだけです。その答えにはもちろん、質問者の答え方が影響するでしょうね。」

筆者「政治的状況がファトワーに影響することはありますか。」

ウラマー「それは、そういう事態があまり、起こらないですね。パレスチナやイラクについて、ユダヤ教徒たちが世界で起こしている陰謀などについて、言ってくる質問者はまれですから。もちろんそういう状況があることを我々は知っています。知っていますけど、それはどちらかというとむしろ、ファトワーではなくて、金曜日の集団礼拝時の説教とか、そういう場合に影響してきますね。」

筆者「ファトワーは、質問を全部聞いてから出しますか？　それとも遮ったりしますか？」

ウラマー「もちろん、全部聞きます。状況をまずきちんと理解する必要がありますからね。だから全部聞かないと、ファトワーは出せません。全部聞かないとダメです。」

ファトワーが質問者とウラマー間の双方向の働きかけの結果であることと、それに自覚的なウラマーの姿勢がここからわかる。質問者にとっては、質問をするという行為自体が、行為主体として、イスラーム法の適用範囲をずらし、作り変えるための交渉の一過程なのである。

(3)双方向の働きかけ――「ファトワー・ショッピング」

イスラーム電話には、同じ質問を何度も手を変え品を変え尋ねたり、ウラマーを指名して違う質問を何度もしたりする質問者が、一定数いる。何度も同じウラマーを指名して相談（三六件）し、ファトワーを得、さらに事後報告と新たな相談をしつつ、お礼を言って電話を切る質問者もいた。これは個人情報をどの程度出すかを自分で選び、匿名性と個人情報を守りながら、ウラマーと人間関係を築いている質問者がいることを意味する。匿名性を守りながらお気に入りのウラマーと親しくなれる状況は大変珍しい。スタッフHによれば、声の印象や話し方による推定からリピーターは全体の三〇％ほどとのことである。

このような中で質問が、日常の愚痴や嫁姑関係、夫婦関係や仕事に関する「悩み事相談」の様相を呈するのは偶然ではない。この場合、ファトワーは紛争処理のための資源となるだけではない。質問者は、心理的な援助やカウンセリング的役割をもファトワーに求めていた（七二件）[*50]。このような質問者には女性が多く（七二件中、女性からの質問六五件）[*51]、愚痴や相談の電話には、質問が要領を得ず、非常に長いという特徴があった。質問が五分を超えることも珍しくなかった。特に女性に対する、カウンセラーとしてのウラマーの役割は重要である。インタビューによれば、日常の悩みを聞き愚痴の相手になることを、重要な仕事のひとつであると考えているウラマーも多かった。そして彼らはたいてい、優れた聞き手でもあった。

Q：［女性、二〇代］なんていうか、個人的な相談というか……。仕事が辛くてしょうがなくて、やめたいんですけど、どうしたらいいですか？　仕事をやめる時って、どうしたらいいんでしょうか。

A：いいですか、問題には原因と結果があります。まず、どうして仕事が辛いのか、原因をつきとめてごらんなさい。そうしたらおのずと、どうしたらいいか、わかるでしょう。まず理由を知らないと、対策はたてられません。原因がわかったら、神に祈り、クルアーンを読み、悔い改め、すべてのよいことをして天命を待ちなさい［二〇〇六年七月二五日採取、回答者S・F］。

その他、姦通、近親姦、職場でのセクシュアルハラスメントなど深刻な相談も多い。これらは課されるスティグマの強さから、表面化しにくい問題についての相談である。これらの醜聞が露見した際には強い社会的制裁が加えられるため、これらの問題は近所のウラマーなどに対面では非常に相談しにくい。このような深刻なケースは表面化しにくく、ファトワー集ではほとんど取り上げられない。このような問題に対するファトワーへのニーズがあること、そしてそれにウラマーがきちんと答えていることに注目したい。

Q：［女性、二〇～三〇代前半？］小さい子どものときにレイプされた子がいます。一五～一八年くらい前のことです。もうちょっとで結婚しますが、その昔のことが原因で結婚生活が上手くいかなかったらどうしようと思っています。いろいろ、特にセックスとか、上手くいくのかとか……。邪視とか、よくないことも心配です。どうしたらいいでしょうか。

A：病院に行って、精神科でも、女性のそういうことに詳しい産婦人科のお医者さんでもいいので、できれば女性医がいいと思いますが、そういう人にきちんと相談することをお勧めします。一人で怖がっていても、いいことはありませんから。アッラーが彼女をお守りくださいますように［二〇〇六年八月二四日採取、回答者S・F］。

この質問者は後に、早口の小さな声で、短いお礼の電話をかけてきた。この事例は、身近な人間にも相談できないような閉塞状況でファトワーによって得られる慰めの大きさと、それがイスラームの名のもとに与えられることによって「自分が悪いのではない」という神の保証や救いが得られることとの、当事者にとっての重要性を示唆する。このようなイスラーム電話の特徴は、個々のウラマーの性格や性質ではなく、むしろクオリティ・コントロール部門があることによっていた。姦通など、性的な醜聞に関連する相談に関しては、クオリティ・コントロールのスタッフは積極的に関与し、きついファトワーを差し戻し、もう少し質問者の気持ちに配慮したファトワーを出してほしいとウラマーに礼儀正しく注文をつけていた。女性たちの立場に立ったこの部門の意義は大きい。このようにファトワーの管理がなされることが、深刻な問題を抱える女性たちがリピーターになる主要な要因のひとつなのではないか。しかし、イスラーム電話のウラマー全員が女性たちに配慮しているわけではない。例えばH・Aは、彼自身が内面化している女性観をファトワーの中で露呈している。

Q：［二〇代前半、女性］愛について伺います。とても好きな人がいます。私は彼のことをとても大好きですが、彼が私のことを好きかどうか、わかりません……。でも彼は四年間、別の人と婚約しています。私は彼が好きなんですけど、どうしたらいいでしょうか？

A：いいですか、自分から男性に好きだと告白する女性は安く見られますよ。娘、特に処女は、そういうことに対しては沈黙を守って奥床しくしているものです。電話でも、そういうことを言ってはなりません［二〇〇六年八月一七日採取、回答者H・A］。

女性たちの立場に立って自覚的にファトワーを出すウラマーは限られている。カイロの法識字のある女性たちは、特にジェンダー規範や夫婦生活についての質問をする場合にウラマーを慎重に選んでいた。第二章のカイロの説教師サマーハとその勉強会参加者を事例として、女性たちのファトワー・ショッピングについて以下で整理する。まず、サマーハのインタビューを引用する。

筆者「ウラマーたちは、相手の属性や状況によって、ファトワーの内容を変えたりしているの？」

サマーハ「ああ、それはとっても重要な点。たとえば似たようなケースでも、状況によって全然違うファトワーが出ることはある。年齢、状況、女性か男性か、敬虔かそうでないか、いろんな状況によってファトワーは変わりうるし、それをウラマーたちはみな配慮してる。イスラーム法学とファトワーが違うのはわかる？　イスラーム法学は普遍で変化しないものだけど、ファトワーは場合によって異なる。それは、そのせいよね。」

筆者「じゃあ電話で済むのに、わざわざダール・アルイフターなんかに行くというのはどういう場合？」

サマーハ「いい悪いがあるのよ、上手に言えるかわからないけど。ダール・アルイフターは公的機関だから、特に遺産関係にはくわしいし慣れている。でも逆に公的機関だからこそ、きちんと意見をはっきりできない場合もある。遺産とか離婚とか、大きい問題の場合にはダール・アルイフターはいい。個人的な、もっと日常的な話題については、町のウラマーに聞いた方が、ちゃんとした意見をもらえる。」

筆者「あなたはどうやってウラマーを選んでいますか？　ファトワーをもらうとき。」

サマーハ「ウラマーにも得意分野と不得意分野がある。アズハルは特に遺産に強い。遺産とクルアーンについてはちゃんと訓練されているし、豊かな知識を持っている。ただアズハルはハディース関係には弱い。ハディースは最も知識の蓄積が必要な法学分野で、ハディース学を究めるために三〇年旅行することもある。ハディースは真偽が大事だから、本文（マトン）以外にも誰が伝えたか（イスナード）についてもちゃんと知識を持っていないといけない。アズハルはハディースにはちょっと弱い。」

筆者「じゃあ、あなたは、知りたい内容によってウラマーを選んでいる、ということ？」

サマーハ「そう。ハディースだったら彼、そうじゃなかったら彼、という感じで、何が得意なウラマーかを把握して聞く。それに、話をじっくり聞いてくれるウラマーもいるし、端折ってさっさとファトワー出したいウラマーもいるし。」

筆者「サウジのファトワーはとっても厳しいけど、人気があるの？」

サマーハ「みんなにじゃない、ごく限られたエジプト人には支持されている。サウジのファトワーはエジプトのよりもっと厳格で、厳しい。エジプトのファトワーやエジプトのウラマーは、もっとフレキシブルに、状況を見て対応している。私は結構好き、サウジのファトワーは。」

筆者「サウジのウラマーで好きな人がいる？」

サマーハ「ウサイミーン（Muḥammad b. Ṣāliḥ al-ʻUthaymīn）と、イブン・バーズ（ʻAbd Allāh b. Bāzz）。両方とも五年前くらいに亡くなった。同じ年に。今生きている人の中ではファウザーン（Ṣāliḥ b. Fawzān）、ジャバリン（ʻAbd Allāh b. ʻAbd al-Raḥmān al-Jubrīn）、彼はとっても高齢、それからムハンマド・サーリフ・マンジド（Muḥammad Ṣāliḥ al-Manjid）、バクル・アブー・ゼード（Bakr b. ʻAbd Allāh Abū Zayd）。」

筆者「アズハルについてはどう思います？」

サマーハ「アズハルのウラマーは知識もしっかりしていて、信用できる点がすばらしい。でも彼らには欠点（ʻ*ayb*）がある。彼らは政治的な話題や旗色をはっきりさせてはまずいような問題に対しては、沈黙を守る傾向がある。たとえば銀行の利子の問題とか。公式のファトワーなんかでは特にそうで、それが彼らの欠点。こういう問題に関しては、市井のウラマーの方がはるかに明快な、そして法学に則った、きっちりしたファトワーを出す。アズハルのウラマーはそういうことができない。彼らは態度を鮮明にしないし、沈黙を守る。そういうところがあるのが問題だけど、彼らは遺産とかそういう問題のスペシャリスト。知識がしっかりあるから。」

筆者「エジプトのウラマーで好きな人はいる？」

I「ウラマーだけじゃなくてシャイフもいるけど、ムスタファ・アーディー（Muṣṭafā al-ʻĀdī）、ムハンマド・アブドゥル・モクシート（Muḥammad ʻAbd al-Muqsiṭ）、アブー・イスハーク・アルハウィーティー（Abū Isḥāq al-Ḥawīṭī）。ここまではウラマーで、シェイフならムハンマド・ハッサーン（Muḥammad Ḥassān）、ムハンマド・フセイン・ヤアコーブ（Muḥammad Ḥusayn Yaʻqūb）、ムハンマド・アイユービィー（Muḥammad Ayyūbī）、それからウンム・タアミーン（Umm Taʻmīn）。彼女はムスタファ・アーディーの弟子で、私はとっても影響を受けた。」

ここから、彼女が①ファトワーを第二次ルールとして適用する際、ウラマーの裁量に多くが任されていることに自覚的であり、②アズハルのウラマーたちと市井のウラマーの差を認識しており、③ウラマーについての知識と、それに基づく好みがあり、④ウラマーの得意分野を把握し、悩みによってウラマーを使い分けていること、⑤ウラマーとそれ以外の人物を区別していることがわかる。彼女が持つこのような法識字は、説教師としての彼女の財産である。特に彼女が、師匠ムスタファ・アーディーおよび姉弟子ウンム・タアミーンを核としたウラマーとのネットワークを持つことは重要である。このようなネットワークを持っていたのは、サマーハとシャイマー、そして近所に家族ぐるみでつきあうウラマーがいたショブラ地区のインフォーマントRih[*52]のみであった。

サマーハの勉強会参加者たちは、彼女を通じてこのネットワークを利用していた。参加者たちはプライベートな問題でファトワーがほしい場合、まずサマーハに質問の概要やジャンルを話し、どのウラマーに聞きに行くべきか助言をもらっていた。その際、サマーハは参加者たちが急いでいるか否かと質問の種類と内容を参考に、ウラマーを選択し、連絡先を教えていた。急いでいるか否かが問題になるのは、比較的つかまりやすくアクセスしやすいウラマーと、そうでないウラマーがいるためである。ウラマーの傾向と連絡先を把握しているサマーハの存在は、勉強会参加者たちが積極的にイスラーム言説を利用するための有効な資源となっていた。

これらの背景には、前述した識字率の上昇や、イスラーム言説へのアクセスが容易になることなどによる、イスラームにかかる法識字の上昇がある。サマーハのような市井の女性説教師の存在も重要である。このようなファトワー・ショッピングをするには、かなりの法識字と気力が必要となるからである。

クオリティ・コントロールを持つイスラーム電話では、女性嫌悪に満ちたファトワーをもらう可能性が結果的に低くなるため、一度つながりを持った女性たちがリピーターになる傾向が見られた。またファトワーを差し戻されることによって、ウラマーたちがファトワーを女性により配慮したものへと修正する傾向も観察された。クオリティ・コントロールのスタッフであるHは以下のように語る。

「ウラマーの中にも好き嫌い、というか……。そうね、私たちはウラマーの誰々が嫌いとは言えないけど、でも好きなウラマーはいる。うーん、S・Fさんは最初はずいぶん厳しいファトワーを女性たちに出したものだけど、彼はまだ若いんだけど、結構、（宗教的に）頑固（*mutashaddid* 第二章参照）だったみたいで。でも、今はそんなことはない。彼は今は女性たちが置かれている状況をわかっている。前は愚痴なんか聞こうともしなかったけど、彼（笑）。」

クオリティ・コントロールで一年以上働くあるスタッフは「若くて卒業したてのウラマーは頑固」と言った。彼女らの語りから、ウラマーとして経験が浅い、または「女性たちが置かれている状況」への配慮がないと、ファトワーは教条主義的で質問者への配慮がないものになりがち、との彼女らの認識が窺える。参与観察した限りでは、回答頻度とウラマーの姿勢との間にも関連性が見られた。イスラーム電話で頻繁にファトワーを出すウラマーは、そうでないウラマーよりも柔軟なファトワーを出す傾向にあった。*53 イスラーム電話で質問に触れる頻度が多ければ多いほど、ウラマーがより質問者に寄り添うようになる傾向があるのかもしれない。あるいは、女性たちがクオリティ・コントロールという形でファトワーに介入することで、ウラマーたちの認識が変容している可能性もある。なおスタッフはファトワーを差し戻す際には、ウラマーの面子を潰さないよう配慮し、関係性を円滑に保つよう努力していた。このようなスタッフの女性たちとウラマーとの双方向の働きかけによって、結果的にイスラーム電話のファトワーは、女性質問者により寄り添ったものとなってゆく傾向が見られた。これもまた、間接的ではあるが、女性たちが行為主体としてイスラーム言説に関わっている例である。

また、結婚を間近に控えた女性や、結婚したての女性たちの性に関する悩みも、しばしば寄せられる（三八件）。これは、エジプトでは結婚以前にはほとんど性教育が施されず、未婚の女性に性に関する話をすることがタブー視されているためで、初夜に対する怖れや結婚後の性生活のトラブルなど、母親やオバに聞くのは恥ずかしいが、独身の女性の友人にも話せない、という悩みをイスラーム電話に持ち込むケースがほとんどであった。これにはウラマーたちは誠実に向き合い、回答を寄せていた。同様に男性も、同性愛など、相談しにくい問題を持ち込んでいた。

Q：［女性、二〇代］もう少しで結婚します。結婚について、いろんな悪い話を聞くので怖くって……。痛いって聞きました、あの、セックスのとき。なんかとっても難しいとか、痛みがあるとか。なんか……そんなことできるのかなって。ホントに結婚しちゃって、いいんでしょうか……。不安で落ち着きません。

A：悪い話に惑わされないようにしなさい。床入りについて、いろいろ聞いたことと思いますが、痛いとか困難だとか、そういうふうに困ったり怖がったりすることはないのです。確かに、そういうケースもあることはあるでしょうが、同意の上で行為を進めれば、基本的には何にも問題がないことなのですから。それは夫婦二人で完了する行為です。同意の上でね。そんなに怖がることはありませんよ［二〇〇六年八月二四日採取、回答者A・A］。

そのほか見逃せないものとして、子どもたちに対するファトワーがある（五四件）。[*54] 内容は、小学生から思春期くらいまでの質問者の、進路相談や試験に対する不安や愚痴を聞く、性に関する質問に答え性教育を施す、親とのトラブルの解決策を伝授する、イスラームに対するちょっとした質問に答えるなどである。カウンセリング、子どもへの知識伝達、性教育、アドバイスや人づきあいの心得まで、幅広い知識をイスラームの名のもとで与える、この社会的役割は決して小さくない。

Q：［女性、子ども］お父さんとお母さんに黙って食べ物を食べるのはハラーム？
A：おなかが減っていたりするとき、必要でそうしたのなら、大丈夫ですよ［二〇〇六年八月二〇日採取、回答者不明］。

Q：［女性、一〇代前半］ねえねえ、いつ結婚していい年齢になるの？　いつになったら結婚してもいいの？
A：あなたより年下の子どもでも、もっと礼儀正しく質問していますよ。今、結婚してもいいのは一八歳になってからです。それ以前でも、いいかもしれませんけれども、子どもが産めて、家事ができるようになるなど、妻としての役割をきちんと果たせるようになるのは、まあ一八歳くらいからでしょうから。二五歳以後に結婚するのは遅いです。二三～二四歳が適齢期ですね［二〇〇六年八月二三日採取、回答者H・A］。

Q：［子ども、性別不明］フサイン（預言者ムハンマドの孫、四代正統カリフ・アリーの息子）はどうやって死んだんですか？

A：フサインは殉教しました。カルバラーで［二〇〇六年七月二五日採取、回答者S・F］。

子どもたちから気軽に質問が寄せられるのが、一次ファトワーの特徴であろう。このような質問はファトワー集などには、ほぼ出てこない。ファトワー、特に一次ファトワーがADRの資源としての側面だけではなく、カウンセリングや教育手段としての側面をも併せ持つことを、これらのファトワーは示唆している。

6　ファトワーによる規範の再定置

イスラーム電話に電話をかけてくる女性たちは、ファトワーに何を求めているのか。質問者のほとんどは、サマーハやその勉強会参加者のような高い法識字を持たない。ここでは、法識字をさして持たない大多数のエジプト人女性たちが、シャリーアの規定をもとにファトワーを通じてどのように社会的／心理的な承認を得るかを探る。

エンパワーメントという視点から行為主体を論じる際、研究者は彼女たちの顕著で目立つ実践、すなわち構造そのものの脱構築につながるような実践（戦略的ジェンダー・ニーズに対応）に、より注目しがちである。しかし、ここではあえて自己承認という、脱構築や権力構造そのものの変容にはつながらない、やや地味な宗教実践（実践的ジェンダー・ニーズに対応）に注目する。それは、ファトワーを見る限り、承認のために宗教言説を用いる女性たちが大多数だったからだ。法識字が高く、シャリーアを使いこなせる都市部の高学歴女性の実践だけではなく、そのような資源を持たない女性たちの宗教実践の検討も学問的には必須である。彼女たちはファトワーを用いて、どんな問題や悩みを解決しようとしているのか。ファトワーが問題解決につながる場合と、つながらない場合を分ける要因は何か。本節では、その微細なポリティクスを家族やジェンダー規範との交渉という視座から照射し、その実態を検討する。

エジプトではイスラーム、慣習、近年の学校教育など、異なるルーツを持つ複数の規範が存在し、互いに混淆・折衷・融合している。どの規範がどのルーツを持つのか、判然としないことも多い。中でも妻は夫に従うべき、母は子を優先すべきといったジェンダー規範は女性に対し大きな影響力を持つが、規範は相互に矛盾することも多く、すべての規範に従うことはできない。そして、規範と現実の間にはしばしば亀裂が生じる。

ファトワーがADRの手段としての一面を持つことは第三章で前述した。では、紛争を個々人の心理的葛藤と捉えると、ファトワーから何が見えてくるのか。松尾瑞穂はインドの文脈で、個人の心理的葛藤としての「紛争」を「人びとがローカルな世界において、規範化された役割にそった、より道徳的な存在でありたいと願い、自己と世界との不協和音を調律しようと試みる苦悩の応答」［松尾 二〇一四：一五〇］であるという。エジプトでも同様で、人々は一般に、規範化された役割に相応しい道徳的な存在でありたい、そしてそのような存在として、社会や家族に尊重されたいと願う。ファトワーからも、質問者の葛藤や苦悩ははっきりと伝わる。彼女たちはどんな葛藤や苦悩を持ち、ファトワーを使って、どのように規範と現実の間の亀裂を埋め、社会的／心理的な承認欲求を満たそうとしているのか。以下、いくつかの質問とファトワーを事例に見ていく。

Q：［女性、一〇～二〇代前半］（嗚咽まじりに、泣きながら）問題があって……。一ヶ月前に結婚しました。結婚契約式が終わったのは二ヶ月前です。結婚契約の日に、母が私たちと出かけたがったので、私たち、母と母方オバと私でしたけど、は出かけました。そのときちょっと帰りが遅くなって、そうしたら夫が母を怒ったんです。そして、二度と母方オバと出かけたらダメだって言うんです……。遅くなったからって。とても悲しかった。でも彼は夫です……。母は夫に怒っていますし。どうしたらいいか、わかりません。誰の言うことを聞けばいいのかも、わからないんです。でも子宮の紐帯（*silat al-rahim*）[*55]を切るのは……。どうしたらいいでしょう……。

A：妻に外出を禁じるのは夫の権利です。あなたは夫に従わなければなりません。あなたは夫の言うことを聞いて、それに従わないといけないのです。この場合は、夫の言うことを聞きなさい。女性の母親には権利がありません。夫はそれを拒否できます。あなたは夫の言うことを聞かないといけません。母親のことはもちろん大事にするべきですし、母親の言うことも聞くべきですけど、それには限度（*hudūd*）があります。この場合は、夫の権利が母親の権利より優先されます［二〇〇六年八月一六日、回答者A・A］。

「妻は夫に従うべき」「親族は大事にし、子宮の紐帯は密に保つべき」「母親を大事にすべき」などの複数の規範が錯綜する中で、質問者の女性はこのケースでは実践において対立する規範のどれに従うべきか、判断できず質問をした。結婚によって娘から妻へと社会的地位と役割が変化したものの、それについていけない女性の姿が浮かび上がる。回答は、夫の権利を母の権利より優先とし、規範を①「妻は夫に従うべき」、②「母親を大事にすべき」、③「親族は大事にし、子宮の紐帯は密に保つべき」の順に重要とし、規範の優先順位を明らかにした。「どうすればいいか」には回答があったが、それにしても質問者はその後、母の怒りをどう解いたのだろうか。

夫の権利は強いが、子宮の紐帯を完全に断ち切ることは夫にもできない。夫の権利にも制限がある。

Q：［女性、三〇代］夫と兄がトラブルになって、夫が、私が兄と兄嫁と話すのを禁じました。母は兄と住んでいます。いつも夫の言うことを聞いていますが、でも兄と母を悲しませたくないんです。私には罪がありますか？　どうしたらいいでしょうか？

A：父母を大切にするようにクルアーンは言っています。結婚後は、女性に対する責任は父親から夫に移行します。妻は独身のころ父親に従ったように夫に従わなければいけませんが、夫には子宮の紐帯を切る権利はありません。それは、してはいけません。確かに、夫の権利は父母や兄弟の権利よりも優先するのですが、しかし、夫は妻の子宮の紐帯を切ることはできません［二〇〇六年九月六日、回答者H・H］。

「妻は夫に従うべき」「親族は大事にし、子宮の紐帯は密に保つべき」という二つの、このケースでは矛盾する規範のはざまで、質問者は双方を満たせないことに罪悪感を覚えている。前出のケース同様、回答は原則的に夫の権利が優先するとした上で、ここでは「夫は妻の子宮の紐帯を切ることはできません」と夫の権利の限界に言及し、話すなという夫の命令を無化している。二つのファトワーから、夫は親族と出かけるなとは言えても、親族と話すなとは言えないことがわかる。こうしてファトワーによって、混沌とした規範の実践における優先順位とその限度が明らかになる。

次も子宮の紐帯に関するファトワーを紹介する。

Q：［女性、二〇代］夫のキョウダイ[*56]が悪い人間なんです。彼は一度ならず、私に関係を迫ります。とっても困っています。

このことについて夫に言いたいのですが、言ったら、それは子宮の紐帯を切ってしまうことになるでしょうか？

A：それは、あなたにとってとても危険な状況です。夫に速やかに事実を告げなければいけません。あなたは自分の身を守らないといけません［二〇〇六年八月一七日、回答者M・A］。

この事例では、質問者は「子宮の紐帯は大事にし、密に保つべき」という規範と、性的な身の危険との間で途方にくれている。醜聞で容易に公にできず、かといって放置もできず、夫に告げることもためらわれ、八方塞がりだったのだろう。回答《ファトワー》は、身の安全を「子宮の紐帯を大事にすべき」という規範より優先させ、彼女が夫に告げることを後押しし、この場合「子宮の紐帯」規範を問題にしなくてよいというメッセージを明確に伝えている。

次に、小巡礼《ウムラ》に関する質問から、「夫に従うべき」規範と、ムスリムとして巡礼に行きたいという願いに関する質問を取り上げる。シャリーアは女性のマハラム（夫や、父親や兄弟などの結婚できない範囲の親族）同伴でない、単独での旅行を禁じており、小巡礼や巡礼に行くにもマハラムの同伴が必要となることが、質問の背景にある。

Q：［女性、年齢不明］前にお尋ねしたことですが……。小巡礼に行きたいと思っています。二月か三月に行きたいんですが、家のことがあって、夫が反対というか、延期してほしいと言ってます。でも私は今、行きたいんです。それで、小巡礼のための資金を、夫が下さいって言っているんです。でも私はあげたくないんです。そのお金で小巡礼に行きたいので。どうすればいいですか？

A：必要があれば、小巡礼は延期しても構いません。延期する必要を認めないとき、小巡礼に行きたいときには小巡礼に行ったらいかがでしょうか。これはあなたの自由です。そのお金をあなたの小巡礼のために取っておいても大丈夫ですよ［一九九六年八月二三日、回答者A・A］。

回答《ファトワー》は、夫が延期希望でも、質問者が行きたければ行けるとし、さらにシャリーアの夫婦別産制に則り、夫に資金を渡す必要はないとする。このファトワーは、夫の権利の範囲と「夫に従うべき」規範の限界を明確にし、結果的に質問者の行動と裁量の範囲を広げたといえる。

Q：［女性、三七歳］三七歳です。息子と娘がいて、息子が九歳、娘が七歳です。今この二人は、断食をしようと一生懸命頑張っているところです。

断食月《ラマダン》中に、実兄が小巡礼に行くことになりました。私も一緒に行きたいと思って夫に聞いてみましたら、夫は別に私を止めませんでした。この小さい息子と娘を置いて兄と一緒に小巡礼に行くのは、ハラームですか？子どもたちを置いて小巡礼に行くのはダメですか？　それとも、私は息子たちが大きくなるまで小巡礼を延期した方がいいんでしょうか。

A：あなたの夫が許可しているのであれば、あなたの兄はマハラムですから、小巡礼に行っていらっしゃい。未来のことは誰にもわからないのですから、小巡礼はできるときにしておいた方がいいです。その間、夫が家の面倒を見てくれるでしょうし。

将来、三〜四年後に小巡礼に行ける状況になったときに、夫がいいと言うとは限りません。ダメと言うかもしれません。子どもはまだ小さいし、今です。それはチャンスですよ。もちろん、その小巡礼は、神が受け入れてくださいます［二〇〇六年八月二七日、回答者A・R・M］。

この女性は続けて同じ質問をしており、子どもを置いていくことに後ろめたさとためらいを持っていることがわかる。

Q：［女性、三七歳］弁護士です。息子と娘がいて、息子が九・五歳、娘が七歳です。断食月《ラマダン》一五日から、兄が小巡礼に行くことになりました。夫は経済的理由で行けません。私は、兄と一緒に小巡礼に行く予定です。でも、ラマダン中ですし、今断食の練習を家の子どもたちがしていて、子どもたちは普段よりずっと母親を必要としています。勉強も見てあげたいし……。こういう状況で、兄と小巡礼に行くのはよいのでしょうか？

A：子どもたちに関するアドバイスはできませんが、小巡礼はマハラムが一緒でないとできないのですから、今回はいいチャンスだと思いますし、行っていらっしゃい。ラマダン中の小巡礼は、報酬が普段より多いですし。子どもたちの面倒は神が見てくださいます。大丈夫ですよ［二〇〇六年八月二七日、回答者A・R・M］。

母役割と妻役割、そして小巡礼、この三つの優先順位に迷っての質問である。ウラマーは回答《ファトワー》で明確に、優先順位を①妻役割、②小巡礼、③母役割の順とした。妻役割が優先なのは、妻の巡礼には夫の許可が必要なためである。この順位自体も大変興味深い。日本であれば、母役割は妻役割に優先すると感じる人が多いのではないか。男性の場合は規範の優先順位がどうなるか、以下の二つのファトワーを事例に検討する。

Q：［男性、四〇～五〇代］娘がいま婚約中です。巡礼に行きたいと思っていますが、巡礼と娘を結婚させること、両方できる財力はありません。どちらを先にするべきでしょうか？　巡礼に行きたい気持ちがあるのですが。

A：この場合、巡礼はできる者の義務で、できない者の義務ではありません。娘の結婚を先にして、そのあと巡礼に行きなさい。この状況では、あなたはまだ巡礼できる状況にないということです［二〇〇七年一二月三〇日採取、回答者S・F］。

Q：［女性、年齢不明］夫が、父母の小巡礼の代金を負担して、父母に小巡礼をさせてあげたいと言います。夫の父母は年金生活で、車や預金その他あって、生活に余裕があってお金があります。一方、家は娘が二人いて、夫以外の収入源はありません。夫は、こういう目的で出費をすると神からの報酬があるって言います。本当ですか？それとも無効でしょうか？

A：もし家計が苦しいのなら、援助はできません。援助するお金も必要なくらい、家計が逼迫しているのなら、援助してはいけません。もし家計に余裕があって援助する場合には、夫がいうように報酬がありますが、でも無理してはいけません。本末転倒ですから［二〇〇六年九月一一日採取、回答者G］。

この二つのファトワーは優先順位を、①父／夫としての扶養義務、②巡礼または小巡礼と定めている。優先順位は、女性は①妻役割、②小巡礼、男性は①父／夫としての扶養義務、②巡礼または小巡礼で、①の内容に差はあるものの、それぞれ対応しているという点でジェンダー差は見られない。シャリーア上、夫の扶養義務とそれと対応する妻役割が非常に強い規範であることは、ここからも明らかである。ウラマーは、ファトワーの中でしばしば、扶養義務を果たさない男性を辛辣に批判する。親への服従義務、扶養義務についてはどうか。

Q：［女性、二〇〜三〇代］お金と銀行についてお聞きします。父親がお金を無心するので、彼に嘘をついています。持っていないと答えているのですが、銀行にいくらかあります。これはハラールですか？　ハラームですか？

A：それは必要な嘘ですから、気にしないでいいです［二〇〇六年八月二一日、回答者A・A］。

Q：［女性］離婚されました。今実家に戻って母親と暮らしています。今六〇ポンドで一月暮らします。他にどうしようもないので。でも母は、私がいるせいで父の年金の母の取り分が減ったことを怒っていて「あなたのせいよ」と私に言います。どうしたらいいでしょう？　しょうがないじゃないって言うんですけど、でも母は私に怒っています。これはハラームでしょうか？

A：それは仕方がないでしょう。それは制度の問題であって、あなたの問題ではありませんから。問題ありませんし、ハラームではないですよ［二〇〇六年九月七日、回答者S・F］。

一方、扶養義務に関するシャリーアの規定には明確なジェンダー差があり、女性にはいっさいの扶養義務がない。女性は結婚前は親に、結婚後は夫に、離婚後はマハラムに扶養される権利を有するが、親を扶養すべきは息子である。最初のファトワーは、女性に扶養義務が課されないことは、「親を大事に」と「嘘をつくなかれ」という二つの規範に優先するとし、質問者の罪悪感を軽減している。二つ目のファトワーは、女性の扶養される権利は強く、扶養されることに後ろめたさを感じることはない、という。

なお、イスラーム電話の他のファトワーは、妻は自己の財産から親に援助できるが、夫には義父母を扶養する義務はないため、夫の財産で妻の両親を援助・扶養することはできないとしている。夫としての扶養義務と対になるのは「夫に従うべき」規範を含む妻役割だが、問題はその中身である。「夫に従うべき」規範が常に最優位ではないことは前述のファトワー群から明らかだが、では、妻役割のすべてが扶養義務と対応するのか。それとも妻役割という漠然とした規範の中の一部だけが重要なのか。以下は、ウラマーが「夫に従うべき」というジェンダー規範をシャリーアの規範より上位におく事例である。

Q：［女性、二〇～三〇代］夫が巡礼したいと言います。私も巡礼には行きたいんです。私は今、ヒジャーブを被っていますし、ゆったりした洋服を着ていて、メークもしていません。ムスリマとしてきちんとした格好をしていると思うんですけど、夫が、巡礼の前にニカーブを被れと言うんです。夫は、ヒジャーブは間違ってる、ニカーブは義務だって言うんですけど。本当ですか？（後略）

A：ニカーブは義務《ファルド》ではありません。顔と手のひらを除く身体を隠してあるヒジャーブが、義務です。でもあなたのケースでは、あなたはニカーブをした方がいいでしょう。あなたにはニカーブ（が義務です）。夫に従うのは妻の義務だからです。（後略）［二〇〇六年九月四日、回答者S・F］。

質問者の夫の法識字がさしてないことは、ニカーブは義務だという発言や、後略部分以後の質問内容――各礼拝につき定められているスンナの礼拝のラカー数を間違って覚えている――ことから明らかである。また妻である質問者は、明らかに夫がニカーブを被れということに違和感を持ち、できればニカーブは被りたくないと思っているように読める。

妻が女性の衣類にかかるシャリーアの正確な知識をもともと持っていたかは不明だが、ウラマーがファトワーで指摘するように、エジプトの多数説では、ヒジャーブは義務だがニカーブは義務ではないとされる。しかしエジプトには、夫に命じられた場合にのみ、ニカーブは義務となるという考え方も散見され、特に女性たちの語りにはしばしば出てきた。妻はこのような「俗説」を、ファトワーによって打破したかったのではないか。質問を読む限り、妻はニカーブを被りたくないばかりに、ファトワーを求めたという推論も十分成り立つ。

ウラマーはシャリーアの正しい規定を答えた上で、個別ケースとして、質問者は「夫に従うのは妻の義務だから」ニカーブを被るべきだと回答した。妻の服装に関しては、シャリーアの規範に反さないならば、「妻は夫に従うべき」とのジェンダー規範が優先される傾向が見て取れる。

しかし、夫が明らかに妻の権利を侵害している場合には、ウラマーは手厳しい。

Q：［女性、二〇代］夫が礼拝しません。彼は小巡礼はしました。いろいろ説得し、試みてみましたが、どうしても彼は礼拝しません。完全に礼拝を拒否されてしまいます。彼にはきっと悪魔がついているんだと思います……。私はどうしたらいいでしょうか？　夫は私がヒジャーブを被るのも嫌がるんです……。外せって言い張って、これにも困っています。

A：神に背いている彼には、神から罰が下るでしょう。夫の話や言い分を聞いてはいけません。オジなど、夫の年上の慕っている親族や、親しい友人など、夫に影響を及ぼせる人物を探し、その人に説得してもらいなさい。ヒジャーブは義務ですから、夫の言うことを聞いて外してはいけません。たとえ夫の言うことでも、イスラームに背くことは聞いてはいけませんよ。なお、小巡礼はスンナ（推奨行為）なので、無理ならしなくてもいいのです［二〇〇六年八月二一日、回答者S・F］。

「夫に従うべき」規範はかなりの程度、人口に膾炙した規範であり、人々にも広く共有されている。それだけに、どのような場合なら夫に背いても許されるか、という質問は切実である。「道徳的な存在でありたい」という願いと、実際に夫から要求されることとの距離。夫の要求が無茶なように思えるのに、夫に従えと命じる規範があること。どれもが、妻を混乱させ、厳しい状況に追いやる。混乱し困って電話をかけてくる彼女たちは、たいてい戸惑いながら、口ごもりながら、小声で質問を始める。涙声だったことも、堰を切ったような早口であったこともある。

このファトワーでは、夫に背いていい場合が明確にされている。「神に背いている（中略）。夫の話や言い分を聞いてはいけません」「たとえ夫の言うことでも、イスラームに背くことは聞いてはいけません」という部分から、シャリーアの規定が、夫に従うべきというジェンダー規範よりも上位に位置づけられていることは明らかである。ウラマーは断言口調で断固としてこの回答をした。質問者が質問をし、ウラマーがそれに答え、規範の優先順位を、権威を持つファトワーが明確にするという営為のなかに、ムスリム女性が度し難い夫を矯正する、または夫と共生するための突破口があるのかもしれない。

Q：［女性、五〇代］前、二ヶ月前に一回聞いたんですけど……。結婚して二七年になります。三人の娘を育てました。二年前くらいから、夫は養育費や生活費を全然入れてくれなくなりました。木曜日だけ、彼は家に来ますが、もう家に住んではいません。夫の側には私は行きませんが、このような状態を続けていくことはアッラーのお怒りに触れ、私は罰せられたりするのでしょうか？　私は二五年以上ヒジャーブを被っています、おかげさまで。私は離婚によって神が私を罰するのが怖くてたまりません。本当に怖いです。そろそろラマダンです。でも、もう疲れていて、毎日が精一杯で大変で、苦しくて苦しくて苦しくて、もう怖くて、もう疲れました……（泣きながら）。もう疲れて、ラマダンが辛いし、義務ができないと思うんです。キヤームッレイリ（ラマダン中に夜を徹して行われる特別な礼拝）もできそうにありません。もう無理です。

A：二七年結婚しているんですね。残りの人生がどれだけ残っているかはアッラーのみがご存知です。あんまり考えすぎないようにしなさい。またアッラーは、男性は女性よりも強いと言っています。ですから男性には女性を養う義務が課されているわけです。夫があなたを養育しないなら、彼には権利も生じません。義務を果たして、初めて権利が生じるのです。お話によると二〇〇四年から彼は養育費を支払っていないとのことなので、あなたが夫に対して反抗的（アーシマ）だということにはなりません。彼には権利がないのですから。あなたには罪はありません［二〇〇六年九月一一日、回答者S・A・R］。

この事例では、夫が経済的に妻を遺棄している。しかし妻は「夫に従うべき」規範を強く内面化し、罪悪感に苛まれている。質問者が神の怒りにまで言及していることから、彼女は「夫に従うべき」規範に背くと神の罰が下る、と認識していることがわかる。「離婚によって神が私を罰する」という発言から、妻には離婚は忌避行為《マクルーフ》であり禁止行為《ハラーム》ではない、という認識がないことも窺える。なお回答にある「反抗的（アーシマ）」という言葉は、主に夫に反抗的な妻や父親に反抗的な娘に使われる。女性に対して、特に家庭内の特定の文脈において使われ、用法がジェンダー化されている言葉で、特に妻や娘が夫および父親に対して「服従しない」とき、そのジェンダー規範違反を非難するための言葉であるといえよう。日常生活の中では男性だけでなく女性によっても頻繁に使われる。ウラマーは非常に明確な言葉で「夫があなたを養育しないなら、彼には権利も生じません。義務を果たして、初めて権利が生じるのです。（中略）彼には権利がないのですから。あなたには罪はありません」と質問者を免罪する。このファトワーは、ジェンダー規範とイスラーム法規範を混同する質問者に、夫の要求とシャリーアを分けて考え、シャリーアを優先するように、と混淆した規範を整理・再定置した上で、内面化した「従属」の対象を夫から神へ変更するよう勧めたといえる。

Q：［女性、年齢不明］夫が私に暴力を振るいます。殴る、蹴る、私を完全に無視する、話しかけても返事をしない、私とは話さないなど。どうしてもうまくやっていけませんが、どうすればいいでしょうか。

A：あなたの夫はとんでもありません。クルアーン牡牛の章で神は「妻を節度を持って扱え」とおっしゃっています。このような不心得の夫を、神は罰したまいます。もし我慢できるのなら我慢してもいいですし、無理なら、離婚しなさい。あなたは、あなたの権利を放棄したままの状態でいてはいけません。その夫は宗教がなっていません。我慢できればそれでいいですが、もし無理なら裁判所の裁判官に離婚を申し出なさい。おそらく認められるでしょう［二〇〇六年八月二日採取、回答者A・A］。

本事例から、アッラーとシャリーアは、夫と俗世間の「夫に従属すべき」規範に優越することがはっきりわかる。ウラマーはこれを、権威をもってファトワーで明確にした。シャリーアに基づく規範が俗世間のジェンダー規範に優越することを理解しない男性は、ウラマーには腹立たしく、また傲慢にも映るらしい。夫があまりにも横暴な場合、回答する年配の、普段は非常に温厚なウラマーが珍しく「あなたの夫にこの回答を聞いてもらいなさい。もしくは、夫にここに電話させなさい。彼自身に。夫にイスラームの何たるかをわからせる必要があります」と、口角泡を飛ばす勢いで怒るのを聞いたこともある。イスラーム電話のウラマーたちは全員、結果的にこのようなケースでは女性たちの味方だった。これらのファトワーによって、彼女たちは規範の優先順位を再定置し、混乱を収拾し、夫を矯正するきっかけを得る。

以上の本節で取り上げた事例は、家族関係における規範の再定置にのみ関連した質問で、シャリーアに則った問題解決が比較的容易だった事例といえる。以下では、問題解決が容易でないケースを取り上げ、ファトワーによる規範の再定置が問題解決につながる場合と、つながらない場合を分ける要因を分析する。

Q：［女性、三〇歳］S・F師、先日は質問に答えていただいて、ありがとうございました。今日もその件について質問があります。S・F師に答えてほしいと思います。

そもそも前回言いましたように、私はかつて法律婚をしていましたが、夫の申し出に従って法律婚を解消し、（その代わりに）夫とウルフィー婚をしました。これは、夫がもう七五歳と高齢で、私が三〇歳であることもあって、彼が彼の子どもたちのことを慮った結果でした。彼にはもう一人妻がいます。私は子どもたちから突き上げを食らうのが怖かったし、彼もそうだったと思います。前回の回答では、「あなたは自分自身に不正を働いている」と言われました。私はでも、そういうことがしたかったのではないのです。一人ぼっちの気分です。離婚したとしても、どんな成果が得られるというのでしょうか。離婚しても結局、どんな権利も得られないのかと思うと怖いです。独りぼっちになるのも怖い。二回目で申し訳ありませんが、答えていただけると幸いです。

A：まず、あなたのそのウルフィー婚を認めた決断は間違っていたと言わざるをえません。これは不当なことなんですよ。夫は、あなたに不正を働いています。

法律婚では保障されている権利も保障されなくなってしまいます。あなたには遺産に対する権利があります。それはシャリーアで保障されている権利ですから、そもそも放棄することはできません。法律婚でありさえすれば、遺産に対するどんな問題も起こらなかったのです。あなたは、家族が好きだから、家族には状況を打ち明けられない、と前言いましたね。でも、その状況と、今あなたが悲しい、孤独だと言っていること自体が、あなたの選択が間違っていたことを証拠立ててはいませんか？　あなたは間違ってしまったのです。今からでも、ウルフィー婚のことを家族に打ち明け、それをもとのような法律婚にしてもらうように、家族とともに夫に求めなさい。それに、あなたたち妻の権利は、あなたの場合には僚妻がいるので、妻の権利分の半分になりますし、もともとそんなに割合的に多いものではありません。それをも取り上げようとする夫は間違っています。そのようなやり方は無効です。家族に打ち明け、法律婚を再びできるように、そして権利を保障するように、働きかけなさい［二〇〇六年七月一八日採取、回答者S・F］。

質問から、質問者は同じ内容を二度質問していることがわかる。この翌日、彼女は再び電話をかけてきて「でも、家族に打ち明けることはとてもできないんです……」と泣いた。動揺した様子で、涙声の電話は支離滅裂だった。同じウラマーは「泣いても状況は変わりませんよ、ともかく家族に打ち明けなさい」と強く彼女に勧めたが、その後彼女から電話はなく、その後どうなったかはわからない。これは遺産相続争いを避けるために、夫の子どもらが妻の親族に内密に法律婚をウルフィー婚に切り替えたケースで、多元的法体制下の法の矛盾を突いた巧妙なやり方である。子どもたちにかなりの法識字があることが窺える。

ここでは、ウラマーは家族を巻き込んで法律婚に戻すように夫と交渉せよ、とかなり具体的なアドバイスをしている。ウラマーはまた、権利を守るためには、国家法の規定に則った婚姻が必要であるとして、国家法をシャリーアの上位に位置づけている。ウラマーが規範の優先順位を明確にしているにもかかわらず、残念ながら彼女は「自分の家族には言えない」の一点張りで、問題解決にはいたらなかった。規範の再定置だけでは問題解決には不十分であることが、このケースからわかる。では、再定置したにもかかわらず解決にいたらなかったのは、なぜか。

この場合、再定置した規範に従い問題解決を図るための、ファトワー以外の資源——法識字、親身になってくれる人間関係、法的措置のための資金、家族を巻き込む能力などの社会資本——を彼女が持たなかったことが、原因として大きいのではないか。次のケースも、実際の問題解決には、規範の再定置だけでは不十分であることを示している。

Q：［女性、三〇代後半～四〇代］働いていますが、子どもが五人いて、諸事情でたくさん休みました。カイロに住んでいます。おかげさまで博士号は取得しました。七年くらいかかりました。ずっとこの件について、二～三年前から尋ねているのですが、ダール・アルイフターにも聞いたのですが……。大学の試験は、試験前にお金が動きます。事前に何かといえば、お金、お金です。今回も受験者一四人のうち合格した二～三人が金銭を払っていました。みんな合格したいから仕方がないのです。一〇月に試験がありましたが、これも同じ結果でした。もう本当にうんざりしています。本当にうんざり。神様はこのような状態をどう思われるのでしょうか。どれが正しいことか、わからなくなってきました。

A：すべてのことを、神は正しく裁きたまいます。そのような不正な状況に深入りしないことです。仕事を離れ、子どもの教育に専念する方が、あなたの場合よいでしょう。神にすべてをゆだねなさい［二〇〇八年一月一日採取、回答者M・A・S］。

この質問では、不正がはびこる学問の世界に対する不満と、正義とは何か、という抽象的な問いがセットになっている。正義とは何かについてはウラマーは回答できるが、不正を防ぐ具体的な手段は当然ながら持たない。社会的・構造的な問題については、規範の再定置だけでは対応が十分ではないことを、これらの二つのファトワーは示している。

以上のファトワー群の検討から明らかになるのは、大多数の、突出した法識字を持たない女性たちの日常における、現状と折り合いをつけつつ突破口を探すさまざまな試みにおいて、ファトワーが有効な資源として機能しているという事実である。女性たちは、混淆した規範をファトワーという資源を利用して整理し、規範の優先順位を定め、複数の規範を再定置するという実践を行っている。ときには夫への不服従はイスラームの文脈で推奨されさえする。ファトワーというお墨付きを得、それを使いこなすことは、複数の異なるルーツを持つ規範のうち、イスラームに基づく規範を優先するとの宣言である。

ファトワーを欲することは、神による承認を求める試みでもある。神の承認は、他の規範に従わないことへの罪悪感や葛藤を軽減し、自己承認や自己肯定につながる。それは道徳的な存在であり続けつつ、特定の規範に服従しないことを可能にし、罪悪感や葛藤を軽減し、彼女たちの自己承認を支える。また、優先順位を宗教が規定することは、彼女たちへの福音になることがある。エジプトのファトワーが、選択性の高い宗教言説であることを想起してほしい。

ただし、この規範の再定置は問題解決に直結しないこともある。質問者の望むようなファトワーが得られないときはそうなるだろう。前述のニカーブを被るよう回答したファトワーが典型だが、実際に、ファトワーが女性を抑圧する装置として働くこともありうる。ファトワーを出すのはエジプトではほとんど男性であることにも注意が必要であろう（エジプトにも女性のウラマーはいるが、ファトワーを出すのはごく少数である。モロッコやトルコにはファトワーを出す女性のウラマーがいる［Bano, Masooda & Hilary Kalmbach 2012］）。

また、再定置した上で、現状をその再定置した規範に合わせるための資源の限定（法識字、資金、人脈、社会的地位など）という別の問題系もある。相対的に女性は男性に比べ、そのような社会関係資本を持たない傾向がある。ファトワー以外の資源／社会関係資本の限定が、女性たちがファトワーを多用する理由なのかもしれない。しかしそれでも、ファトワーが女性たちに与える福音は大きいということが、本節から明らかになったのではないだろうか。

7 結論

本章ではイスラーム電話のファトワーを、エジプトのファトワーをめぐる社会的文脈の中に位置づけ、女性によるファトワー利用の実態とその特徴を、ジェンダーとの関わりに注目して分析した。最後に、女性たちが積極的にファトワーを使う意義を論じ、本章を締めくくりたい。

イスラーム電話は電話を用いてファトワーを出すエジプト初の民間非営利組織である。イスラーム電話は定期的に会議を開催し、その議論を蓄積しウラマーに周知することによって、一貫性のあるファトワーを安定的に供給できるシステムを確立した。これは当時のエジプトのファトワーをめぐる状況の中でも特異なことで、特筆に価する。イスラーム電話はアズハルの方針に基本的に追随しつつ、シャリーアの適用にあたっては、社会規範とシャリーアが対立する場合には社会規範を優先する、という統一見解をムフティー会議でそのつど確認しつつ運営していた。その結果、イスラーム電話のファトワーの、法源との親和性のレヴェルは比較的低い。これは発案・運営者であるシャリーフの、平均的エジプト人のための「穏健なファトワー」を出す機関でありたいという運営方針とも合致している。

イスラーム電話はまた、当事者同士の言い分が食い違う、調停が必要、状況がよくわからないなどの場合には、対面式のファトワーをもらうよう助言していた。ここからイスラーム電話のファトワーのADRとしての機能には限界があることと、ウラマーもそれを認識していることがわかる。またファトワーをめぐる多元的状況を、積極的に肯定する姿勢もここから見て取れる。

クオリティ・コントロール部門で女性スタッフがクオリティ・チェックを行うことは、当初意図されていたわけではないが、結果的にウラマーの持つ女性嫌悪やジェンダー・バイアスの是正につながっていた。ウラマーとの交渉や働きかけを通じて、スタッフたちは、間接的ながら行為主体として、ファトワーをより女性たちが望むように書き直していたのである。質問者の女性たちがリピーターとなる傾向も観察された。ファトワー集に比べてイスラーム電話の男女比で女性が占める割合が高いのは、一次ファトワーであるからだと考えられるが、クオリティ・コントロールの存在もその一助となっている可能性は十分ある。

イスラーム電話に寄せられる質問は、子どもの相談や愚痴の電話など多岐にわたっており、一次ファトワーは法的意見の枠を超え、子どもへの教育、カウンセリングなど、多種多様な機能を担っていた。アクセスの容易性と利用者の性別には明白な相関関係があり、モスクなどで出される対面式のファトワーよりも、一次ファトワーでは女性質問者の比率が明らかに高かった。質問内容では、匿名性が確保され、アクセスが容易であるほど、姦通、恋愛・性関連のジェンダー規範逸脱に関する質問が増える傾向があることが明らかになった。瑣末な質問はアクセスの容易性ゆえに、深刻な質問は匿名性が確保できるゆえに多いと考えられる。

質問傾向としては、日常生活に密接に関係する質問、自分のための質問、紛争解決に利用するためのファトワーを求める質問が多いことが、まず指摘できる。これは身近なメディアである一次ファトワーの特徴である。質問者はまた、質問の背景説明や行為の弁解をするなど、多様な方法でファトワーに積極的に働きかけていた。これらの努力は望みどおりの回答《ファトワー》を得るためになされており、そこにファトワーを利用しようとする積極的な意思を見ることができる。ファトワーを求めるという行為そのものが、イスラーム言説を作り出す双方向の交渉の一場面であることが観察されたのである。

通常、ファトワーを得る際にこのような努力をするには、サマーハとその勉強会参加者たちの行動からわかるように、個々のウラマーに関する知識およびアクセスの確保といったシャリーアにかかる高い法識字が必要であり、これは容易に得られるものではない。しかしイスラーム電話では、手間のかかるファトワー・ショッピングなしで、ウラマーを指名するだけで望みどおりの回答を得られると期待できる。質問者の法識字がなくても、お気に入りのウラマーを見つけることができることの意義は大きい。リピーターが多い理由として、電話であるために物理的に、また対面でないために心理的に、望みどおりのファトワーを得るための交渉や努力がしやすいことと、アズハル大学卒のウラマーであるために一定の権威がファトワーにあることが挙げられよう。

質問者とウラマーの双方向の交渉が繰り返されるにつれ、リピーターの女性たちがウラマーとの対話に法的意見よりも、むしろ慰めやカウンセリングを求めるようになる傾向は、一次ファトワーが結果的にカウンセリング機能を併せ持つことを示唆する。電話で物理的にアクセスが容易で、かつ匿名性を保障されている一次ファトワーは、悩みごとや愚痴などを言いやすいという特徴を持つ。なお心理的・物理的なアクセスの容易さは、子どもたちからの質問が多いことからも推察される。匿名性が確保でき、かつウラマーを指名できる電話ファトワーというシステムと、イスラーム電話の「穏健なファトワーを出す」という方針が、ファトワーの持つカウンセリング機能を強化する要素となっていると考えられる。その際、女性たちがムスリムであり、イスラームに則った救済や心の安定を求めていること、ファトワーによって宗教的に満たされることが、彼女たちにとって重要な意味を持つことを忘れてはならない。

イスラーム電話ではウラマーと質問者の間に立つ形で、クオリティ・コントロールがファトワーに介入していた。クオリティ・コントロールの責任者およびスタッフは、大きな個人差があるものの、回答差し戻しによって女性に配慮のあるファトワーを出せるようになったウラマーがいることを認めている。①ウラマーに回答を差し戻すことによって結果的にファトワーのミソジニーが減少する、②女性のリピーターが増える、③ウラマーが女性を取り巻くエジプト社会における諸問題の所在を自覚し、認識を改める、という循環ができつつあるといえよう。女性ウラマーが少ない中で、このような女性にとってプラスの循環ができることの意味は決して小さくない。クオリティ・コントロールのスタッフたちもまた、日々ファトワーを聞くことを通じてシャリーアにかかる法識字を高め、それを日常生活にも活用していた。[*57] ムフティー会議も含めたこのような双方向の働きかけが、ウラマーと女性スタッフの間に成立していることに注目したい。これもまた、イスラーム言説を書き換え、創出しようとする女性たち、そしてウラマーたちの実践の一環であるといえる。

第五節で見たように、ジェンダー規範が厳しく、社会的制裁が苛酷であるために沈黙を強いられる立場の人々にとっての、ファトワーの「効用」あるいは「救い」は、無視すべきではない。ファトワーは人を抑圧することもあるが、その選択性の高さゆえに、人を救う力をも多く秘めている。そして、それを引き出す質問者や女性スタッフたちの努力や関わりの中で、イスラーム電話のファトワーは、女性たちにとって使い勝手のよいイスラーム言説として利用されていた。日常生活に寄り添うイスラームの姿がここから見えてくる。

イスラーム電話の登場や衛星放送の普及などによる宗教資源へのアクセスの拡大、担い手や内容をはじめとするイスラーム言説そのものの多様化は、女性たちの法識字の向上と、法識字に応じたファトワーなどのイスラーム言説の選択的利用をもたらした。女性説教師サマーハを通じた女性たちのファトワー・ショッピングや、ファトワーをめぐる女性たちのウラマーとの積極的な交渉は、女性たちが行為主体として積極的にイスラーム言説を用いつつあることの証左である。女性たちは、ADRにおける交渉の際の資源として、イスラーム電話の一次ファトワーを用いていた。資源の配分は多かれ少なかれ不平等であるが、イスラーム言説以外の資源、ことに社会的威信や所得などは、一般に男性に多く配分される、ジェンダー差のある資源である。女性たちは、一次ファトワーを比較的アクセスしやすく、かつ使い勝手がよく、高い効果が見込める資源として、日々さまざまな目的のために積極的に使っていた。

注

＊1　ここには電話線の向こうの質問者およびウラマー（回答者）の生成する「場」（ただし電話線を介するため、質問者とウ

ラマーのいる場所と時間は異なる）と、筆者とスタッフのいるモハンデシーンのイスラーム電話の事務所という二つの「場」がある。後者では筆者は「場」の一部を形成しているが、質問者は後者の「場」の存在を知らず、ウラマーは後者の「場」の存在は知っているが、筆者がそこにいて質問を収集していることを知らない（正確には、ウラマーは調査については知っているが、調査がいつどのように行われるかなどの具体的情報を把握していない）。

＊2　これは筆者が研究上の必要から、便宜的に質問を複数回答で項目ごとに振り分けた、すべての項目数の合計である。ひとつの質問が内容によって三件と数えられるケースもあり（たとえば、離婚宣言を破約した場合の贖罪についての質問は、離婚と贖罪の二件として集計）、質問の実数ではない。

＊3　二〇〇四年一月のアズハル大学教授、ムハンマド・アブー・ライラへのインタビューおよび二〇〇五年一〇月のダール・アルイフター事務局責任者とムフティー見習いへのインタビューによる。

＊4　ウラマーは通常正則アラビア語で説教を行うが、彼はわかりやすさを重視してエジプト方言で説教を行った。巧みな比喩と方言での説法で人気を博した。

＊5　礼拝を行う前には体を清める。これには出産や生理、性交後に行う「大洗浄（*ghusl*）」と、それ以外の場合に行う「小洗浄（*wuḍū'*）」がある。

＊6　イスラーム暦の一年に一度、一年の収入に応じて支払われる。成年ムスリムの義務。現代エジプトでは、取り立てる機関がないため、任意に行われる。

＊7　二〇〇四年、進捗監理コンサルタントとしてＪＩＣＡ「多様な社会・文化におけるジェンダー主流化のあり方――エジプト事例研究」の調査に同行した際に観察した事例。アレキサンドリア郊外において、低所得者層女性一三人を集めて行ったフリー・グループ・ディスカッションの席上、参加者の女性（二九歳、既婚、三人の子持ち）が人気説教師アムル・ハーリドの意見を「ファトワー」だと発言し、それに二人が同調した。他の参加者のうち、高卒で学校事務をしている女性（三〇代前半、既婚、二人の子持ち）がすぐに「それはファトワーではない」と説明したが、三人が理解していた様子はなかった［嶺

崎二〇〇五］。

＊8　権威の有無の基準は、そのファトワーがどの程度、力による強制と論議による説得を排除し、かつ他者を服従させるに足る説得力を持つか否かである［cf.アレント 一九九四：一二五］。本書第六章も参照されたい。

＊9　エジプトでは、例えば断食明けの礼拝や金曜礼拝などは、男性はモスクで行うのが望ましいとされているが、女性はモスクに行くことを特に推奨されていない。モスクに行くことを推奨されているのは男性であり、ここにはジェンダー差がある。女性がモスクに行くことは決して禁止されていないが、男性の方がモスクを訪れる頻度が高い傾向にある。それを裏づけるイスラーム電話のファトワーは以下。

Q：金曜礼拝ですが、女性はモスクに行くのと自宅で礼拝するのと、どちらがいいのでしょうか？

A：女性の金曜礼拝は自宅で行うのが望ましいです。集団礼拝は義務ですが、女性は他により重要な義務があり、集団礼拝は義務ではありません［二〇〇六年八月三日、回答者M・K］。

＊10　ウラマーたちへの質問と聞き取りは二〇〇一年から〇六年までに、半構造インタビュー方式で一三人に行った。そのうち八人は〇六年に行った。すべて録音はせず、アラビア語エジプト方言で行った会話を筆記した。例えば筆者の研究内容を知っていたサマーハの勉強会のインフォーマントC、G、Qは筆者に「代理質問」を依頼したことがある。

＊11　筆者が参与観察した例を挙げる。質問者の女性（二〇～三〇代？）は、筆者がウラマーの隣にいたために「これではPrivateな質問ができない」と発言し、質問をするのを拒否した。彼女の後方にいた男性の質問者と筆者が七～八mほど離れた後、彼女は小声で質問した。質問記録をとることにも彼女は難色を示したが、ウラマーが質問記録をとらないことに同意しなかったので、質問は記録された。

＊12　エジプト文化省・エジプト総合書籍機構主催で毎年一月末〜二月初旬に行われる。二〇〇四年度の参加出版社は七六二社（うちエジプトの出版社六五一社）、期間中入場者数は四五〇万人（事務局調べ）［http://www.cibf.org/（二〇〇七年一〇月閲覧）］。

＊13　詳細は付録の表を参照のこと。二〇〇四年度の一〇〇〇人あたりのインターネット普及率は五五・七である［UNDP 2005: 206］。

＊14　この数値は筆者のフィールドでの実感とは随分とかけ離れている。カイロでも近郊農村でも、筆者が調査に入った家で、電話のない家は新築の集合住宅に住む新婚カップルの新居一軒を除き、なかった。地方との格差が大きいのかもしれない。

＊15　ただし携帯の通話料は高いため、携帯でのご機嫌伺い時は通話せずに、メッセージ送付や一コール鳴らして切ることで通話に代える。例えば二〇〇〇年の断食月（ラマダン）初日、当時私が住み込んでいたショブラ地区の家の「母」、タントファーティマは、電話帳を持ってベッドルームにこもり、何十人もの親族に四時間ほども費やして電話をかけていた。彼女は特別な日の電話でのご機嫌伺いは社交上必須だと言い、寛子が日本からマメに電話をかけてこない、不義理だと言って私を責め、怒り、そして拗ねた。

＊16　設立の経緯についてはイスラーム電話のＨＰ［http://www.elhatef.com（二〇〇七年九月閲覧）］と、イスラーム電話に寄せられたファトワーを編集したファトワー集［al-Jindī 2003: 5-12］にくわしい。イスラーム電話を取り上げた新聞記事は以下の通り。二〇〇二年二月四日付『ロサンジェルス・タイムス（*Los Angeles Times*）』、二〇〇一年六月一三日付『ニューヨーク・タイムス（*The New York Times*）』、二〇〇四年八月一一日付『レクスプレス（*L'Express*）』。

＊17　この部門は男性スタッフ二名で、使用しているコンピュータの管理と、電話会社のシステムが不具合を起こした場合の対応などを行っている。

＊18　この部門は女性スタッフ二名で、提供しているクルアーンの解説を章ごとにまとめ、データベース化して出版準備を行っていた。ファトワー編集部門は日々記録されるファトワーのデータを整理・管理していた。

＊19　このような非難があったことはイスラーム電話のHPでも言及されている［http://www.elhatef.com/en/index.asp（二〇〇七年九月閲覧）］。また以下の質問は、ファトワーの「適正価格」を考える上で参考になる。

Q：ここのファトワーは高いと思います。たくさん聞きたいことがあるのに、ひとつ五ポンドだなんて……。

A：質問は、ひとつにつき五ポンドではありません。あなたは何か誤解をしているようです［二〇〇六年八月二一日採取、回答者不明］。

＊20　二〇一四年現在のイスラーム電話の質問は多言語対応になり、回答時間は四八時間後に変更されていた。HPも英語、アラビア語だけでなく、ウルドゥー語でも閲覧できた［http://www.elhatef.com/index.php?lang=ar（二〇一四年八月閲覧）］。

＊21　http://www.dar-alifta.org/Module.aspx?Name=IVR&LangID=1（二〇〇八年九月閲覧）。

＊22　開催された日時は一回目二〇〇三年九月三〇日、二回目二〇〇四年一月一六日、三回目二〇〇四年一二月一九日、四回目二〇〇五年一月三〇日、五回目二〇〇五年三月六日、六回目二〇〇五年四月六日、七回目二〇〇五年五月二九日、八回目二〇〇六年二月九日、九回目二〇〇六年五月一七日である。

＊23　典拠から特定の方法論によって法規定を導き出す法規定発見の営為。

＊24　項目分けはイスラーム電話の会議記録に従った。分類記載がない回については、以前の例に従って筆者が分類した。なおイバーダートの項目の中にも、生理と誤認して礼拝を行わなかったことについての裁定など、ジェンダー関連のファトワーが九件（約一割）あった。

＊25　このジェンダー不均衡および同様の性規範は、イスラーム世界のみではなく、地中海世界で広く観察される。古代ギリシアにもこのような性規範が見られた［クールズ 一九八九］。名誉概念は人類学で広く考察の対象となっており、多くの先行研究がある［宇田川 二〇〇七］。この性規範が設定された理由や名誉の内容について、地中海世界の人類学的研究をふま

え、もっと緻密な議論がなされるべきであるが、これについては今後の課題としたい。

＊26　男女関係のファトワーでよく引用されるハディースに「男女が二人きり（*khalwa*）でいるとき、そこには悪魔が三人目としている」というものがある［Tirmidhī Book 33., hadīth no. 2165］。マハラム（*maḥram* 結婚できない範囲の親族）以外の男性と女性が二人きりでいることは、イスラームのジェンダー規範においても、慣習のジェンダー規範においても容認されない。三人目の悪魔は欲望を煽り、シャリーアに背く行為へとその男女を導くとされる。これはそのハディースをふまえたファトワーである。悪魔に欲望を煽られて性関係を持つと、シャリーア上は合法であっても、慣習のジェンダー規範に背くことになり、結果的に信用と名誉を失うと、ファトワーは警告している。

＊27　ファトワー集から引用したファトワーとの区別のため、採取したファトワーの質問はQ、回答はAと表記する。

＊28　遺族年金受給資格は、エジプト民法上有効な再婚をすると失われる。

＊29　残り二件は、一度は法律婚をしたが、それを解消、法律婚からウルフィー婚に移行したケース。二一〇～二一一頁のファトワーを参照されたい。

＊30　「（マーリク派の法解釈では）夫婦に証人を立てず婚姻を秘匿しようとする意思がある場合、預言者が内密の婚姻を禁止したことから、夫は、一方的離婚によって婚姻を解消するように命じられる。証人のないまま床入りが完了した場合、婚姻は取り消し不能な離婚によって解消され、婚姻を秘匿した夫婦は姦通罪によりハッド刑を科せられる」［柳橋二〇〇一：一〇九―一一〇］。しかしウルフィー婚は証人を立てて行う結婚であり、厳密にはこの規定には当たらない。

＊31　相手に婚約者がいると質問者は言っておらず、ここはウラマーの勘違いだと思われる。

＊32　なおシャリーアでは、細部に学派ごとの相違はあるが、処女か非処女かにより行いうる法律行為が異なり、後者の方が行いうる行為が多い。後見人は処女に対し、非処女に対するよりもより強い権利を有するが、非処女に対する後見人の権利は強くなく「父が非処女の娘の承諾なくしてこれを結婚させることはできない」というイジュマーがある［柳橋二〇〇一：八二］。そのため、シャリーア上も再婚型と若年秘匿型のウルフィー婚の持つ意味が異なっていることに注意さ

れたい。女性の当事者が処女か非処女かの差も、二つのタイプのウルフィー婚に対するウラマーの態度の違いの一因である可能性は否定できない。

＊33 前アズハル総長シャアラウィーも同様のファトワーを残している［al-Jumyālī 1999: 221, 514］。このような柔軟な法解釈は、一九世紀以降の法制改革においてシャリーアを成文化する過程で編み出された、四法学派の学説の中から最も社会状況に即したものを採用する「タハイユル（*takhayyur*）」という立法技術を連想させる［cf.堀井二〇〇四：二一一、二一三］。近代以降のウラマーに共通する姿勢といえるかもしれない。

＊34 この離婚に関する宣誓やそれを用いた脅迫はマムルーク朝期から見られ［Rapoport 2005: 89-110］、エジプト社会に歴史的・文化的に根づいた夫婦喧嘩の「作法」であるともいえそうである。

＊35 柳橋は姦通罪と関連した曖昧性を整理・分析している［柳橋二〇〇一：一六〇—一七〇］。現代エジプトのファトワーにおいては、曖昧性は姦通罪に限らず、法的に錯誤あるいは違反を含むかもしれない場合、状況などを指して広く用いられる用語である。

＊36 観光業はアルコール・賭け事禁止規定や女性のマハラムを伴わない旅行の禁止規定に、銀行員は利子の禁止規定に、看護婦は男女の混在およびアウラ（異性に見せることが禁じられている身体の部位）を見ることの禁止規定にそれぞれ抵触する（あるいはその可能性がある）ため、ファトワーでは曖昧性があると表現される。そのほか婚約者とのマハラムを伴わない外出なども、曖昧性を持つとされる。

＊37 第二章でも触れたようにエジプトの失業率は概して高く、年齢差・ジェンダー差も著しい。二〇〇四年の一五～二〇歳の失業率は三〇・四％、二〇～二五歳は三七・三％、二五～三〇歳は二一・六％、三〇～四〇歳は四・四％である［UNDP 2005: 104］。カイロの二〇〇四年の失業率は九・七％、女性の失業率は二四・七％である［UNDP 2005: 225］。

＊38 http://www.businesstodayegypt.com/article.aspx?ArticleID=7051（二〇〇七年九月閲覧）。

＊39 http://www.elhatef.com/ar/media/aqidaty.asp（二〇〇七年九月閲覧）。

＊40　以下のファトワーがその好例である。

Q：ムスリム同胞団について伺います。彼らは同胞たる我々を見ていないと思うのですが、あの団体のしていることは正しいですか、間違っていますか。彼らは法律を変えようとしています。

A：イスラーム電話は、このような事柄がハラールかハラームかについては専門外です。ほかにも団体としては、例えばアンサール・スンナがあります。これは預言者をはじめとするよき時代のイスラーム文化を尊重する団体で、メンバーは白い服を着ています。彼らは伝統に集中しています。ムスリム同胞団はより政治に関わっていますが、どちらにしても宗教という義務を果たすことに熱心であるという点で、彼らに違いはありません［二〇〇六年八月九日採取、回答者H・A］。

＊41　この回答の多様性を否定的に評価するウラマーもいる。MENA（エジプト、中東通信社）によれば、二〇〇七年九月、アズハル大学学長アハマド・タイイブ（Aḥmad al-Ṭayyib）は、アズハル専門の衛星チャンネルを設立し、真のウラマーにファトワーの発行とイスラームに関わる諸問題の提起を任せることで、衛星放送におけるファトワーの乱発を防ぐよう求めた［http://www.tufs.ac.jp/common/prmeis/data/qudsarabi/070929qudsarabi_hk.mht（二〇〇七年一〇月閲覧）］。ファトワーがメディアの発展に伴って乱発される傾向があると認識し、規制を求めるウラマーが存在することが、ここからわかる。

＊42　サウジアラビアのファトワーは、女性の衣服などについても非常に厳しいファトワーを出す［例えば ʻAbd al-ʻAzīz eds. 1998; 1999］。二〇〇〇年代には、エジプトの書店でサウジアラビアのウラマーのファトワー集が多く販売されるようになった。

＊43　羨望を持って何かを見るなどすると、見られたものが壊れたり、持ち主によくないことがあるとする民間信仰。

＊44　図4‐9では一五〇件だが、これは、礼拝に関係のない質問にもかかわらずウラマーが礼拝に言及して回答した場合を含むためである。質問者が礼拝について質問した件数は一一七件。
＊45　性別は筆者が内容・声・自己紹介などから判断した。短い質問で声による性別判定ができない、声変わり前の子どもで性別がわからないなどの場合、質問者を不明に分類した。
＊46　これは離婚宣言に関する破約の贖罪の質問が多い（六八件中、四三件）ためである。
＊47　なお第二章三節および本章第三節一項で既出のガラーア・モスクのウラマーは、モスクに寄せられる質問の傾向について以下のように語っている。

筆者「ファトワーをもらいに来る人は、女性と男性と、どちらが多いですか。」
ウラマー「もちろん女性ですね（笑って）。」
筆者「なるほど。それで、質問者の男女比はどれくらいですか。」
ウラマー「大雑把にいうなら、少なく見積もっても八〇％は女性ですね。男性は考えるから、なかなか質問してきませんが、女性は感情的だから、考えるよりは質問、という感じ。女性は感情で動きますから。」
筆者「年代的には？　若年者と年配者ではどちらが多いですか。」
ウラマー「若者層ですね。イスラームに興味を持っているとか。今までは服装にかまけていたけど、質問したくなったとかね。」
筆者「どういう分野の質問が多いですか。」
ウラマー「まず、離婚ですね。離婚は昔は少なかったんですよ。離婚をすること自体が恥だったんです。生活自体が単純だったし、冷蔵庫もTVもなかったし、いわば村の生活。そう、人生が単純だったし、離婚は恥だった。条件が揃わないと、なかなかできなかった。でも今は離婚が簡単になりましたね。みな現世のことを、来世のことよりも気にして、重視してますからね。今は離婚そのものが増えてますしね。昔は一夫多妻婚であっても、離婚は少なかった。」

筆者「それ以外には何かありますか？」

ウラマー「そうですね、やはり離婚と、家族関係ですね。結婚、養育権、家族との感情的なもつれ、フルウ（*khul'*）、こんなのが主ですね。あと多いのは銀行、つまり利子ですね。イバーダートに関する質問はあまりないです。」

筆者「電話での質問は全体の何割くらいでしょう。」

ウラマー「多いですよ、六〇％くらいですね。」

ガラーア・モスクには、質問者に女性が多いこと、ムアーマラートに関する質問が多いことなど、イスラーム電話との共通点も多い。しかし対面のファトワーのみを記録している記録係によると、子育てや性に関する質問は珍しいとのことで、この点は異なっていた。これは対面かどうかによる、匿名性の確保のレヴェルによる差異であると考えられる。

＊48　逆に、ファトワーに対する怒りの電話がかかってくることもあった。

Q：［女性、四〇代、強い口調で。同じ質問のために、その後四回続けて電話がある］四九八四八番でファトワーをもらいました、納得いきません！　このときはS・Iさんにファトワーを出してもらいましたが、何でですか、全然納得いきません。しかも、どうしてハーリド・ジュンディーさんじゃないんですか、ムフティーが！　どうして銀行に預けてあるお金からまでザカートを支払わないといけないんですか？　こんなの全然いい答えじゃありません！　あの銀行はイスラーム銀行なのに！　イスラーム銀行に置いておいたんですよ！　Iさんは全然質問を理解していません！　もう！

A：我々は一人でここをまわしているわけではないので、誰が回答するかは指名しない限り、わからないんですよ。

私たちは会議をしていて、多数意見をとるのです。少数意見はとりません。それから、誰か特定のムフティーに答えてほしいときは、質問をするときにその旨伝えてください。我々は二一人いるので、そうしないと誰に当たるかわかりません。しかも私たちはムフティーですから、イスラーム法に則って、イスラーム的視点でどうなるかを考えてファトワーを出していかないといけないんです。そして銀行の変動利子は、多数説ではやはりハラームです。それからザカートは、銀行に預けていようと自宅にあろうと関係なく、三〇〇〇ポンド以上あるのなら支払わないといけません。四万ポンドをファイサル銀行に預けているのなら、そこから二・五％の額をザカートとして支払わないといけません［二〇〇六年八月三〇日採取、H・A］。

＊49　非常に珍しいが、婚姻外の性交渉について、独自のシャリーア解釈を行って正当化しようとした質問者もいる。これにはかなりの法識字が必要である。この質問にはウラマーもクオリティ・コントロールのスタッフも驚き呆れていた。

Q：私は二四歳の男性です。お金がなくて結婚できません。うちに来ているお手伝いさんは離婚していて、子どもがいて、今前夫との間の子どもを妊娠中です。クルアーンの規定に従えば、彼女は私の「右手の所有にかかる者［四：二五］（奴隷を意味するクルアーンの慣用表現）」なので、彼女と結婚という形ではなく、性交渉を持ってもいいですか？

A：そもそも、妊娠中の女性は待婚期間中なので結婚できません。無理です。なにより、右手の所有にかかる者という概念は現代ではありえません。彼女はあなたの右手の所有にかかる者ではありません。したがって、彼女と結婚という形でなく、性交渉を持つことはできません。彼女と性交したいのなら、出産後に正式に結婚しなさい［二〇〇六年七月三〇日採取、回答者不明］。

＊50　一応質問はするが、質問を離れて自分の状況や愚痴を延々と話している、明らかに鬱状態、試験が悪かった、ただ話し

たいなど、明らかにカウンセリング的な援助が要求されるケースを筆者が集計した。

＊51　うち一件はキリスト教徒の友人の悩みをムスリムである質問者がウラマーに尋ねたものであった。

＊52　彼女は、彼女の母親に昔求婚したことのある六〇代のウラマーと親しく行き来があった。イスラームについて疑問があるときには彼女はまず家族に聞くが、それでもわからないときには彼を頼っていた。しかしこれは、近所ネットワークの中にたまたまウラマーがいたケースであり、彼女の法識字との関連性はない。事実、彼女は彼以外のウラマーとのネットワークおよび接点を持っていなかった。

＊53　もちろん例外もある。責任者Sの父は五〇代の経験豊かなウラマーで、イスラーム電話ではめったに回答しなかったが、非常に配慮のあるファトワーを出した。ただ、イスラーム電話でよく回答するウラマーの中に、質問者に配慮のないファトワーを頻発するウラマーはいなかった。

＊54　相談の内容や質問者の自己申告から一〇代と特定できた相談と、明らかに子どもからの相談だとわかるものを筆者が分類した。

＊55　血族の絆を意味するアラビア語。姻族は含まない。血族の絆はエジプトでは重視され、始終電話などで消息を聞き、気にかけることを「よい振る舞い」とする規範がある。たとえ親族とトラブルがあっても、子宮の紐帯を自分から切るのはよくない行いとされる。

＊56　アラビア語では兄と弟を区別しないため、キョウダイと表記した。

＊57　日々ファトワーを聞くことは、高度な法識字の獲得に直結する。仕事の利点として、スタッフHは生活上の疑問点や生活態度について多くの知識を得られたことを、Sは得た知識に基づいて確証を持って正しい方法を身近な人々に助言できること、仕事に対し婚約者の理解と尊敬が得られること、知識を持っていることを尊敬されることを、それぞれ挙げた。

第5章 ファトワーに見るジェンダー意識と法文化
――婚姻と姦通を中心に

結婚式にて、花嫁（嶺崎寛子撮影）

1　はじめに

第四章まで、イスラームのジェンダー構造が女性たちとどのように関わっているのかを、イスラーム言説の利用という視座から見てきた。シャリーアの法システムがエジプトの法秩序に占める位置についても第三章で論じた。本章ではそれをふまえ、イスラームの持つジェンダー構造の内容を、ファトワーを資料として論じる。その際には特に婚姻と姦通、男女隔離をめぐるジェンダー規範を取り上げ、イスラームのジェンダー構造の内容と、それがエジプト人のジェンダー意識と法文化におけるジェンダーにどのように、どの程度影響を与えているのかについて分析する。それによって、法そのものに表れる文化＝人々の基本的な世界観や社会観、人生観、価値観や理念その他の、価値的、規範的な「意味」に関わる部分について論じたい。

イスラーム圏を対象とする法研究は、もっぱらシャリーアの規定そのものを研究対象とし、ムスリム個人の法意識や規範についての感覚を扱ってはこなかった。また、シャリーアが規定するジェンダーや、シャリーアのジェンダー規範に対する人々の態度や意識に注目した研究もほとんどなされていない。しかし法制度は社会制度の重要な一部であり、そこに組み込まれたジェンダーは社会や人々のあり方に影響を与える。社会の法意識におけるジェンダーの分析は、その社会を分析する上で不可欠である。

本章で婚姻と姦通を取り上げて論じるのは、それがシャリーアのジェンダー構造および社会規制の根幹を形成する部分だからである。シャリーアでは、婚姻は私的なことであると同時に公的なことと見なされる。ハナフィー派の法学者イブン・アルフマーム（Ibn al-Humām 一三八六〜一四五七）は、ムスリムを生み出しイスラームの繁栄を実現する役割を果たすことから、婚姻をイバーダートに準じる重要な行為だとする［柳橋 二〇〇一：一一］。同派の法学者サラフスィー（Sarakhsī 一〇九六頃没）は、婚姻は、個人の得る諸権利などの世俗的利益と、ムスリムを増やし、イスラームを繁栄させるという宗教的、もしくは公的な利益の両面を持つとする［柳橋 二〇〇一：一一―一二］。このように、シャリーアでは婚姻は公的にも宗教的にも重要な行為とされている。養子と婚姻外の性交渉を禁じるイスラームでは、婚姻が子孫を残す唯一の方法であることも、その重要性の背景にある。ハディースがムスリムは結婚をすることが望ましいとし、結婚を積極的に奨励しているのも、ムスリムの数を増やすためである［al-Bukhārī 婚姻の書］。

そして婚姻と対をなし、婚姻とともにシャリーアのジェンダー構造の基礎になっているのが姦通および姦通罪である。婚姻の奨励と姦通の禁止という対と男女隔離はシャリーアのジェンダー構造を規定し、その他のジェンダー規範の根拠となる、シャリーアにおいて重要で根源的な部分なのである。

2　シャリーアの法益

(1)法としてのシャリーア

第三章で詳述したように、シャリーアはエジプト・アラブ共和国の制定法ではないが、国家法や法律など狭義の法に限定されない、広義の法として強い影響力を持っている。それはシャリーアが宗教に依拠する「神の命令」法であり、かつ一九四九年一〇月に民法典が施行されるまで［堀 一九九九：一三］、今日の国家法に当たる位置を占めていたためである。今日でも、エジプト憲法が「シャリーアの諸原則は立法の主要な源泉である」と規定しているように、シャリーアは国家法の重要な法源と見なされている。[*1] またシャリーアの一部は国家法として採用され、その中に組み込まれてもいる。[*2] エジプトのムスリムの身分法がハナフィー派のシャリーア解釈に基づいているのがその例である。

次にシャリーアとファトワーの関係について以下で要約する。ファトワーはシャリーア上、法的効力は有しないとされる。しかしそれにもかかわらず、ファトワーはシャリーアの法システムの中で、シャリーアの適用に当たり、事実上手続法としての役割を果たしている。ファトワーは、何らかの問題が生じた場合に、シャリーアという原則ルールをいかに適用するかを決定する応用ルールであり、生活レヴェルで個別的にシャリーアの私的規範形成を促進する。ファトワーの分析は、実生活において、原則ルールであるシャリーアがどのように適用されているかを考える上で不可欠である。

本章で扱うファトワーは個人の質問に対して出され、質問と回答《ファトワー》からなっている。特に質問部分は、人々の感覚を分析する上で高い資料的価値を有している。このようなファトワーの場合は、さまざまな紛争（個人の心理的葛藤も含む）の解決を促すため、シャリーアに則った解決法を提示することも、その役割のひとつである。

(2)シャリーアのジェンダー構造

法が何を保護するかや、法に対する人々の意識は文化によって異なる。シャリーアの特徴は、宗教法であること、生活規範や倫理規範が法に包摂されていること、法の目的がイスラーム共同体（ウンマ）の形成および維持にあること、立法主体が神であることなどである。文化としての法を考える場合、このようなシャリーアの特徴とシャリーアの法益を考慮することは、シャリーアの価値体系を分析する上で重要である。以下ではシャリーアが性関係やセクシュアリティに関わる事柄をどのように規定し、何を法益として保護しているのかを整理し、シャリーアの持つジェンダー構造を分析する。

シャリーアの法規定においては、身体の性的成熟と性関係は法律上の権利義務関係に影響する。例えばシャリーアは、成人に達し、法的能力を持つ規準のひとつに性的成熟を挙げる。男性は精通をもって、財産後見に服さずに財務処理を行う法的能力を獲得する。

女性の場合は、処女か非処女かが法的権利や行為能力の判断基準となる。処女の女性（理論的には未婚女性）は父親の婚姻強制に服するが、非処女の女性（理論的には結婚経験のある女性）はそれに服さないため、処女か非処女かによって行いうる法律行為が異なる。未婚女性の婚姻時には後見人を立てなければならず、後見人の許可なく女性の意思のみで行われた婚姻は、無効であるとされる［Muhammad 1997a: 30］。シャリーアにおける婚姻では、床入り完了が妻の法的権利が発生する契機であり［Wahba 1997a: 7］、権利義務が発生するか否かを審議する上で、性交の有無が法的に重要になる。[*3]

以下では、夫婦の権利義務関係および姦通を事例に、シャリーアの法構造に見るジェンダーを検討する。シャリーアでは、夫は妻に対して絶大な権利を有しており、それは、妻は夫の支配に服するという概念によって説明できる［柳橋 二〇〇一：二五六］。夫の権利は妻の親の権利より優先される。[*4] 法的に定められた夫の義務は婚資の支払い、衣食住を含む妻の扶養（妻の待婚期間および離婚後の授乳期間を含む）であり、夫の権利は妻に対する懲戒権、離婚権、性交要求権、妻が婚家から出るのを禁ずる権利、旅に妻を同伴させる権利、授乳を禁じる権利（シャーフィイー派のみ）、推奨《スンナ》された断食を禁じる権利、別の妻を娶る権利［柳橋 二〇〇一：二五六］である。断食を禁じる権利が夫にあるのは、断食中は性交が禁じられているため、断食が夫の性交要求権を侵害するからで

表 5-1　シャリーアの定める夫婦間の義務と権利一覧

	義務	権利	義務ではないこと
夫	・マフル（婚資）の支払い ・妻の扶養（衣食住を含む） ・離婚後の待婚期間および授乳中の扶養	・性交に応ずるよう求める権利 ・授乳を禁ずる権利（シャーフィイー派のみ） ・推奨された断食を禁じる権利 ・婚家からの外出を禁ずる権利 ・懲戒権（方法に制限有） ・離婚権 ・違う妻を娶る権利（妻が性交義務を果たさない場合もしくは平等に扱える場合） ・旅に同行するよう求める権利	・家事労働 ・育児
妻	・性交 （原則として拒否できない）	・扶養される権利 ・性交に応ずるよう求める権利 ・一定期間、妻のもとで過ごすよう要求する権利	・家事労働 ・出産

注）筆者作成。

ある［Muhammad 1997b: 567］。授乳の禁止も、授乳中は性交が事実上不可能になるためと説明される［柳橋 二〇〇一：二五六］。夫の権利のうち懲戒権と離婚権を除く権利が、夫の性交要求権の保護を目的としていることは注目に値する。

妻の権利は、扶養請求権、一定期間妻のもとで過ごすよう要求する権利であり、義務として性交義務がある。シャリーアは既婚女性に夫との性交を拒否する権利を与えておらず［Muhammad 1997a: 67］、女性の性的自己決定権を保護していない。また家事労働および出産はシャリーア上妻の義務とは見なされていない。その他、妻には、一定期間夫が妻を遺棄し性交渉を持たない場合や、夫が不能の場合、夫がらい病の場合などに限り、離婚請求権がある。妻は、夫からの求めや禁止に従わない場合には扶養請求権を失う［柳橋 二〇〇一：二五七］。

これらの規定から、シャリーアは婚姻を「性交から得られる快楽と婚資が対価関係に立つ一種の有償契約」［柳橋 二〇〇一：一二］と見なしていると考えられる。*5 なおシャリーアは快楽としての性を容認し、それを享受する権利を男女共に認めている［Muhammad 1997a: 67］。*6

近代法では個人的なこととされる性的な関係が、権利義務関係として婚姻契約の中心となっていることが、ここから明らかである。

婚姻によって法が保護しようとしているのは端的にいえば夫の性交権と妻の扶養請求権、そして性交の合法化による姦通罪の不適用である。婚姻の効果として、姦通を犯す危険性の回避が挙げられている［Muhammad 1997a: 6-7］ことは、この点からも重要である。

姦通罪はイスラームのジェンダー構造を考える上で非常に重要な概念である。以下で姦通の法規定について整理する。シャリーアでは婚姻によってのみ性交が合法化され、婚姻外の性交渉は姦通（*zinā*）として処罰の対象となる。シャリーアは姦通を厳禁し、ハッド刑を科している。歴史的には姦通罪はカーディー（*qāḍī* シャリーアに基づく裁判官）が執行する刑のひとつ［柳橋 二〇〇二：一〇二］であった（未婚者は鞭打ち八〇回、既婚者は鞭打ち一〇〇回もしくは石打刑［石打による死罪、学派によっては加えて一年間の追放刑］［Muhammad 1997: 213-222］）。姦通の禁止はシャリーアの法源であるクルアーンやハディースで言及されており［クルアーン 一七：三二、二五：六八―六九など、al-Bukhārī 刑罰の書］、強い法的根拠を持つ規定である。法学書は以下のように述べる。

「姦通は禁止行為であり、大罪で、罪の中でも最も罪深い。ウラマーたちはその罪を減刑することはできないという意見で一致している。そのため、姦通のハッド刑は、ハッド刑の中でも最も厳しい。それは姦通が名誉と血統に対する重罪であるからである。（中略）姦通のハッド刑は神の権利に属し、減免する権利も神に属する。すなわちその権利は社会に属する。それは姦通の結果、家族や血統、社会の秩序が攻撃されるからである」［Wahba 1997: 5345］[*7]（傍線部は引用者による、以下同）。

以上から、姦通罪の法益は個人の性的自己決定権や財産権ではなく、血統および名誉の保全、つまりイスラーム共同体の秩序維持であると考えられる。イブン・ルシュドは、姦通を防ぐ目的のために女性を婚姻させる権利が後見人にあるとしている［柳橋 二〇〇一：六二一―六二三］。これは性的に成熟した女性が独身でいると姦通を犯す危険が高まるために設けられた規定である。女性の性欲の存在が法の前提になっていること、姦通の抑止が後見人による婚姻強制の理由となっていることがわかる。ここからも、性的自己決定権よりも、姦通の防止が法的に重視されていることがわかる。姦通については本章三節二項で詳述する。

以上のことから、シャリーアは社会秩序に背いた性交渉を厳罰に処す一方で、婚姻を奨励し婚姻内での性を容認することによって、快楽としての性の社会秩序に従った分配を目指していると考えられる。

以下ではイスラーム電話のファトワーを用い、その他のジェンダー規範について概観する。同性愛は婚姻外の性交渉であり、姦通と見なされる［Muhammad 1999: 282］。服装も男女ともに人目にさらしてはいけない部位が定められており、その規定にはジェンダー差がある。異性装はシャリーアで禁止されており、その法源はハディースに求められる［al-Bukhārī 衣類の書六二節］。実際のファトワーでも異性装は禁止されていた。

Q：高校生です。ええと……ええと、同性愛の関係になりました。近所中が僕が何をしたか知っているとき、どうやって近所の人々とやっていけばいいでしょうか。同性愛はもちろん禁止事項ですけど、どうすれば……。僕はどうやって反省したらいいでしょう。それから今後どうやってやっていったらいいでしょう。みんな知っているんです。

A：同性愛は大罪の中の大罪です。自分をそのことから遠ざけるようにしなさい。黙っていなさい。近所の人々やほかの人たちに言う必要はありません。あなたが本気で後悔して二度としないと誓うのなら、神さまはあなたの悔い改めを受け入れてくださいますよ。二度としてはいけませんよ。もし近所の人たちが、あなたがしてしまったことを知っているのなら、遠くへ、誰もあなたが悪いことをしたと知らないところへ、行きなさい。悪い友達からは一刻も早く遠ざかることです［二〇〇六年九月一一日採取、回答者M・K］。

Q：ズボンを穿くことと、歌を歌うことは禁止行為《ハラーム》なんですか？　母が、その二つは禁止行為《ハラーム》だからしてはいけないって、言うんです。わかりやすく教えてください。

A：女性が男性のような格好をすること、つまりズボンを穿くことはハラームです。女性は男性のような格好をしてはいけませんし、その逆もまたそうです。お互いがとても似ているような格好をすることはハラームです。歌については、いい歌と悪い歌があります。宗教的な歌は許されていて、欲望を喚起するような歌は禁止行為《ハラーム》です［二〇〇六年九月一一日採取、回答者S・I］。

シャリーアでは、性的指向や服装など、近代法では自己決定権に服するとされる事柄が、法的規制の対象とされている。ジェンダーやセクシュアリティの法による管理と、シャリーアおよびファトワーという形での管理の明文化が、シャリーアの特徴である。

管理は、姦通というイスラーム共同体の秩序を乱す犯罪の防止を主な目的として行われている。ところで、女性の身体的魅力や性的魅力、誘惑を表すアラビア語はフィトナ（*fitna*）という。この単語は同時に（共同体内部で起こる）内乱、騒乱、暴動などの意味をも持ち、年代記などでも頻繁に使われる。女性の誘惑と暴動が同じ語で表されるという事実は、女性の性的魅力が共同体の秩序を乱す要因と見なされていることを示唆する。*8 共同体の秩序を乱しうる女性の性的魅力を、法的に管理することがシャリーアでは目指されている。

以上、シャリーアのジェンダー構造をまとめると、結婚および姦通の法益が共同体の秩序維持であることや、異性装の禁止などから、シャリーアでは、セクシュアリティは法によって管理されるべき、公的な領域に属する事柄と見なされていることがわかる。シャリーアはこの点で、近代法とは発想を異にする。そのためかは不明だが、シャリーアを国家法として採用する際、政府は条項を付け加えるなどしてシャリーアの法規定がそのまま適用されないよう改変を加えた。例えば、後見人がその権利を強制的に裁判官によって失効させられる場合として、エジプト身分法は以下の要件を定めている。

「①後見人が、強姦、猥褻または被後見人の一人が被害者であるときに売春に対する法律違反を犯し、刑罰に処せられたこと。（中略）③売春取締法に違反したために後見人が幾度か刑罰に処せられたこと」（一九五二年デクレ - ロア一一八号二条、三条［塙 一九九九：四〇］）。

以上から、エジプト身分法が後見人による性的虐待などの可能性を視野に入れ、被後見人の保護を図っていることがわかる。またシャリーアの法解釈では、男性にはフィトナはないとされ、フィトナは女性のみが備える特性だとされている。しかし、それ以外の法的制裁や刑罰の重さにおけるジェンダー差はない。しかし、現行のエジプト刑法の姦通罪の規定には明らかなジェンダー差がある。

「妻の姦通は、不倫行為が婚姻生活中になされたときは、刑法上の制裁をうける。これに反して、取消不能の棄妻後または夫の死亡後の待婚期間中に生じた性的行為は処罰されない。刑法典二七四条により定められた（妻の姦通に）対する刑罰は、夫よりの申し立てに基づいて二年以下の懲役とされている。夫の姦通についての罰はあまり厳しくなく、不倫行為が婚姻住居においてなされたことを条件として、六月以下の懲役である」［塙 一九九九：六二］。

エジプト刑法では、姦通罪に対する罰則の執行が制限され、ジェンダー差が組み込まれていることがわかる。シャリーアを国家法に組み込む過程で姦通罪の適用範囲を狭め、申し立て資格を持つ者を限定したことなどにより、姦通罪は強制可能性を一部喪失し、法の持つ意味および保護法益を変容させている。ここでの姦通罪の規定は、夫および妻（主として夫）の性的独占権を保護法益[*9]としていると考えられる。

3 紛争のトピックとしてのセクシュアリティ、ジェンダー

本節では、法そのものではなく、人々の法意識を扱う。シャリーアが生活の細部にわたる規定であるために、ファトワーのカヴァーする領域は結婚、

表 5-2　姦通罪の性質の違い

法	申立資格を持つ者	適用される者	成立要件	罰則規定	法益
シャリーア	共同体成員	共同体成員	性行為（挿入）を目撃した 4 人の証人	未婚男女：100回の鞭打ち刑 既婚男女：石打による死罪	共同体の秩序
エジプト民法／刑法	夫および妻	夫と妻	妻：婚姻中 夫：婚姻中かつ婚姻住居での行為	女性：2 年以下の懲役 男性：6 ヶ月以下の懲役	配偶者の性的独占権・財産権

注）筆者作成。

離婚、遺産相続、売買、被服、宗教生活など多岐にわたり、日常生活上のほぼすべてに関連している。そのためウラマーに寄せられる質問も多岐にわたるが、特にジェンダー関係の質問が多いのは特筆に値する。第三章でも触れたように、本章の主要な資料であるムハンマド・バクル・イスマーイールのファトワー集の相談内容別の内訳は、総数三三三件のうちで売買（利子、税金、遺産相続含）一二二件（三六・九％）、喜捨（ザカート）九件（二・七％）、ジェンダー関係一〇八件（三二・六％）（結婚および結婚生活五九件、婚約一一件、離婚一四件、リプロダクティブ・子育て一三件、その他一一件）、医療四四件（一三・三％）（うちジェンダー関係一五件）、裁判手続き五〇件（一五％）となっている。医療に分類されるファトワーの中の、処女膜再生などジェンダー関係のファトワーも含めると、ジェンダー関係のファトワーは非常に多く、全体の三七・二％を占める。

以下では、ジェンダー関係のファトワー一〇八件を分析する。そこで何が問題となっており、なぜそれらが問題とされるかの分析は、彼らの法意識を理解する上で重要である。シャリーアの法規定の適用を分析することによって、理念としてのシャリーアが実際にどう受け止められ生きられているのかを把握することが可能となる。ここでは非常に特徴的かつ示唆的なファトワー群二つの分析をする。ひとつ目のファトワー群は主に質問者自身の振る舞いに関するファトワー、二つ目のファトワー群は他人の振る舞いに関するファトワーである。

(1)いかに振る舞うべきか——男女隔離規範・セクシュアリティを事例に

エジプトのジェンダー規範のうち重要なもののひとつに、男女隔離規範がある。エジプトの男女隔離は公共空間で公権力によって厳密に行われているわけではないが、社会規範として非常に強い影響力を持っている。どんなときに、誰に対して、どれだけ距離を保つべきか、どのような振る舞いが許されているのかを規定するジェンダー規範の根底にあるのが、男女隔離規範である。しかしこの規範は、仕事上の規範など、他の社会規範と抵触しやすい。以下ではファトワーを事例に、他の社会規範とジェンダー規範との関係を整理する。次に社会規範同士が対立する場合にどのように振る舞うべきか、換言すればどの規範が優先すべきだと見なされているのかを検討する。

男性からの質問：私は弁護士です。依頼人の秘密を守るため、依頼人と私の事務所で二人きりになって話を聞きます。問題は依頼人が女性の場合です。私はどうすればよいのでしょうか。女性と二人きりになるのは禁止行為（ハラーム）です。しかし私の事務所は狭く、もし扉を開けておいたら、言葉が外に漏れ、内容が外に座っている人々に知れてしまいます。私はおかげさまで分別も慎重さも持ち合わせているのですが、痛くもない腹を探られ、疑われるのを避けたいと思っています。どうしたらよいでしょうか？

回答：（中略）あなたの仕事上の責務についてだが、私はもし扉を閉じなければ依頼人の秘密を保持できないような状態なら、その依頼を受けないよう勧めます。依頼人と二人きりになる必然性はないからです。依頼人に、あなたの事務所ではない会合の場所を指定するよう求めるか、秘密を保持できる男性か女性を連れてきて同席してもらうよう要求しなさい［Muhammad 1999: 459-460］。

質問：子どもを取り上げる人について、妻と私は異なった考えを持っています。私は男性医の方が、女性医より決断力があり、いざというときに迷わず決めてくれるのでよいと主張したのですが、彼女は女性が夫以外の人にアウラ（親族以外の異性に見せてはいけないとされる身体の部位。この場合は陰部）を見せるのは禁止行為（ハラーム）

だと言い、男性医に行くことを拒否しました。結局ムスリムの女性医に取り上げてもらうことにしましたが、難産で女性医では手に負えなくなり、女性医は男性医に援護を求めました。妻はあまりの痛みのために男性医の診察に応じました。彼女は自分が大きな罪を犯したと感じています。出産後体調が戻った後、それについてウラマーに聞いてみるよ、と私は妻に言いました。これについてシャリーアはどう定めていますか？

回答：あなたの妻には男性医を拒否して女性医を選ぶ権利がある。その女性医が確かな技術を持っているのならば。ムスリムの女性医ならば、なおよい。もし、確かな技術の、ムスリムの女性医が見つからなかった場合には、ムスリムでない女性医、それも無理ならばムスリムの男性医でもかまわない。この場合、男性医にアウラを見られることは忌避行為（マクルーフ）には当たらない。それはウラマー全員の合意事項でイジュマーが成立している。「必要は禁止を解除する」状態だからである。

ところで男性医の方が技術的に優れていると言ったことについてだが、これには根拠がない。産科でもそれ以外でも、女性医で男性医より優れた医者がいることもありえる。神のみが知り給う［Muhammad 1999: 287］。

最初のファトワーは、仕事の必要や社会生活の利便性よりも、異性が二人きりになってはならないという規範の遵守を優先している。社会的規範の順序として、ジェンダー規範は職場の規範など他の規範よりも優先順位が高く、強い拘束力を持つことが、ここからわかる。緊急時にやむをえずジェンダー規範を破った女性が罪悪感を覚えるケースは、人々が規範の中でも特に、ジェンダー規範を遵守するよう社会化されていることを示唆する。ファトワーは必要な場合は禁止は解除されるとし、この場合の規範逸脱を容認している。仕事上の利便性が、必要な場合とされないことに注目したい。男女が二人きりになることの禁止はしばしばファトワーの中で言及されている。これは、質問者がこの規範について知識を持っていること、この規範が人々の行動基準になっていることの表れである。*10

質問：婚約者と二人きりで話すのは禁止行為《ハラーム》だと知ってはいるが、お互いにもっと知り合うために監視されないで話したい。もちろん、それ以上は望まない。電話はいい方法だが、時々礼儀に反する形でお互いの愛情を伝えてしまう。電話で愛を語ることについて、宗教上の見解を教えてほしい。

回答：電話をするのは構わない。しかし紳士的に話すこと。諺は、火と油を一緒にしてはいけない、と言う（後略）［Muhammad 1999: 196-197］。

質問：家に時々夫の兄弟が来る。彼の前で頭と顔を隠さなければならないか？　また、彼と座って適切な話をすることはできるか？

回答：夫の兄弟はマハラムではなく他人なので、彼の前で頭を見せることはできない。しかし前出のように顔半分は出していてもいい。彼と二人きりになることはできないが、公共の場所で話すことは可能である。兄弟の家を訪れてその妻と話すのは他の女性と話すよりも容易で、恥ずかしくないための行動であるが、そのような権利は彼にはないことを知らなければならない［Muhammad 1999: 317］。

質問：婚約者に顔を見せた。次の訪問時も彼は顔を見ることを望み、彼が来るときはニカーブ（顔全体を覆うタイプの被り物）をとるように求めたので、拒否した。彼は怒り、（宗教的に）頑固だと私を非難した。私と彼とどちらが頑固か？

回答：婚約者には、婚約者の顔と手、踝までの足（アウラではない部分）を見る権利がある。しかし、それ以上は不可能である。したがって彼に対しニカーブを脱ぐのを許可するべきである。クルアーンに「神は容易な道を望み、困難を強いない」とある［Muhammad 1999: 200-201］。

若い男性が恥ずかしがりながら質問：性生活の際、行為の前と最中に男性が注意するべきことは何ですか、また女性が注意することは？　行為の後、すぐに大洗浄を行わないといけませんか？　夜明けの礼拝の時間まで、大洗浄をしないでいるのは罪に当たるでしょうか？［Muhammad 1999: 268］。

質問（女性、家の状態を説明した後で）：家は狭く、一部屋しかないので、そこにまだ小さい子どもと夫と私で寝起きしています。夫は性交渉をしたがりますが、子どもがいるためそれを拒否してきました。他に相応しい場所はなく、昼間は暇がないのです。夫は一ヶ月ほどご無沙汰なので怒っています。偉大なシャイフがおっしゃったように、私は大罪を犯しており、私は天使に、その状態が改善されるまで呪われ続けるのでしょうか？

回答：これは好ましくないが、やむをえない。好ましくない行為（マクルーフ）である。子どもが幼く、事情がわからないうちはよいが、子どもが大きくなって、マスターベーションをする年ごろになったら、そのような子どもの前で性交するのは禁止行為（ハラーム）である。できれば部屋を分けるのがいい（後略）［Muhammad 1999 : 279-280］。

これらは社会的場面における振る舞いに関する質問と考えられる。男女が二人きりになりうる範囲、性行為の方法、婚約者、夫、妻、義兄弟に対する振る舞いなど、「ジェンダーが問題となる、さまざまな社会的場面における、シャリーアが合法とする態度とは何か」に関する質問は、非常に多い。性生活など極めて私的な質問があるのも注目に値する。それらの質問は具体的かつ詳細である。質問のこの分野への集中は、ジェンダー規範に対する人々の関心の高さと、ジェンダー規範遵守の難しさの表れである。例えば婚約者に対する振る舞いに関する質問は、この問題に関して婚約者たちが望む精神的・肉体的距離と規範とのズレが生じやすく、紛争(特に心理的な葛藤)が生じやすいことを示唆している。またそれらの質問は、ジェンダー規範が社会的な人間関係に先立ってその人間関係を規定し、根底から支える規範であることを示唆する。

シャリーアが生活の細部にわたる詳細な規定を定めており、日常生活におけるすべての行為がシャリーアが定める行為の五範疇(①義務行為(ファルド)、②推奨される行為(マンドゥーブ)、③許容される行為(ムバーフ)、④好ましくない行為(マクルーフ)、⑤禁止行為(ハラーム))に分類されることは前述した。そのため、人々はムスリムとして正しい生活を望む限りにおいて、個々のケースにおけるシャリーアの裁定を必要としている。特にジェンダー関係の質問が多いのは、ジェンダー規範が日常生活における人間関係のあり方を規定し、かつ規範からの逸脱には社会的制裁が科されるため、彼らにはジェンダー規範に相応しい振る舞いを常に意識する必要があるためである。

ジェンダー関係のファトワー一〇八件のうち、社会的役割についての質問は六〇件あり、うちジェンダー規範についてが四九件、セクシュアリティについてが一一件あった(対象者の性別が判明したもののうち、女性の男性に対する振る舞いについてが一八件、男性の女性に対する振る舞いについてが二七件)。

セクシュアリティに関する質問は、①シャリーアが唯一合法とする婚姻内の性関係も、断食月の日中や妻の生理時など、禁止される期間が定められていることと、②性行為そのものが五範疇に分類されている（例えば肛門性交は禁止行為、性交時に全裸になることは好ましくない行為）ために、個々の性的行為についてのファトワーが必要とされていることを示唆する。また、シャリーアが定める妻の夫に対する義務の中に性交義務が含まれていることが広い了解事項であるために、性的な問題が宗教的な問題となり、心理的葛藤の原因になる場合があることが、最後のファトワーからわかる。シャリーアは婚姻と性を社会的規制の対象としている。そのため、性的な、筆者からすれば非常に個人的な事柄が、彼らにとっては質問すべきことと見なされるのである。

しかし第三章で触れたように、禁止行為《ハラーム》を除けば、行為を実行するかどうかは基本的には本人の自由裁量であり、神の罰則を受けるのも本人自身である。社会的規範をどの程度、どのように守るかは、禁止行為《ハラーム》を行わないかぎり自由である。したがって、ある行為が五範疇のどこに分類されるのかは、ムスリムが行動を決める上で重要である。信仰の程度によるが、シャリーアに従って生活したいと望む限りにおいて、彼らには性的な事柄をファトワーという法的な「ふるい」にかける必要が時として生じる。

(2)共同体――姦通告発と姦通中傷

本項ではシャリーアで認められている、姦通した男女に対する姦通告発と、姦通告発したが、証拠を提出できなかった場合に科せられる罪、姦通中傷罪（*qadhf*）を事例として、共同体によるセクシュアリティの監理について検討する。

質問（回答者による要約）：彼女は夫と離婚したあと、別の男性と三回の生理を待つことなく結婚した。婚姻契約書を書く役人の質問には、三回の生理はきたと回答した。実際には前夫と離婚して六五日目に婚姻契約を結び、直後に床入りした。近所の男性が彼女にその結婚は無効だと言った。彼の言うことは本当か。もしそうなら、どうすればいいか（引用者注：シャリーアは離婚後の待婚期間（イッダ）を、生別で閉経していない女性の場合は三回の生理がくるまでと定めている。床入りの有無が問題になるのは性交がなされたかどうかで待婚期間が異なるためと、床入りが婚姻契約履行の要件であるため）。

回答：結婚は無効なので二人を別れさせよ。彼女の最初の夫の分の待婚期間と、無効になった次の男性の分の待婚期間が終了したら、結婚してもよい。しかしその場合は婚姻契約と婚資を新規に整えなければならない。マーリク派だけは見解を異にしている［Muḥammad 1999: 206。第三章の一一三―一一四頁に既出のファトワー］。

医者の質問：私のもとに夫婦が来て妊娠検査をしました。妻は妊娠していましたが、私はかねてから夫は不妊であると診断していました。夫にこのことを伝え、おそらくその妊娠は夫以外の男性によるものだと言ってもいいものでしょうか？

回答：それを夫に伝える権利は医者にはない。もしそうした場合はその医者は八〇回の鞭打ちを覚悟しなければならない（八〇回の鞭打ちは姦通中傷罪に対する刑罰）。クルアーンは「評判に傷がついていない人妻を中傷したにもかかわらず、証人を四人挙げることができない者には八〇回の鞭打ち刑を科す。以降このような者の証言は一切無効とする（二四：四）」と述べている。この医者は、その女性が男性と姦通した場面を目撃し、その日時と場所、彼女のそのときの態度を証言できる四人の証人を集められるのか？　それらの証人たちは、マスカラ入れの容器にその筆が入っているように、男性の性器が女性の性器に挿入されていたところを見たのか？　以上が、ウラマーたちが法学書で述べている姦通が成立する要件である。四人の証人を集められない場合は、医者はその秘密を保持しなければならない（後略）［Muhammad 1999: 366-367］。

シャリーアが無効な婚姻や姦通告発を当事者以外にも許していることに留意する必要がある。シャリーアでは曖昧性を持つ婚姻[*11]を除き、無効な婚姻は姦通罪に当たる。姦通罪に関してはムスリムすべてにそれを防止する義務があるとされているため、その婚姻に直接の利害関係を持たない第三者も結婚に異議を唱えることができるという法構造に注目したい。このムスリムの義務についてファトワーは以下のように述べている。このファトワーについては本章第四節で詳述する。

「もし、よくないことを見聞きしたり、近所の女性や子どもを守らなければならない必要があるときには、（詮索の）禁止は意味をなさない。その場合は、近所の人々は積極的にその問題に入り込み、より悪い状況や大変な状況を避けるために努力しなければならない。（中略）しかし間違っても、身持ちのいい女性に悪いレッテルを貼り、彼女を苦境に陥れるようなことがあってはならない。一度貼られてしまったレッテルを撤回するのは難しいからである。いと高い神は言う「醜聞が信徒の間に広まるのを見て喜んでいるような者どもは、苦しい罰を蒙ることになろう[*12]［クルアーン二四：一九］」［Muhammad 1999: 339］。

以上から、姦通を防ぎ、違法な関係を予防するムスリムの義務が広く認識されていることと、義務遵守が一定の要件を満たす場合に要求されていることがわかる。シャリーアがジェンダーやセクシュアリティに関する振舞いを規定しているため、それらは法的問題となる。ジェンダーやセクシュアリティはエジプトの人々の法意識においては私的な問題ではなく、姦通を防ぐため相互監視し、法的に議論されるべき公的な問題と位置づけられている。したがって、特にセクシュアリティの管理・保護については、個々人のリプロダクティブ・ライツではなく、イスラーム共同体の秩序維持が法益と見なされていると考えられる。

ジェンダー関係のファトワーの中で、第三者である監視者によって、シャリーアのジェンダー規範に背く関係性に対するクレーミングがなされうるような状況に関する質問は五〇件と多い。これはこのようなクレーミングが比較的普通のことであり、ジェンダーに関するクレーミングが日常的に生じていることを示唆している。こうしたジェンダーに関わる、特にセクシュアリティに関わるクレーミングは、クレーミングされた側に甚大な被害を与えうることがファトワーからわかる。この被害に自覚的であるからこそ、ジェンダー規範を遵守するための、前項で取り上げたファトワー群によって、自己の振る舞いを絶えずチェックする必要が生じると考えられる。クレーミングする側にとっては、シャリーアに照らしてそれが正当な行為であるかが問題となる。シャリーアは姦通中傷罪を重罪とし、ハッド刑を科しているからである。医者に出されたファトワーは、この場合は姦通告発は違法であり、姦通中傷罪で罰せられるとしている。クレーミングも一定の条件を満たす方法でなされなければならず、クレーミングする側にも葛藤があるようである。クレーミングする側の動機については次節で詳述する。

実際には、シャリーアの姦通罪の成立要件が厳しいため、姦通罪の成立は自己申告以外はきわめて難しい。また姦通罪のハッド刑は国家による強制可能性を喪失しており、実際の法運用場面でハッド刑を科されることはない。それにもかかわらず、姦通を中心とするジェンダー規範に関するクレーミングが多くなされていることは注目に値する。ジェンダー規範に関しては、人々は国家法よりもむしろシャリーアの規定を重視し、その遵守を要請している。ここから実際の国家法の規定および法運用と人々の法意識にズレが生じていることがわかる。

しかしながら、人々がシャリーアの規定を重視しているとも、実は一概にはいいきれない。姦通に関するクレーミングをする際の規準は明らかにシャリーアの定める規定よりも甘く、姦通告発は比較的容易になされる傾向がある。例えば、二〇〇〇年八月の午後三時半ごろ、筆者は偶然、カイロのドッキ地区の路上で「姦通だ!」「彼女は姦通を犯した!」と五〜六人の男性がやかましく話し合っているのに遭遇した。彼らはマンションのエントランスに人だかりを作って階段の上を見上げ、その声につられて二〜三人が集まってきつつあった。筆者の連れのアズハル大学でイスラーム学を学ぶインドネシア人留学生が人々に割って入り、姦通を犯したとはどういうことか詳しく説明を求めたところ、「彼女は男と二人きりで一緒にいた」「だれも同席していなかった」「とても長い間二人きりでいた」と彼らは答えた。留学生がアズハルの学生だと名乗った上でシャリーアの規定を説明し、それだけでは姦通罪に問うことはできないと指摘すると、男性たちは気勢を削がれた様子で鼻白んだが、なおもぶつぶつと何かを話し合っていた。その後どうなったかは立ち去ったため不明である。この事例は、実際の適用においてはシャリーアの定める成立条件は問題ではなく、姦通を推定される条件——男女が寝室に二人きりで長時間いること——さえ揃えば、それだけでクレーミングしうる、と人々が認識していることを示唆している。姦通に関しては、シャリーアよりも一歩踏み込んだ解釈が慣習として一般化している。

以上から、姦通を防ぐムスリムとしての義務が法意識として人々に共有されていること、セクシュアリティにかかる事柄については相互監視・管理が厳しくなされること、姦通告発はシャリーアの規定を満たさずとも慣習に則って容易になされがちであること、ジェンダー規範に関するクレーミングはクレーミングされた側に甚大な被害を与えうることがわかる。姦通を共同体の秩序を乱す犯罪と捉え、誰もが告発できる犯罪とした結果、シャリーアは悪意を持つ第三者が姦通告発をする危険性を排除できなくなった。シャリーアは姦通の定義を厳格にして合法な姦通告発を事実上不可能にし（これは姦通罪が事実上親告罪になったことをも意味する）、かつ姦通中傷罪にハッド刑を科すことでこの問題を解決しようとした［クルアーン 二四：二四］が、それでも姦通告発をされた側の名誉の問題は残る。これはシャリーアの法構造が持つ限界であると考えられる。*13

シャリーアの姦通罪にはジェンダー差がないが、エジプト刑法の姦通罪にはジェンダー差があることは前述した。共同体や家族成員などによる私的制裁においてはよりその傾向が顕著であり、父親や親族によって女性が殺される場合もある［Muhammad 1999: 257, 284, 380］。性的な規範の侵犯に対し、共同体によって個人に科される罪には顕著なジェンダー差があり、管理は女性に対してより厳しくなされている。

4　公平感——規範と現実のはざま

ジェンダー規範は性交渉を禁止されている未婚の若年層に、より強い影響を与えている。性行為を合法化する唯一の手段は婚姻だが、都市部では婚姻が非常に難しい。エジプト女性の初婚年齢は一九六九年には一九・八歳だったが、二〇〇〇年には二三・三歳になった。二〇〇〇年のカイロの女性初婚年齢は二五・七歳、アレキサンドリアのそれは二六・九歳であり［UNDP 2001: 148］、特に都市部で晩婚化が進んでいる。失業率は都市部で七・〇％だが、都市部の一五〜二九歳の失業率は一九・七％であり、特に若い世代が就職難であることがわかる［UNDP 2001: 157］。

慣行として、婚姻にあたって夫は住居（持ち家が望ましい）、結婚諸費用、婚資、シャブカ（婚約の際に贈る貴金属）、結婚後の生活費を用意しなければならない［Muḥammad 1999: 185-187, 201-202, 206-208, 210-212］。妻側は家具など新居の動産の半分と婚約式の費用を負担する［Muḥammad 1999: 208-210］。人口増加や農村部からの人口流入（都市部の人口は全人口の四二・六％（一九九六年）、一九八六〜九六年の都市部の人口増加率は一年で一・八％［UNDP 2001: 159］）による都市部の住宅難、高失業率、賃金格差の拡大などにより、婚資を貯められない若者が多く、結婚は資産が蓄えられるまで通常五〜六年延期される［Shahine 1999; Tadros 1999; Ayoub-Geday 2001: 107］。経済的な理由による破談などのトラブルも多く発生［Muḥammad 1999: 208-213］、主として経済的な問題から結婚難が社会問題になっている。このような状況下でジェンダー規範と現実の間にどんな問題が起きているのかを、都市部の若年層を中心に行われている民法上無効な婚姻、ウルフィー婚と、クレーミングする側の動機という二つの側面から分析する。

⑴ウルフィー婚――規範のはざまで

ウルフィー婚については第四章四節でも触れた。これはエジプト民法とシャリーアの規定のズレを利用した、民法上は無効だがシャリーアのハナフィー派の少数説をとれば合法な婚姻である。ウルフィーとは語根（ʿ,r,f）の派生形で、「私的な」「慣習的な」を意味する。エジプト民法は基本的にはシャリーアに依拠しているが、届出婚制度をとっており、ムスリムの婚姻要件を、①二人のムスリムの証人の立会い、②公証人の前での婚姻証書の作成、③法定の障害がないこととしている［Aḥmad 2000: 1457-1472］。民法では婚資は必要要件ではない。婚姻登録を行わないウルフィー婚は民法上無効である。ウルフィー婚はハナフィー派のシャリーア解釈に基づく婚姻で、ハナフィー派が定める婚姻要件、①ムスリムの証人の立会い、②婚資をすべて満たすが、他の学派が必須の婚姻要件とする女性の後見人の関与がない。婚姻の事実は家族にも伏せられ、婚姻は秘密裏に行われることが多い。同居は通常行わない。ウルフィー婚は都市の大学生の間でさかんであるとされ、一九九〇年代から社会問題となった。男女共学の大学がほとんどで、大学が親や地域共同体の管理から比較的自由な場であることが、大学での恋愛とウルフィー婚を増加させる要因となっているようである［al-Jumyālī 1999: 259-260］。恋愛をしたが、婚資の不足、職や家を持たないことなどが障害となり、親から結婚を反対されたカップルなどがウルフィー婚を選ぶ。婚姻証書を作る場合は、それをかなりの割合で夫が持っている［Tadros 1999; Shahine 1999］。婚姻証書の不所持は婚姻の事実を証明する書類の不備を意味し、裁判になった場合、女性に不利な結果をもたらす。*14

質問：かつてウルフィー婚で結婚した。婚資も証人も揃った結婚だったが、私の家族がそれを知らないまま、夫は私を離婚した。その後私に求婚する男性が現れた。彼は私が結婚していたことを知らないので、私を処女だと思っている。本当のことを彼にはとても言えない。彼が私との結婚を拒否することも、家族がウルフィー婚のことを知って私を、具体的にどういう方法でかはわからないが、ひどく罰することも、親戚などにそれが知れてひどく恥をかくことも、すべてが恐ろしいからである。（中略）処女膜再生手術を受けてもいいものか、またウルフィー婚は正式な結婚なのか、手術をする医者は罪に問われるのか？（後略）

回答：（中略）ウルフィー婚は無効である。結婚には必ず後見人の許可が必要である。後見人とは親または男兄弟、オジなどで、これにはイジュマー（引用者注：ウラマーたちの法的判断の一致）がある。また結婚には、将来にわたって継続させる意思が必須であり、これがない結婚はムトア婚（*mut'a* 引用者注：シーア派の一二イマーム派が認める、終期を定める一時婚）と変わらない。ムトア婚はシャリーアで禁じられている。ハナフィー派は後見人の許可なしでの結婚を合法としているが、[*15] 将来にわたって結婚生活を続ける意思のない結婚を合法とはしていないので、ウルフィー婚はハナフィー派でも違法である。（中略）その手術をしてはならない。問題の解決法は、起きたことを簡潔に婚約者に打ち明けることである。彼はおそらくあなたとの結婚を承諾するだろう。正直であることが最も大切で尊いことである。神に祈り、助けを請いなさい［Muhammad 1999: 383-385］。

大学生のウルフィー婚は一時婚の性格が強く、離婚にいたるケースが多い。既述のように彼らはシャリーアの規範を遵守するよう社会化されているので、シャリーアに則った婚姻による性交渉の合法化は、彼らの精神的な負担や葛藤を軽減する役割を持っている。姦通は既述のようにムスリムにとっては神に対する罪で重罪なため、シャリーアの定めるジェンダー規範を守ることで姦通罪を免れ、精神的な負担を軽減することは、彼らにとって重要な意味を持っている。しかしウルフィー婚によっても世間の糾弾や制裁を免れることはできない。それは婚姻の告知による社会的承認と、婚姻の継続を求める共同体の規範に背いているためである。ここから、彼らが姦通罪を免れるという宗教的な理由から、ウルフィー婚を選択することがわかる。このような宗教婚の重視は、シャリーアに基づくジェンダー規範が若年層に支持されていることの表れである。彼らは社会規範としてのジェンダー規範とシャリーアに基づくジェンダー規範とのズレを利用し、シャリーアを支持することにより、共同体の監視からの「合法的」回避を目指していると考えられる。

ウルフィー婚の問題は、①権利義務を保証する制度が存在せず、紛争になった場合に権利を保護できないこと、[*16] ②婚姻を社会に公表するというシャリーアおよび社会の規範に則っていないため、社会の秩序を乱すこと、③女性に特に不利であることである。このような問題の把握の仕方は多くのウラマーに共通している［Shahine 1999］。ウルフィー婚がハナフィー派のシャリーア解釈上、正当な婚姻であることに異議を唱えるウラマーはいない。しかし実体法のレヴェルではなく、法運用のレヴェルでは、婚姻を継続する意思や婚姻の社会的承認など、社会規範が定める婚姻要件が揃っていないことを理由に、ウルフィー婚はシャリーアに照らしても非合法であるとの法解釈をとるウラマーが多い［al-Jumyālī 1999: 27］。

ウルフィー婚はエジプト民法上は無効であり、かつ社会が定めるジェンダー規範を逸脱している。しかしながら、シャリーア解釈上はこの婚姻は合法である。したがってウルフィー婚は、広義の法同士の間隙をついた婚姻形態であるといえる。この問題に気づいたウラマーたちは、ウルフィー婚の実体法としての合法性を覆すことなく、社会秩序を乱し、社会規範に背くことを理由として、法運用においてウルフィー婚を非合法化することで問題に対処している。

(2) クレーミング――公平を求めて

男性からの質問：夫の不在時のみ彼女をしばしば訪ねる男性がいる。彼が彼女の正確に何に当たるのかは知らないが、一度ならず、何度も彼女の夫の不在時に、彼が彼女の家を訪ねるのを見た。時間はまちまちで、多くは午後、しかし夜遅くになることも稀だがある。そして長く家に留まっている。私は彼らの行動に疑いを持ち、情報を求め、また夫の留守に彼女を訪ねる件の男性が誰なのかを探った。そして私は、彼は彼女のマハラムではなく、彼女の友人であると知った。そのため、近所の者として私は嫉妬（*ghīra*）し、心をかき乱された感情を彼女に訴えたところ、彼女は何もないと答えた。彼女は言った。「私たちはその男性を信頼しており、もし夫が彼が繰り返し家を訪れていることを知ったとしても、夫はその訪問を止めさせないでしょう」。しかし嫉妬が、その訪問を止めさせるため、そして夫の意見を聞くために、夫に事実を告げるよう、私をそそのかします。夫に言ってもいいでしょうか？　かつて私がその男を問いただし、訪問の目的を聞いたところ、彼はそれは普通のことで何もないと言っています。

回答《ファトワー》：質問者である同胞よ、あなたもおそらく知っているであろうが、覗き見は禁止行為《ハラーム》である。他人のプライヴァシーを探るのは悪い慣習であって、宗教はそれを許してはいない。しかし、近所の者がもしよくないことを見聞きしたり、近所の女性や子どもを守らなければならない必要があるときには、その禁止は意味をなさない。その場合は、近所の人々は積極的にその問題に入り込み、より悪い状況や大変な状況を避けるために努力しなければならない。夫に黙っている必要はないが、夫に話す前により穏便な方法をとらなければならない。ハディースは「マハラムが同伴していないかぎり旅をしてはいけないし、男性と二人きりになってはいけない」「信心深い者は二人きりになってはならない。男性と女性が二人きりなとき、そこには悪魔が三人目としている」と伝える。夫に告げる前にそのような行為に及ばないよう、これらのハディースも引用しながらあらゆる方法を用いてその男性を説得すること。またその女性も説得すること。ただし喧嘩になったり関係を絶つことにならないような円満な方法で（中略）。常識の範囲内でいいことを行い、罪を犯さないように（後略）

[Muhammad 1999: 338-340]。

前述のようにシャリーアでは、社会の秩序が乱されるような場合には、他者のジェンダーやセクシュアリティに関する介入が義務づけられている。しかし、その義務を果たそうとする側の動機は必ずしも義務感だけではない。規範侵害に対する社会成員の反感や妬みが、クレーミングする側の動機のひとつであることがファトワーから窺える。この質問者の嫉妬の感情はねじれて複雑である。質問者は、シャリーアに照らして、女性に接する権利がない男性が近所の女性の家に入り込んでいるのを許せずにいる。近所の者には嫉妬する権利がある、と質問者が考えていることからもわかるように、この「嫉妬」は日本社会における嫉妬とは意味が異なることには注意が必要である。

前述したが、エジプトではジェンダー規範は人間関係のあり方を規定する基盤となる規範であり、その遵守を命じる社会的・宗教的圧力が非常に強い。特に都市部の独身の若年層は、性的接触をジェンダー規範によって禁じられている。欲求不満や、正当な権利を持たないにもかかわらず、性的接触の機会を持つ（と思われる）他者に対する妬みや反感が、クレーミングの一因になっていると考えられる。規範遵守を強いる圧力と、規範遵守のために生じるストレスが強いので、規範をくぐり抜ける他者に対する反発が強いのである。

ファトワーを出すウラマーもそうした事情に配慮している。ウラマーはファトワーの冒頭でそのような興味関心自体が禁じられていることを指摘し、質問者の関心にやんわりと苦言を呈している。しかし、ウラマーは姦通防止のためであれば許されるとし、第三者による監視を排除していない。結婚できず、シャリーアの定める規範に従っている人々（主に男性）は、規範を守っている自分が不遇なのにもかかわらず、規範を守っていない他者が性的接触の機会を持ち、かつ罰則を科されない現実を不公平と感じるようである。資産の有無によって結婚という合法的な関係を築けるかどうかが決まる社会に対する不公平感も強い［Muhammad 1999: 210］。彼らに、社会にあるべきはずの公平感が損なわれていると感じさせる事柄のひとつが、ジェンダーやセクシュアリティに関する事柄である。

結婚できるまで何年かかるかわからないという閉塞感と不安、ウルフィー婚などの抜け道があることへの不満や不公平感、名誉概念などがクレーミングする側の背景としてある。社会のあるべき姿からの逸脱を是正したいというムスリムとしての義務感と、そのような行為が姦通中傷罪に当たらないかというためらい、不公平感や嫉妬心などの感情が複雑に彼らの中で絡み合っている。このような葛藤の中で、ファトワーは、イスラームが定めるジェンダー規範に適った振る舞い方を示す指針としての役割を担っていると同時に、イスラームの視点から話を聞き、指針を示し、ときには彼らに共感することによって、公平感が損なわれていると感じる人々の不満を緩和することをも目指して出されていた。

5　結論

シャリーアのジェンダー規範は、夫と妻の相互の権利義務の履行、姦通の禁止などを定めている。これらの規範の法益は、快楽の社会秩序に従った分配と、姦通の防止によるイスラーム共同体の秩序維持（セクシュアリティの管理による血統の保全、相続の秩序、名誉の維持など）である。ジェンダーやセクシュアリティの法による管理と、その明文化がシャリーアの特徴である。管理は、姦通罪が直接の利害関係のない第三者によって告発できる犯罪とされていることからもわかるように、社会成員全員によってなされることが想定されており、第三者による悪意の姦通告発を防ぐために姦通中傷罪が設けられている。ファトワーを分析する限り、シャリーアが強制可能性を喪失したにもかかわらず、現代エジプトにおいてもシャリーアのジェンダー規範および、それに基づくと人々が信じる慣習は拘束力を持っている。ジェンダーやセクシュアリティはシャリーアの文脈にそって解釈されるか、またはドッキの事例のように、カイロの慣習や法意識にそったシャリーア解釈がなされる。その結果それらは公的な事柄と見なされ、共同体や家族などの監視・管理下に置かれる。ジェンダー規範は、ジェンダー規範遵守を強いられる人々に強いストレスを与えており、このストレスは相互監視を強める原因になりうる。監督にはジェンダー差があり、特に若い女性に対する監督が厳しくなされる。シャリーアは姦通罪に性の二重規準を適用していないにもかかわらず、エジプト民法が定める罰則には性の二重規準が適用されているのはその例である。また、姦通などジェンダー規範を逸脱した者に対する私的制裁にもジェンダー差があり、姦通告発や誤ったレッテル貼りといった性的な醜聞は特に女性に非常に深刻な打撃を与える。

姦通告発はシャリーアの規定よりも容易になされる。それは、法適用においては姦通を推定される条件が揃えば姦通したと見なす人々の法意識と、姦通中傷罪に対する刑罰が強制可能性を喪失しており、悪意による姦通告発に対する法的抑止力がないためであると考えられる。条件が揃えば姦通したと見なす人々の法意識は、男女隔離規範、その中でも男女が二人きりになってはいけないという、強力で他の社会規範に優越する規範に基づいている。条件が揃うことは、それに先立って当該者が男女隔離規範を破ったことを意味するからである。それはエジプト社会では、強い禁忌を破ることを意味する。現代では女性の社会進出が進み、大学や職場などで従来のような男女隔離規範を守ることが物理的に難しくなっている。しかし規範を破ったとみなされた場合のスティグマの強さは従来のままである。そのため、人々は姦通告発によって名誉を傷つけられ、甚大な被害を被るのを回避する必要を感じている。自分の振る舞いがシャリーアに照らして合法かどうかを判断するためのファトワー群が必要とされるのはそのためである。

本章では特に対象を婚姻と姦通、男女隔離にかかるジェンダー規範に絞ってシャリーアの法文化を論じ、その論理構造や意味世界の分析を行った。エジプトの人々は、神の名に基づく法規範シャリーアと、名誉概念などによって築かれている法文化に従い、かつそれに支えられて生きている。それらの分析は、エジプトのジェンダー秩序を考える上で欠かせない。そしてそれは、イスラーム言説と女性たちとの日常生活における関係性を炙り出すために不可欠な視座である。

注

＊1　http://www.parliament.gov.eg（二〇〇二年一一月閲覧）。

＊2　しかし国家の法システムは、慣行やシャリーアの影響を受けているものの、基本的には移植法に依拠している。

＊3　これを説明したファトワーを以下に引用する。

Ｑ：教えてください。結婚契約のあとなら、キスしたり、抱きしめたり、手を握ったり、触ったりしてもいいんでしょうか？　結婚契約は結婚したってことですか？　それなら、こういうことしてもいいの？

Ａ：結婚契約は契約ですから、それは婚約とは違います。婚約者にはどんな権利もまったくありません。契約の後なら、セックス、具体的には挿入以外はすべてのことをしてかまいません。彼はあなたの夫になるのですから。床入りはとても重要で、もしこのあとに離婚が起きた場合には、床入りが済んでいたら婚資（この場合は後払い分）は全額もらえます。済んでいなかった場合には半額になります。この状態では、床入りは許されていません。しかし、しても姦通罪には当たりません［二〇〇六年九月一一日採取、回答者Ａ・Ｇ］。

＊4　例えば以下のファトワーの回答を参照のこと。

Q：結婚しました。夫は今サウジアラビアで働いています。二歳になる娘がいます。私は今エジプトにいます。親がガンで、親の介護をしないといけないし、親を放ってサウジにはとても行けません。でも、多くの人が、私にサウジに行くべきだと言います。とっても強く説得されるので、もうどうしたらよいかわかりません。ホントに言い方やらがきついんです。親がでも本当に疲れているし、そうそう親を置いてサウジなんか、行けません。私はどうしたらいいですか？

A：もちろん、夫にはあなたに対する権利があります。あなたは原則的には夫のところにいないといけません。親のそばにいる場合にも、夫の許しが必要です。お話を聞いた限り、親御さんの状況が厳しいようなので、まずはエジプトにいて、状況が落ち着いたら、その後サウジに行くというのはどうですか？　もちろん、親御さんがあなたがそばにいる必要がない場合は、夫が優先です。夫のところへ行きなさい。でも優先順位というのがありますから、よく考えてください。原則的には、夫が優先です［二〇〇六年七月二五日採取、回答者S・F］。

＊5　性的権利の保護に関するジェンダー差は、夫の性的権利は一義的権利であるのに対し、妻のそれは副次的権利であることによると考えられる。

＊6　しかし、その程度にはジェンダー差がある。一夫多妻の容認や妻の推奨される断食を禁止する権利という形で、夫は性的権利をより保護されている。

＊7　シャリーアは刑罰を神の権利と人間の権利に分け、神の命に背いた犯罪に刑罰を科すのは神の権利であり、被害者またはその親族の要求があって罰すのは人間の権利であると見なした［新イスラム事典二〇〇二：二一三］。

＊8　メルニーシーも類似の指摘をしている［メルニーシー 一九九二］。

＊9　姦通罪の保護法益を配偶者の性的独占権とするのは日本の旧民法、ドイツ、フランスなどの旧民法も同様である。

＊10　例えば、筆者がカイロ、モハンデシーン地区でホームステイをしていた二〇〇一年一月、平日に筆者とホームステイ先

の父親（四八歳）が家で二人きりになる機会があった。前日に筆者は筆者の友人であるその家の娘（二一歳）に、「明日あなたが家にいると、父親と二人きりになってしまう。それはハラームなので、どこでもいいから出かけて、家にいないようにしてほしい」と頼まれた。これは年ごろの男女でない場合も、男女隔離規範が適用される例である。

*11 曖昧性を持つ婚姻の詳細については［柳橋 二〇〇一：一五九―一七七］参照。

*12 クルアーンの訳は［井筒 一九六四：一九二］によった。

*13 クルアーン二四章二四節は、預言者ムハンマドの愛妻アーイシャ（‘Ā’isha bint Abū Bakr 六一三～六七八）に対して姦通告発がなされたときの啓示である。アーイシャはこの姦通告発を信じて自分を批難した第四代正統カリフのアリー（‘Alī b. Abī Ṭālib 六〇〇～六六一）を恨んでいたとされる。これは、ムハンマドの時代からこのような法構造が問題になっていたことを示唆する例で、興味深い。

*14 法定の障害がないことは前提されている。ハナフィー派以外の学派は、婚姻必要要件を①二人のムスリムの証人の立会い、②女性の後見人の関与、③婚資であると定めている。ハナフィー派は、成年に達しており責任能力のある女性は、後見人によらず自らの婚姻契約を結ぶことができるとする［Muḥammad 1999: 184］。四法学派の説はすべてシャリーア解釈上合法となるという合意が学派間にあるため、ハナフィー派の説はシャリーア解釈として正当である。

*15 しかしハナフィー派も、後見人を立てて婚姻契約を行うよう強く推奨している［Wahba 1997: 6540］。

*16 かつては一九三一年のシャリーア裁判所規則第九九条四項により、民法上無効な婚姻は訴訟として受理されなかった。この問題に対する対策として法改正が進められた結果、二〇〇〇年法一七条により、婚姻を証明する書類が存在する場合に限り、裁判離婚または婚姻の取消訴訟が受理されることとなった［松村 二〇〇一、Ayoub-Geday 2001］。シャリーア上も民法上も、男性は離婚権を有しており、離婚にあたって裁判を行う必要がない。そのため、これは女性の権利保護を法益として制定された法律である。この法律によって、限定的ではあるが、ウルフィー婚を行った女性を法的に救済する道が開かれた。

第6章

結び　差異は恵みである

――イスラームと生きるということ

ハレの日のイトコたち（嶺崎寛子撮影）

1　まとめ

結論に入る前に、本書で論じてきたことを整理し、各章の関連性を確認する。

まず第一章で本書の目的を提示し、先行研究を整理・分析することによって問題の所在を明らかにした。本書の目的は、宗教的でありかつ女性であること、主体的に女性のムスリムであることは、当事者にとってどういうことなのかを、二〇〇〇年代のエジプトという地域の個別具体的文脈に即してグラスルーツから検討することと、そのための理論を提示することであった。

第二章ではまず、宗教復興について再ヴェール化や再々ヴェール化、衛星放送のイスラーム番組などを事例に整理し、消費文化と結びつきつつあるイスラームの現状と、イスラーム言説そのものとその担い手が多様化していることを指摘した。それによってイスラーム言説や宗教が広汎に日常生活に浸透している様相を描き出し、イスラーム言説の影響力を確認した。その後、カイロとカイロ近郊農村で活動するサマーハとシャイマーという二人の女性説教師の活動を事例として、説教師や勉強会参加者たちが、イスラーム言説をそれぞれの法識字に応じて使いこなしている様子を描いた。特に近郊農村の女性たちは、イスラーム言説を家族や抑圧的な慣習などとの交渉の有効な資源として使っていた。

しかしイスラーム言説がどの程度有効に働くかを正確に捉えるためには、日常生活だけではなく、シャリーアの法システムがエジプトの法秩序の中でどの程度の強制力を持つ、どのような「法」としてあるのかを把握する必要がある。イスラーム言説が説得力を持つ条件について、マクロな視点から構造的に把握するため、第三章ではエジプトの法秩序の中で、シャリーアおよびファトワーが占める位置について検討した。

「法」としてのアクセスのよさや使い勝手のよさ、歴史的蓄積に裏打ちされたウラマーをはじめとする「法」の担い手の質のよさ、国家法の法システムの相対的な不便さ、シャリーアが私的領域をも包摂する宗教法であることなどが、シャリーアの法システムが支持される背景にあった。ファトワーは①適用法であり、ウラマーによる柔軟な運用が許されている、②強制力を持たない、③質問者に、問題をシャリーアの法システムによって解決するか、その場合はどのファトワーを採用するかなどに関連して、一定程度の選択の余地があるという三つの特徴により、さまざまなレヴェルのＡＤＲ（裁判外紛争処理）の局面において、質問者やウラマーたちの有効な資源となっていた。

この点をさらに掘り下げ、質問者がファトワーを実際にどのように用い、またウラマーたちがどのような意図を持ってファトワーを出しているかについて論じたのが第四章である。第四章では、第三章で文献であるファトワー集を資料としたために生じた資料的制約を是正するため、実際にイスラーム電話に寄せられた質問と回答《ファトワー》および会議記録を資料として分析を行った。まずファトワーのレヴェルを⑴公的・私的、⑵ウラマーの社会的地位、⑶ファトワーの権威、⑷アクセスの難易度、⑸個人情報保護の度合い、⑹公開度、⑺法解釈、⑻交渉相手という次元から第四章三節で整理した。それによってイスラーム電話のファトワーは①匿名性が確保でき、②アクセスが容易であるという利用に適した条件を備えていることが明らかになった。

質問者の女性比はアクセスが容易になればなるほど増大する傾向にあり、同様に質問内容も、ジェンダー関係、教育、夢占い、カウンセリングなど多岐にわたる傾向が観察された。アクセスが容易でも、男性が女性ほど積極的にはファトワーにアクセスしないという事実は、イスラーム言説は、男性よりも女性にとってより使い勝手がよい資源である、ということを示唆する。換言すれば男性は、日常生活における交渉の中で、イスラーム言説という資源を女性ほど必要としていない。これは男性優位な慣習や社会規範および、経済的基盤などの他の資源を男性が優先的・独占的に使っていることをも示唆している。男性が慣習や社会規範を、女性家族成員を監理するために用いていたこと、それらに女性たちが対抗するためにイスラーム言説を効果的に用いていたことについては、第二章の第三節と第四節で指摘した。

　イスラーム電話にはクオリティ・コントロール部門があり、結果的にそれがウラマーたちの女性嫌悪を緩和し、女性たちに理解のあるファトワーを回答として提示することにつながっていた。またアクセスにおける心理的・物理的な障壁が比較的低いため、質問者たちも望みどおりのファトワーを得るべく努力していた。ファトワーのために質問するという行為そのものが、イスラーム言説を作り出す双方向の交渉の一場面であることが観察された。

　第五章では、第四章までの議論をふまえ、イスラーム言説の特徴や傾向の把握のために、ファトワーを主な資料として、シャリーアのジェンダー規範について、特に婚姻と姦通、男女隔離規範を事例に分析した。これには第一次ルールであるシャリーアの規定と、第二次ルールであるファトワーという二つのレヴェルがある。まずシャリーアの規定を同性愛、異性装などのセクシュアリティに関する規定および、夫妻の権利義務、姦通と姦通告発などを事例に整理し、シャリーアではセクシュアリティが公的な事柄と見なされることを確認した。このシャリーアの規定は現代エジプトの法意識にも強く影響しており、人々はジェンダーやセクシュアリティをシャリーアないし、人々がシャリーアに基づくと信じる慣習の文脈にそって解釈していた。しかしセクシュアリティの監理にはジェンダー差が見られ、女性はより厳しく監理される傾向にあった。この背景としては、姦通罪の法益および性質がエジプト身分法とシャリーアとで異なっていること、姦通中傷罪がエジプト身分法で定められていないことなどにより、国家法と法意識との間にズレが生じていることがある。社会環境の変化により、特に都市部で大学の男女共学や職場への女性の進出など、男女隔離などの重要なジェンダー規範の遵守が難しくなるような状況が生じていることも見逃せない。質問者たちはこのような状況下で名誉や評判を守るため、「いかに振る舞うべきか」を知り、行為に正当性を持たせるためのファトワーを必要としていた。これが、ジェンダー関係の質問がウラマーに多く寄せられる原因となっていた。第四章で見たように、ジェンダーに関する質問は女性から多くなされたが、これは監理や規範からの逸脱に対し課されるスティグマが、女性に対してより強いことと関連している。

以上のように本書は、現代エジプト社会の多元的法体制のもとで、シャリーアが法システムとして、特に日常生活の中でどのように機能しているか、さらに近年イスラーム言説そのものが多様化し選択肢が増える中で、女性たちが、なぜ、どのような場面で、どのようなイスラーム言説を利用しているのかを分析してきた。

これをふまえ終章は、やや変則的だが第二節と第三節が「イスラーム言説をめぐる女性たちの宗教実践の民族誌」としての、第四節が「ファトワーの民族誌」としての結論部分となる。まず合法性、権威と正統性という概念を手がかりに、女性たちが利用してきたイスラーム言説の持つ意義を、より根源的なレヴェルで問う。さらに私的な社会や共同体という、女性たちの最も身近なアリーナにおける交渉の中でイスラーム言説が持つ意味をまとめ、イスラームとジェンダーという問題系の現在を確認したい。最後に、ファトワーを求め、それを得るという行為が結果的に法や規範にどのような作用をもたらすかを検討する。

2　イスラーム言説をめぐる女性たちの宗教実践の民族誌・一
――合法性、正統性、権力と権威をめぐる試論

本節では合法性、正統性、権力と権威、正義という問題系を用いて、本書で取り上げた事例からフィールドの女性たちの行動を分析し、女性たちにとってのイスラーム言説の意義を明らかにする。第三節では、その問題系からはこぼれ落ちてしまうが重要な要素として、宗教的であることの意味や公正について、普遍的人権論とイスラーム人権論の性質の相違を手がかりにまとめ、第一章で提起した「ムスリムであり、女性である」ことの意味を分析する。

エジプト社会におけるシャリーアの法システムの重要性については第二章、第三章で詳述した。そして本書全体を通じて、イスラーム言説そのものが多様化する中で、それを女性たちが選択的に利用する方法を見てきた。そこから①イスラーム言説が実際に女性たちの資源となること、②イスラーム言説の利用にかかる女性たちの法識字が向上していること、③ジェンダー規範の解釈変更など、イスラーム言説そのものの創造に女性たちが積極的に関わり始めていることが確認できた。これはシャリーアの法規範と、その第二次ルールに当たるファトワーや説教師の説教という資源を、女性たちが創出し、あるいは選択的に受け入れ、それを効果的に動員する力をつけつつあること、そして彼女たちが行為者として積極的にイスラーム言説に関わっていることの二点を示している。

しかしその関わりの度合いには法識字や他の資源へのアクセスの程度による差異が見られる。カイロの説教師

サマーハと彼女の勉強会参加者たちは、イスラーム言説を利用するだけではなく、イスラーム言説を積極的に再構築、または創出していた。サマーハの一夫多妻をめぐる解釈がその好例である。彼女たちが行為主体としてより積極的にイスラーム言説を用いることができた背景には、①高学歴で比較的時間に余裕があり、②親密性の高い場でイスラーム言説との交渉の場を持つため、イスラーム言説を恣意的に選択できる環境が整っている、③相対的なシャリーアにかかる法識字が高い、などの理由があると考えられる。サマーハはもちろん、その勉強会参加者たちも、サマーハをアドバイザーとしてファトワー・ショッピングを行っていた。

一方、シャイマーの勉強会の参加者たちには、そこまでの法識字はなかった。彼女たちはファトワー・ショッピングも、イスラーム言説の再構築ないし創出も行わない。しかし彼女たちはシャイマーの助けを借りつつ、「頑固」「敬虔」「逸脱的慣習」という言葉を用いて、男性による監理や干渉をイスラームの文脈の中に位置づけ直し、イスラームに則ってそれを排除し、あるいはそれに抗議していた。日常生活の中で、イスラーム言説やシャイマーという資源を、家族や男性、抑圧的な慣習などとの交渉のために用いていたのである。またシャイマーの勉強会は結果的に、識字教室や、女性たちの意見交換の場や気分転換の場になるなど、女性たちの日常生活におけるさまざまな必要に答えてもいた。彼女たちはイスラーム言説を資源として有効に活用していた。

イスラーム電話の事例から、サマーハたちほどの法識字を持たず、ウラマーについての知識を持たない人々も、ファトワーをもらうにあたり、ウラマーと交渉していたことも明らかになった。質問の仕方を変える、背景を細かく説明する、同じ質問を再びする、意図について弁解するなど、さまざまなやり方で彼らは望み通りのファトワーを得るべく努力していた。ウラマーも、ファトワーが質問者にとって選択性の高いイスラーム言説であることに自覚的であった。

イスラーム電話はクオリティ・コントロールがあるため、ファトワーの中の女性蔑視や偏見をある程度、事前に除くことができるシステムになっている。イスラーム電話の利用者にリピーターが多いのは、アズハル出身のきちんとしたウラマーにアクセスが容易で、かつ望み通りのファトワーを得やすいためと考えられる。質問者は自宅にいながらにして、ファトワー・ショッピングをする手間をかけずに、お気に入りのウラマーから望ましいファトワーを得られる。質問者の法識字がなくても、お気に入りのウラマーを見つけることができることの意義は大きい。

ウラマーたちも、クオリティ・コントロール部門に回答を差し戻されるという経験を通じて、自身の女性蔑視や偏見に向き合い、それを問い直す機会を得ていた。クオリティ・コントロールの責任者およびスタッフは、大きな個人差があるものの、回答差し戻しによって女性に配慮のあるファトワーを出せるようになったウラマーがいることを認めている。クオリティ・コントロールのスタッフたちもまた、日々ファトワーを聞くことを通じてシャリーアにかかる法識字を高め、それを日常生活にも活用していた。ムフティー会議も含めた、このような双方向の働きかけが、ウラマーと女性スタッフの間に日々成立していることに注目したい。これもまた、イスラーム言説を書き換え、ずらし、カスタマイズしようとする女性たち、そしてウラマーたちの日々の実践であり、イスラーム言説はその中から動態的に生まれる。

そのようなさまざまなレヴェルでのイスラーム言説の創出および利用は、シャリーアの法規範を自分のために動員することによって、自己の主張が法規範に照らして確定的に正しいとされる地位——合法性——を、彼女たちが獲得することを可能にする。これはその主張が社会集団の多数派に受け入れられているかには関係なく、その主張が一般的に拘束力を持つものとして認められるということである［宮澤 一九九四：一一六］。

法規範に基づいて確定的に正しいものとされた主張・利益は、常に国家の法システムによる優越的な制裁力の支持を当てにでき［宮澤 一九九四：一七］、それによって合法性の持ち主は、他者をその意思に反して自己の意思に従わせる権力を手に入れる。したがって、合法性は個人間における権力獲得のための資源である［宮澤 一九九四：二五］。宮澤節生によれば、法規範を自己のために動員できるということ、すなわち自己の「合法性」を主張し、相手の「合法性」を否定できるということは、相手に対する「権力」を獲得するための「資源」である［宮澤 一九九四：二二］。[*1]

宮澤はここで、合法性によって獲得される権力は、制裁力の支持を当てにしうるからこそ手に入るとするが、シャリーアについては、これはあてはまらない。私見では、シャリーアの法システム内部においては、合法性の持ち主の権力を保障するのは、制裁力ではなくてシャリーアが持つ権威である。それは現代エジプトにおけるシャリーアの法システムが、合法性の持ち主が他者にふるう権力を保障する制裁力――国家法が持つ、国家による強制可能性――を喪失しているからである。

前近代的世界の宗教と権威についての論の中でハンナ・アーレント（Hannah Arendt）は、権威をこう定義する。

「権威は常に服従を要求するため、一般に権力（power）や暴力（violence）の形態と取り違えられている。しかし、権威は外的な強制手段の使用をあらかじめ排除する。強制力（force）が使用されると権威は損なわれる。他方、権威は説得と両立しない。（中略）かりにともかくも権威を定義しようとすれば、それは力による強制と論議による説得の双方に対立するはずである」［アレント 一九九四：一二五］。

シャリーアの権威を担保するのは、それが神授の法であることである。シャリーアの法システムは、神という、政治権力を超越する強制力を源泉とするゆえに、原則的には国家をも超越するものと見なされる。このシャリーアの理念的性質が、エジプトの法文化や人々の法意識に与える影響はもっと重視されるべきである。

このようなシャリーアの法システムの中で合法性を獲得したい個人は、シャリーアが成文法でないゆえに、法規範の動員の過程で、シャリーアの正統な法解釈にアクセスする必要がある。換言すればそれは、「正統性」を持つことが合法性を獲得するための必要条件であるということである。宗教学者のアサドはいみじくも言う――「イスラームの正統性を代弁しようとする者たちは、権威を志向する」［アサド 二〇〇四：二〇五］。

女性たちの中でも、特にイスラーム言説の創出や再構築に積極的に関わる立場にある女性説教師や女性ウラマーたちが、性別ゆえに排除される危険性があるにもかかわらずイスラームの知の体系に積極的に参入していったのは、そうしなければ自己のイスラーム言説の正統性および合法性を獲得できないからである。そして、仮に女性によるイスラーム言説が周辺化されたとしても、女性たちが直接交渉する相手がその言説の正統性と合法性を認めさえすれば、目的は達成されることもあわせて指摘しておきたい。*2

説教師やウラマーとして、女性たちがこの言説闘争に今の形で参入するようになったのは、アズハル大学が女性に開かれた一九六一年以後、さらには女性の説教師やウラマーたちが育って以後のことであり、マフムードによればここ二〇年ほどの現象である。出版技術の進歩や識字率の向上によってイスラーム関連書籍が従来に比べて読まれるようになったことや、衛星放送の普及、都市部女性の高学歴化などは、イスラーム言説へのアクセスを容易にし、女性たちがそれを資源として利用するための社会環境を整えた。さらには衛星放送の普及によってサウジアラビアなどのイスラーム言説に接することが可能になるなど、イスラーム言説そのものがグローバル化、かつ多様化したこと、さまざまなイスラーム言説が共存する状態になったことは、人々の選択肢を増やす結果にもなっていた。その中で都市部の高学歴女性たちが好んだイスラーム言説は、アムル・ハーリドのような女性を主語にして語る――彼は、男性は庇護下の女性にヴェールをかぶらせるべきだ、という従来のイスラーム言説をなぞるのではなく、賢い女性は弱い男性のためにヴェールをかぶってあげるべきだと女性たちに語りかけた――男性説教師や、アブラ・カハラーウィーのような女性の立場と感情に配慮する女性ウラマーであった。

第二次ルールとしてのファトワーや、よりインフォーマルな説教師の説法などのイスラーム言説の創出および利用は、場当たり的になされたわけではない。イスラーム言説を用いた規範と概念の書き直しは、「正統」とされるシャリーア解釈を通じてなされる場合にのみ、合法性を獲得できる。そのために、好むと好まざるとにかかわらず、女性説教師や女性ウラマーたちはイスラーム言説に関わる闘争の過程で、イスラームの知の体系に積極的に参入する志向を強めていったのではないか。

以上見てきたように、シャリーアの法システムにおける合法性は原理的にはシャリーアの正統な法解釈へのアクセスによって獲得される。そこにジェンダー差がない点は重要である。彼女たちがイスラームの知をめぐる言説闘争に参入しつつあることの意義は大きい。

では、言説闘争に参入する側でなく、イスラーム言説を利用する側にいる女性たちはなぜ、イスラーム言説や、それを通じて獲得する合法性を資源として選ぶのだろうか。合法性以外にも、所得、資産、社会的威信、知識など日常生活の中で資源となりうるものは多いにもかかわらず、彼女たちがイスラーム言説を選択するのには、おそらくジェンダーが関連している。資源の配分は多かれ少なかれ不平等であるが、他の資源、ことに社会的威信や所得などは、一般に男性に多く配分される、ジェンダー差のある資源である。*3 女性にとって比較的アクセスしやすく、かつ使い勝手がよく、高い効果が見込める資源として、イスラーム言説はあるのではないか。法識字があれば、あるいはサマーハやシャイマーのようなブレーンや、女性擁護的立場をとるウラマーがいれば、つまりシャリーアの法システムにアクセスする手段さえあれば、イスラーム言説は容易に入手可能なのである。そしてシャリーアの法システムそのものも、特に運用面で女性たちの使い勝手がよいように組み替えられつつある。そのことはイスラーム電話のクオリティ・コントロール部門が証明している。[*4]

では、女性たちがイスラーム言説を使って交渉する相手とは誰で、彼女たちのアリーナはどこなのか。

エジプトに限らず、私的な社会——家族、親族、近所など——こそが女性の最も身近で苛酷なアリーナである。日常の中で女性を生き辛くしているのは、私的レヴェルでは具体的な身近な家族や親族であり、共同体レヴェルでは近所の人々や会社の同僚などである。身近な人間関係こそが女性たちの最大の交渉相手であり、抑圧者であることを忘れてはならない。そしてそこには、ミシェル・フーコー（Michel Foucault）が定義する網の目のような権力——無数の力関係であり、それらが行使される領域に内在的で、かつそれらの組織の構成要素であるようなもの——が働いている［フーコー 一九八六：一一九］。

暴力を例にとる。国家が女性たちに直接手を上げることは稀だが、夫は明らかに、国家よりも頻繁に妻に手を上げるだろう。国連で一九九三年に採択された女性に対する暴力撤廃宣言およびその後のいわゆるクマラスワミ報告は、女性に対する暴力を、親族による暴力、共同体による暴力、国家による暴力という三つのレヴェルに分けて定義している［E/CN.4/1996/53（家庭内暴力報告書）、E/CN.4/1997/47（共同体内暴力報告書）、E/cn.4/1998/54（国家による暴力報告書）］。

その三つの暴力の中で最も頻繁に行使されるのは、家族や親族による暴力、つまり日常生活に最も近いレヴェルの暴力であることを忘れてはならない。そのような身近でローカルな抑圧と戦うためには、普遍的な文脈ではなく、その地域のローカルな文脈で最もよく機能する資源を選択する必要がある。国家法も国家も介在しない（しえない？）私的領域では、国家法も普遍的人権論も女性を効果的に保護できないという事実を、ＤＶや家庭内の性的虐待などの研究は雄弁に語っている［ハーマン 一九九九、二〇〇五、宮路 二〇〇五］。[*5] また前述のように本研究で扱った事例では、所得や資産、知識、社会的威信などの資源は一般に男性に多く配分される傾向があった。

そのような状況に置かれている女性たちにとって、正義を担保する機能を持ちうるもの、具体的な交渉の場面で用いる資源となるもの、自尊心の源となりうるものは何か。それが彼女たちにとってのイスラーム言説であり、ファトワーであり、女性説教師たちの具体的な援助なのである。

日本も含む西欧の近代法は、公私二元論の枠組みのもと、家族や共同体など私的領域内での暴力や権利侵害を問題化しにくいという構造的限界を持っていた。日本において、私的領域における犯罪を法的に問題化することができるようになったのはＤＶ基本法（配偶者からの暴力の防止及び被害者の保護等に関する法律）が制定された二〇〇一年からである。上野千鶴子が指摘するように「家族もまた市民社会の外部にあるもうひとつの無法地帯」［上野 二〇〇六：二二五—二二六］だったのである。

しかしエジプトの事情はやや異なる。重要なのは、シャリーアが私的領域を包括する法であることである。社会的にも、そして敬虔であろうとする限りは精神的にも、ムスリムの私的領域はシャリーアに拘束される。それはシャリーアが私的関係における犯罪・紛争を問題化できることを意味する。女性がイスラーム言説を資源として積極的に用いる背景には、このようなシャリーアの法構造がある。シャリーアのこの特性は女性とシャリーアとの関係を考える上で非常に重要である。

イスラーム言説は、近年は女性にもある程度操作可能となりつつある。その中でも女性説教師が自らの経験に基づいて「翻訳」したイスラーム言説、そして女性擁護的立場をとるウラマーによるファトワーという具体的なイスラーム言説は、身近な「頑固」な男性や女性からの、さまざまな形態とレヴェルの抑圧から身を守るための有効な武器である。さらに、合法性の獲得によって自尊心が慰撫され、自己の正当性が担保されることの重要性も指摘しておきたい。DVや性的虐待、セクシュアルハラスメントなどの後遺症として、自尊心の低下がある［小西 一九九六］。そのような心理状況に対して、イスラームが与える合法性——心理的にはいわば「お墨付き」——の有効性はもっと注目されて然るべきである。身近な抑圧やその担い手としての周囲の人々と交渉するとき、イスラーム言説は女性たちに合法性を与え、それによって女性たちを精神的・心理的にエンパワーメントし、彼女たちの行動をシャリーアの権威によって裏書きする。

そして敬虔であることは、このような文脈の中で意味を持つ。敬虔であることは、縁談を有利に進めたり、男性とのイスラーム言説をめぐる交渉を容易にしたり、人々に認められて発言力を増すなど、日常生活の中での具体的な利益につながる。このような「敬虔であることによる利益」についてはモフセンや中田香織も指摘している［Mohsen 1985; 中田 一九九六］。このような敬虔さによって得られるものは、彼女たちが埋め込まれ、生きている社会的歴史的文脈の中での彼女たちのサバイバルに役立っている。もちろんそれがまず、宗教的な心性に根ざした感情であり、功利的な側面だけを持つのではないことは当然である。しかし敬虔であることを周囲に示すことによって、権威へのアクセスが容易になり、イスラーム言説を効果的に使えるようになるという側面もあるのである。

イスラームは女性たちの抑圧要因にもなりうるし、事実そうなっている場合もあるだろう。しかし都市部の女性説教師や女性ウラマーたちが権威と合法性、正統性をめぐるイスラーム言説にかかる闘争に参入することによって、自分たちのイスラームを作り上げようとしていること、家父長的な一部のイスラーム言説[*6]に対して拒否の言挙げをしていることは注目に値する。女性説教師たちが創出したイスラーム言説や女性擁護的立場をとるファトワーを効果的に用いている女性たちの存在も重要である。彼女たちは日々の実践の中で、ほとんどの場合無意識的に、イスラーム言説を用いてエジプト社会のジェンダー秩序をずらし、揺さぶり、組み替えようとしているのである。そして私的関係における犯罪・紛争を問題化できるというシャリーアの法構造が、それらの試みの背景にある。

3　イスラーム言説をめぐる女性たちの宗教実践の民族誌・二——公正と祈りをめぐって

本節では普遍的人権論とイスラーム人権論の性質の違いに留意し、公正、敬虔、イスラームにおける平等という概念を手がかりに、彼女たちがイスラーム言説を用いて交渉することによって何を獲得したのかについて検討する。

第五章で詳述した夫婦間の権利義務関係からわかるように、シャリーアの定める権利義務関係にはジェンダーによる不均衡があり、女性の権利義務と男性の権利義務は同一ではない。結婚に限らず、離婚権、財産後見の解除および行為能力の獲得に関してもジェンダー差が認められる［柳橋 二〇〇一：六六九―六七七］。行為能力の獲得は身体的成熟を要件としており、それは性的な成熟の有無によって判断された。近代以降、私的なことと見なされたセクシュアリティや性関係の有無は、シャリーアでは行為能力という法的・公的な能力を判断する基準となっている。社会秩序を保つため、一義的な利害を持たない第三者からの姦通告発が認められるという法構造についても第五章で分析した。セクシュアリティは、シャリーアでは法によって管理される、公的な領域に属する事柄と見なされる。シャリーアの規範が、特にエジプトのジェンダー規範に強い影響を与えているのには、以上のようなシャリーアの法としての特徴が影響していると考えられる。

　このような「法」シャリーアの持つジェンダー構造を、女性たちはどう見ているのか。フィールドで出会った多くの女性たちは、イスラームは女性を抑圧してなんかいない、と熱弁をふるった。ファトワーを求める質問者たちは、扶養放棄など、夫の義務不履行や権利の過剰行使については改善を求めるが、シャリーアの定める権利義務関係そのものに挑戦し、それを脱構築することを目指してはいなかった。ウルフィー婚や姦通、マスターベーションについて相談する質問者の数の多さは、婚姻外の性交渉を禁じ、性を社会によって監督・管理すべきものと見なす法文化を内面化し、それゆえに罪悪感を持つ人々が多いことを示している。シャリーアの定める妻としての義務を果たせないことを悩んで質問する例も多い。ファトワーは当然ながらシャリーアの定める権利義務関係を肯定し、その中で女性たちの権利を十全に保障すべく機能していた。

　シャリーアの定める権利義務が広く倫理的・道徳的基準となっていることは、本書全体を通じて見てきた。それは権利（*haqq*）と義務（*wājib*）という法学用語が、カイロにおいて日常語として広く、頻繁に使われることからもわかる。併用される言葉に公正（*ʿadl* 正義とも訳される）がある。公正は日常会話では能動分詞形で使われる。「彼／彼女は公正な人間だ（*huwa ʿādil/ hiya ʿādila*）」は、第四章で触れた「彼は敬虔だ」と同様の文脈でほぼ同義に使う誉め言葉である。相違点は、「敬虔」は個人と神との関係や契約についても使われるが、「公正」は他者との人間関係に限定して使われることである。[*7]「公正」はシャリーアの定める権利義務を正しく認識し、それに則って生活する人間に対して使われる。これらの言い回しはファトワーを求める質問に頻出する。

「夫は全然公正じゃない」［イスラーム電話、二〇〇六年九月四日採取］などの表現は、彼女たちの日常レヴェルにおける理想が「家族や共同体の成員が、シャリーアの定めた権利義務を尊重し、それに則って行動している状態」であることを雄弁に語る。またシャリーアの定める権利義務の遵守は、シャリーアの文脈で合法性を獲得することにもつながる。

権利義務にジェンダー不均衡が見られるにもかかわらず、シャリーアの法構造そのものは問い直されず、書き換えや脱構築の動きも見られないのはなぜか。権利義務のジェンダーによる不均衡を、彼女たちはどう見ているのか。この点を考えるためには、シャリーアが神授の法であることのムスリムにとっての意味を考えなければならない。

ジョーン・スコット『ジェンダーと歴史学』およびバトラーの『ジェンダー・トラブル』以来、ジェンダー研究ではジェンダーの構築性は自明のこととなるだけでなく、ジェンダーとセックスという二分法さえも問い直されるにいたっている［Scott 1988; バトラー 一九九九］。そのような構築主義的立場をとる人々は、シャリーアの定めるジェンダー不均衡な権利義務や男女の性別役割分業などを構築物と見なし、脱構築が可能だと見なす。

しかしシャリーアが歴史的文化的構築物であることが了解されていても、ムスリムにとってシャリーアはやはり、クルアーンに基づいた神授の法であり、理念的には神の思想の体系的表現なのである。それは彼らにとっては神聖な、冒すべきでない、守るべき規範である。彼らにとってはクルアーンやシャリーアは構築されたものではありえない。シャリーアが定めるジェンダー規範は、彼女たちにとっては、いわば本質的で変更不可能なものとしてあるのである。

基本財の公正な分配が正義の基礎であると主張するジョン・ロールズ［ロールズ 一九七九］や、潜在能力実現のための最低水準の保証を説くヌスバウム［ヌスバウム 二〇〇五］など、近代的普遍主義人権論の立場からは、シャリーアの定める権利義務にジェンダー不均衡があることは不平等であると見なされる。そして、そのような不平等な状態に留まることを選んだ女性たちもまた、「遅れた」女性たちであると見なされがちである。

ここで、何の平等か、というロールズの問いに立ち戻りたい［ロールズ 一九七九］。シャリーアは権利義務については ジェンダー不均衡を認めるが、別の点ではジェンダー間の平等と公正を徹底した形で保障している。ただ、その価値規範、「何の平等が最も重要か」についての優先順位が、普遍的人権論と異なっているのである。

シャリーアが保障している平等は機会の平等でも男女間の権利の平等でもない。シャリーアが正義の基礎に置くもの、万人の平等を保障しているものは、神の前での万人の平等である。そして保障されている正義は、最後の審判の公正である。現世での行為すべてを「羽一枚分の誤差もなく」公正に審査され、天国に行くか地獄に行くかを人生の総決算として決定されることが、シャリーアの正義を最終的に担保する。シャリーアの射程は現世だけに留まらない。現世を「天国に行けるかどうかを決める長い試験」と表現した第二章のＧの言葉は、彼女たちの認識をよく伝えている。そしてシャリーアが担保する、来世をも視野に入れた平等と正義を信じ願うからこそ、彼らはムスリム（絶対的帰依をする者）と呼ばれるのである。エジプトのムスリムにとって、神とは抽象的な絶対正義の謂いなのだ。

必要なのは、宗教的であることと女性であることを日々の交渉の中で肯定的につなごうとしている彼女たちに、普遍人権論を説くことではない。彼女たちが求める、普遍的人権論とは違うレヴェルの正義と平等によって、我々の正義概念や平等の中身を審理しなおすことである。岡野八代は、私たちの想像が及ばない他者の歴史が存在することを、正義論の出発に据えるフェミニズムの必要を説く［岡野 二〇〇三：一二四］。宗教的であることと、女性として日々の抑圧と交渉していくことが両立可能であること、そしてイスラームが交渉の有効な資源になるという事実は、このようなフェミニズムの必要性を裏書きしている。

では、宗教的であること、敬虔であることを重要なアイデンティティのひとつとして選択することによって、彼女たちが得るものは何か。それは自尊心であり、安心感であり、絶対的な自己肯定感である。第二章のDは求職中、筆者にこう語った。

「私は自分が中途半端だと思う。例えばGみたいに結婚しているとか、せめて婚約しているとか、サマーハみたいに、あと近所のRhみたいに敬虔だったら、それか友達のSnみたいにきちんとした仕事についていたら、もっと自信が持てたのに。

大学のときは自分はもっともっとできると思っていたのに、全然いい仕事が見つからないし、結婚相手もいないし、自分は敬虔な方だとは思うけど、サマーハなんて見てると上には上がいるって思うし……。もうなんか中途半端で。何者でもない感じがする。」

敬虔であることが、仕事熱心であることや妻であることと同列の価値として語られていることに注目したい。敬虔であることは日常生活の中で日々上書きされる動態的な認識で、決して教条的なものではない。例えば一日五回義務づけられている日々の礼拝によって、彼女たちは、イスラームへの自己の姿勢を常に問い直される。五回の礼拝を時間どおりに行うか、その際に義務の礼拝だけでなく推奨《スンナ》された礼拝を行うか、行うとしたらどの程度か、今度の月木に推奨された《スンナ》断食を行うか、等々。ニカーブやヒジャーブについて尋ねる質問者には、敬虔であることによる自己の優越性を主張する者もいる。[*8] ムスリムであること、特に敬虔なムスリムであることは、彼女たちのアイデンティティと自尊心の源泉となっている。

さらに、イスラームの与える絶対的な赦しについても付言しておきたい。特に親族からの虐待や職場でのセクシュアルハラスメントなど、スティグマが強いために表沙汰にしにくい問題について、女性たちはファトワーを求め、ウラマーにもよるが時として、ファトワーによって神の名の下で絶対的に赦されるという経験をしていた。それは女性たちに多くの救いを与えていたといえよう。

イスラームが常に身近にあり、さまざまな役割を持つことも第四章で確認した。アクセスの容易な電話ファトワーは、子どもにイスラームの歴史を教え、性教育を施し、人間関係をいかに構築すべきかを教えるなどの教育機能をも担っていた。女性たちの人生相談に応じ、暖かく、ときに厳しく対応するウラマーたちは、彼女たちの専属カウンセラーでもあった。日常生活に寄りそうイスラームの姿がここから見えてくる。

宗教資源へのアクセスが拡大したことや、担い手や内容をはじめとするイスラーム言説そのものの多様化は、女性たちの法識字の向上およびイスラーム言説の選択的利用をもたらした。そしてそれは、女性たちが行為主体として積極的にイスラーム言説を用いることができるようになったこととも、密接に関連している。

イスラームは歴史的に抑圧者側に属するいわゆる「主人の道具」[*9]だろうか。神の赦しを信じ祈ることは、彼女たちが抑圧的な状況に留まることを意味するのだろうか。そうではない。本書で、イスラーム言説を自家薬籠中の物としてイスラームをさまざまな場面での交渉に用いる女性たち、またそう試みる女性たちを見てきた。彼女たちの日々の実践・生活実感の中のイスラームは、紛れもなく彼女たちのものである。イスラームは女性を抑圧しないという彼女たちの信仰と、現実の抑圧に対抗するための資源としてのファトワーなどのイスラーム言説はともに、宗教的であることと女性であることを肯定的につなぐために欠かせない。そしてイスラーム言説を紡ぎ、使うという営為こそが、彼女たちの日々の宗教実践に宿る「祈り」なのである。

4 ファトワーの民族誌――ファトワーによる法の攪乱、転覆、脱構築

「ファトワーの民族誌」として本書を考えたとき、最後に何がいえるだろうか。ここでは、質問者とウラマーの間のファトワーをめぐる交渉そのものをパフォーマティヴに見たい。交渉――質問を繰り返すこと、質問をいくつもの変奏を以てヴァリエーションをつけて語りなおすこと、涙ながらの、結果的に同情を誘う語り口などの、質問者の多様な振る舞いと行為、そしてそれに対するウラマーの呆れたような口調、同情に満ちた慰め、けんもほろろの叱責、早口に言い募る説教などの多様な応答――が結局何をもたらし、どのような意味を持つのかを、バトラーが『ジェンダー・トラブル』で指摘した、反復によるパフォーマティヴな攪乱(subversion)という視座から分析的に考えたい。ここで問題としたいのは、質問者たちの意図や彼/彼女らが自覚的か否かではなく、それらの行為が結果的に法や規範にどのような作用をもたらすかである。

質問者の、ウラマーに質問をするという行為は、シャリーアを社会的文脈の中で解釈または再解釈し、個別具体的文脈に定置して適用する――ファトワーを出す――ことを求める。それに答えてウラマーは、シャリーアという法/第一次ルールを社会的文脈の中に定置し、個別具体的なファトワーという、第二次ルール/承認のルールとしての法規範を産出する。ファトワーは質問とその文脈に依存し、それをふまえて出されるという意味にお

いて、質問者とウラマー、そして現実とシャリーアとのはざまで、そのつど動態的に生成される。本書で用いたムハンマド・バクル・イスマーイールのファトワー集の書名『質問者と法学者の間』はこのことをいみじくも象徴している。エジプトにおける一次ファトワーは、形式的な法問答の結果ではなく、質問者とウラマーの両者による交渉の産物として構築される。

この質問と回答という繰り返しなされる営為と、それによって起こる法の反復行為こそが重要である。ファトワーを出すという反復行為によって、行為遂行的《パフォーマティヴ》に、そのつど文脈に応じた個々の法規範が産出される。質問と回答という無数の反復行為によってシャリーアがファトワーとして実体化する、この法のプロセスのただ中で、文脈に沿った法の多様なヴァリエーションが無限に生まれる。この無限のヴァリエーションの中にこそ、法の転覆や法の解釈の奪還、新たな法解釈、法の読み直しや再解釈、法の攪乱、法の強化を可能とする契機が孕まれている。当然それは失敗する可能性をも含むが、無数の失敗と挑戦が、ゆるやかに法解釈をずらしていくことは十分にありえる。[*10] バトラーの指摘に従い、規則は反復をとおして機能しているとするならば、そして意味づけが反復という規則化されたプロセスであるとするならば［バトラー 一九九九：二五五］、イスラームの再解釈やシャリーアの規範の攪乱は「反復的な意味づけの実践の内部」［バトラー 一九九九：二五五］でのみ可能となる。ファトワーの生成される現場で質問者がしていることは、まさにこのような反復的な意味づけの実践の内部において、納得のいく法のヴァリエーション——ファトワー——を、手に入れるための実践である。

モーツァルトの「きらきら星変奏曲」は主旋律を同じくする曲のヴァリエーションの集合体で、さまざまにアレンジされた多様な「きらきら星」が主旋律を同じくしつつ個性を持って立ち上がる。シャリーアは成文法ではなく、それすらも歴史的にウラマーらの反復行為によって生成されたもので、その意味では実態としての「主旋律」ではない。しかし第一次ルールとしてのシャリーアはいわばこの主旋律で、ファトワーは主旋律をふまえた個別具体的文脈におけるシャリーアの変奏、アレンジなのだ。必ず主旋律はふまえなければならないが、ファトワーには歴史的社会的個別的文脈に応じた解釈の余地があり、その変奏にそれぞれの質問者の行為《パフォーマンス》やウラマーの個性、時代、社会が反映される。

「きらきら星」の変奏が主旋律をふまえながらも明らかに原曲とは異なるように、反復され再解釈されるファトワーという法は、もはやシャリーアと同じものではありえない。行為《パフォーマンス》をつうじて、シャリーアはそのつど異なる形でファトワーとして立ち現れる。それはその場限りの、その質問者のそのケースにしか適応されない法である。だからこそ、そこには交渉の余地があり、語り口や泣き声や仕草などの質問者の行為《パフォーマンス》が重要であり、反復して質問＝行為をする価値がある。無数の反復行為によって生まれたヴァリエーションは、首尾一貫しないシャリーア解釈を生み出す。このように、シャリーアに依拠しつつも、文脈や質問に応じた解釈のヴァリエーションが開かれていることが重要なのだ。理由を繰り返そう。その中にこそ、法の転覆や法の解釈の奪還、新たな法解釈、法の読み直しや再解釈、法の攪乱、法の強化を可能とする契機がある。

行為と実践によりヴァリエーションを開くという営為は、ファトワーのみならず、女性説教師によるシャリーア解釈や説教などでも同様に行われている。「はじめに」で、イスラームはきわめて実践的な宗教である可能性が高いと指摘した。質問者やクオリティ・コントロールのスタッフ、女性説教師などの行為者たちは、質問をする、質問と回答《ファトワー》を聞き続け、ときにはウラマーに意見を述べる、シャリーアの自分なりの解釈を参加者に伝えるなどの、まさに実践をつうじて、シャリーアを書き換え、ずらし、個別具体的文脈の中で収まりのよいファトワーとして、あるいは解釈としてカスタマイズする。そこで行われているのは実践の反復によるヴァリエーションの創出であり、ヴァリエーションを無数に作り上げることで、シャリーアの解釈の幅と懐を広げていくことが可能となる。

そしてエジプトの文脈で重要なのは、得たヴァリエーションの権威を保障し裏書きする権威を、もう一方の行為主体《エージェンシー》であるウラマーが持つことである。[*11] イスラームはシャリーアとしては普遍でありつつ、個別具体的文脈にそのつど対応できるファトワーという「法」を持つ。エジプトのイスラームには、第二次ルールとしてのイスラーム言説のヴァリエーションを開き、その中から選択し、選択した言説の正統性を権威によって保障し、それを使って規範や人と交渉するという、一連の営為を可能にする、ウラマーとそれを産出するアズハルというシステムがあった。

そしてヴァリエーションを開くという営為は、結果的に選択肢の増加や解釈の多様性となって行為者にとっての恵みとなる。「差異（*ikhtilāf*）は恵みである」というウラマーの言葉は、この豊かなヴァリエーションを言祝ぐものだ。そして二〇〇〇年代のエジプトでは、まさに「差異は恵みである」を体現する多くの行為《パフォーマンス》が行われていた。その無数の反復と失敗と挑戦による法の攪乱、転覆、脱構築のただ中に、信仰することと生き延びることの諸相が、そして無数のムスリムの人生が――イスラームを生きる、あるいはイスラームと生きることが――刻印されている。

5　その後のエジプト

本書の調査は二〇〇八年に終えた。その後チュニジアを皮切りに中東地域ではいわゆる「アラブの春」という政治的激震が走り、中東情勢は激変した。とはいっても、インフォーマントのフェイスブックを見る限り、彼女たちの暮らしはその中でもさほど変わらずに営まれている。ただ、調査当時二〇代だった女性説教師の勉強会参加者たちの多くは、今は子育てに忙しく、なかなか勉強会への参加もままならない様子である。「アラブの春」で兄を亡くしたインフォーマントもいる。

イスラーム電話は今では一分一・五ポンドで一日平均五〇〇件のファトワーを出している。*12 二〇〇九年六月にイギリスでも自動音声応答電話の番号を取得し、ヨーロッパでも同様のファトワー・サーヴィスを開始、現在ではアラビア語、英語、ウルドゥー語で質問を受け付ける多言語対応になった。しかし二〇一四年九月現在、電話でのファトワー・サーヴィスはエジプト国内のみ対応で、イギリスのサーヴィスは一時的か恒久的かは不明だが閉鎖した模様である。ＨＰからも質問をメールで受け付けており、これは前述の三言語対応である。質問数も調査当時より増え、アラブの春以後も順調に成長を続けていることが窺える。

注

＊1　第三章で述べたようにシャリーアは「準自立的社会フィールド」であるため、シャリーアの法規範において「他者」となりうるのはシャリーアの権威に服する個人のみである。またこれは、他者が合法性を持つ個人よりも事実上優越性を持つ場合にも当てはまる［宮澤 一九九四：二〇］。

＊2　上記から、女性たちが知の体系に参入することによって、その言説が周辺化されゲットー化されるのではないかというマフムードの批判［Mahmood 2005: 65］は故なしではないが、一面的であると筆者は考える。

＊3　エジプトのジェンダー格差の詳細については付録の表を参照のこと。

＊4　シャリーアの法システムに女性が参入することによって、女性にとっての使い勝手が向上し、そのためにイスラーム言

説という資源がより使われるようになった、とも考えられる。

＊5　エジプトの国家法の法システムに問題があることは第三章で述べた。国家法は私的領域においてはただでさえ機能しにくいが、エジプトでは上記の問題のため、国家法の女性たちの権利を守るという機能はいっそう損なわれている。

＊6　例えば、以下のアーティヤ・サクルの強姦被害者に対するファトワーは、強姦の定義を非常に狭くとり、被害者女性の責任を重く見ている。「女性が一人で、ならず者が多い場所にいた、または時間や状況的に許される範囲を超えて出かけた、特に女性が化粧をしていて男性の耳目を集めていた、等々……の場合は（それは強姦とは呼びません）。（中略）責任ある女性は身なりや状況に責任を持たねばならず、女性の同意についても同様です。急いで女性が、私は強制された強姦被害者です、と言うのは、自分自身を罪から自由にするためです」[ʻĀṭiya Ṣaqr. 1999: 44-45]。ファトワーやウラマーを選択する必要があることは、ここから明らかであろう。

＊7　インフォーマントたちは、例えば礼拝と任意の断食を欠かさない人を「敬虔だ」と表現するが「公正だ」とは表現しない。一方「彼／彼女は敬虔だから信用できる」は「彼／彼女は公正だから信用できる」と言い換えが可能である。対義語の不正（*ẓulm*）は、非常に強い否定のニュアンスがあり、圧政や政府の腐敗への批判などの政治的文脈以外では日常会話ではあまり使われない。人間関係における不正は「公正ではない（*mishu ʻadl*）」と婉曲表現されることが多い。

＊8　Ｑ：女性の服装についてお聞きします。私はイスダール（最近はやっている、ぶかぶかの黒い服）を着ています。知識もあって、ちゃんとそれがいいものであることをわかっています。イスダールを着ているから得られる報奨について教えてください。

Ａ：イスラームが女性の義務として定めているのは、顔と手以外の身体の部位をきちんと隠すことで、それがきちんと隠されていて線もはっきり見えていないなら、その方法は何でもいいのです。重要なのは、手と顔が隠れていることです。だから、イスダールを着ているからこそ、私は他の人より優れている、というふうに考えてはいけませんよ［二〇〇六年八月一六日採取、回答者Ｓ・Ｆ］。

＊9　アメリカにおけるフェミニズムとキリスト教の関係において、宗教は家父長制が女性支配のために用いる「主人の道具」であるとされた［川橋・黒木 二〇〇四：一七］。「主人の道具」は川橋と黒木によればオードリー・ロード（Audre Lorde）のエッセイで用いられた言葉。

＊10　例えば第四章二二八頁の右手の所有にかかる者（奴隷）に関する質問は、法の再解釈を狙ってなされ、失敗した質問と理解できる。他にも、一度に三回なされた離婚宣言を三度ではなく一度の離婚成立と見なす少数説の、イスラーム電話のファトワーでの採用は、無数に離婚相談が質問され続けた結果、導き出されたとも読める。

＊11　このウラマーとアズハルの権威は「アラブの春」以降の政治的変動によって揺らぎつつある。今後注視する必要があろう。

＊12　http://www.elhatef.com/index.php?act=page_detail&p_id=118（二〇一四年九月二日閲覧）。なお調査当時の公式訳 Islamic Phone は現在 Islamic Hotline に変更されている。

表 A-1　基礎情報・エジプト

		1960	2004
識字率（15 歳以上）（%）	全体	25.8	65.7
	女性	12.5	56.2
		1959/61	2003/04
初等教育入学率（%）	全体	42.0	90.9
	女性	32.1	88.0
		2004	
労働人口中の専門職率（%）	全体	24.5	
	女性	30.4	
中等教育を受けた率（%）	全体	29.3	
	女性	23.5	
		2002/03	
高等教育修了者率（学齢期の人口に対する%）	全体	5.1	
	女性	4.9	
高等教育修了者率（学齢期の人口に対する%）	全体	27.1	
	女性	30.7	

注）UNDP 2005: 204.

表 A-2　女性 - 男性格差

	1960	2004
人口	30.0	95.5
	1960/61	2004
識字率（15 歳以上）（%）	63.2	68.3
	2003/04	
初等教育入学率（%）	95.9	
準備教育入学率（%）	92.2	
中等教育入学率（%）	99.3	
	2002/03	
第三次教育・大学院入学率（%）	83.8	
	2004	
労働人口（%）	31.4	

注）UNDP 2005: 204.

表 A-3　都市部 - 農村格差

		1960	2004
農村人口（全体に占める割合）（%）		62.0	58.4
		2004	
識字率（15 歳以上）（%）	都市部	84.6	
	農村	57.3	

注）UNDP 2005: 204.

表 A-4　通信

	2004
ラジオ保有世帯率（%）	81.9
テレビ保有世帯率（%）	89.4
電話（1,000 世帯のうち）	364.0
電話加入率（1,000 人中）	108.0
インターネット（1,000 人中）	55.7

注）UNDP 2005: 206.

表 A-5　失業率

		2004
失業率（労働人口中の%）	全体	9.9
	女性	24.0
	都市部	10.1
	地方	9.7
失業者の教育レベル（15 歳以上）（%）	中等教育未満	9.0
	中等教育	19.8
	大学教育	14.0
将来の労働人口交代率（%）	合計	190.1

注）UNDP 2005: 206.

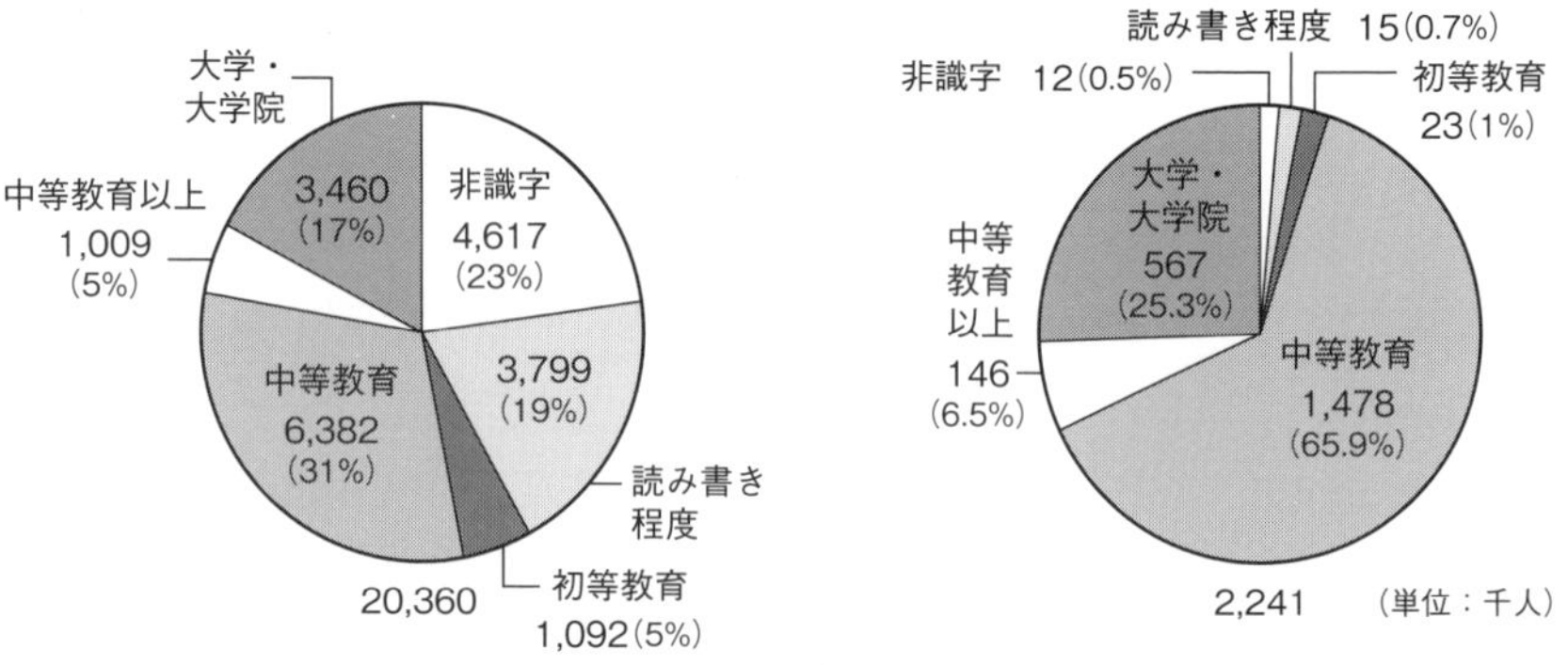

労働人口全体の学歴別割合　　失業者の学歴別割合

図 A-1　学歴別雇用率・失業率

注）UNDP 2005：104.

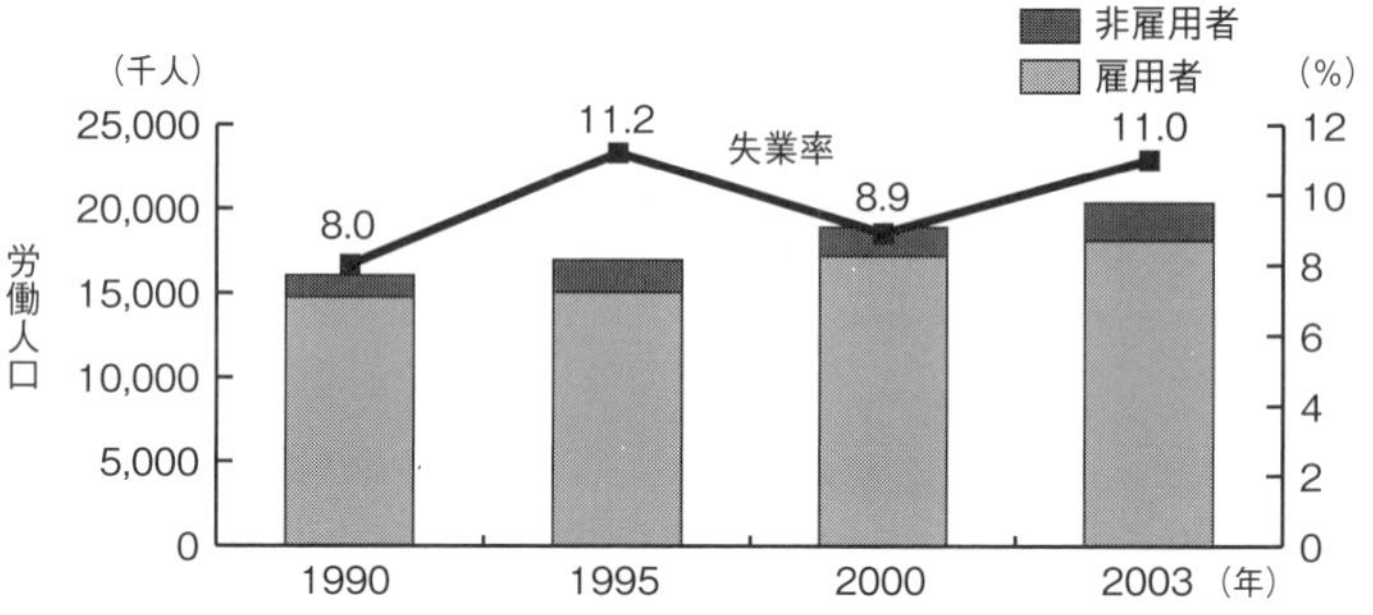

図 A-2　労働人口、雇用と失業（1993〜2003）

注）UNDP 2005：104.

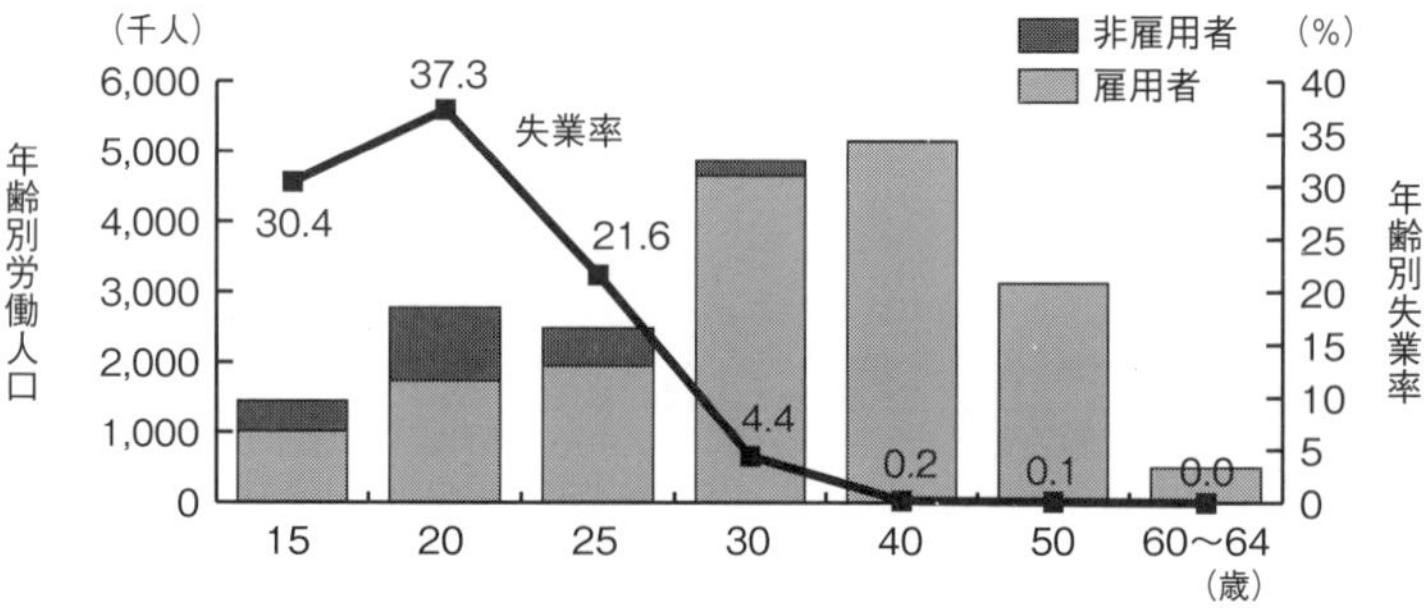

図 A-3　年齢別労働人口、雇用と失業

注）UNDP 2005：104.

表 A-6　教育の普及

		1959/61	2003/04
初等教育入学粗率（%）	全体	17.2	95.2
	女性	10.1	100.1
中等教育入学粗率（%）	全体	17.1	77.2
	女性	8.4	0.0
高等教育入学粗率（%）	全体	9.5	29.2
	女性	3.3	27.7

注）UNDP 2005: 205.

表 A-7　教育の不均衡

		2003/04
初等教育の生徒／教師率		22.1
予備教育の生徒／教師率		20.1
学級密度	初等教育	40.9
	予備教育	41.8
技術中等教育（中等教育全体中の%）		59.1
高等理系教育（高等教育全体中の%）		27.8
教育の国家支出（支出全体中の%）		14.7
大学までの教育の国家支出（全体中の%）		73.2
高等教育の国家支出（全体中の%）		26.8
初等・中等教育入学率（%）		2003/04
	公立校	84.7
	私立校	7.1
		2002/03
	アズハル付属校	8.4
不適切な校舎（%）		2003/04
	全体	21.4
		2004
	完全に不適切	10.0
	メンテナンス有	11.4

注）UNDP 2005: 206.

表 A-8　女性の地位

		1969	2003
平均初婚年齢		19.8	26.1
入学率（%）		2003/04	
	基礎教育	94.0	
		2004	
	初等教育	96.4	
	準備教育	95.1	
	中等教育	77.2	
		2002/03	
	第三次教育	27.7	
		2002/03	
理科系高等教育入学率（%）		44.3	
		2003	
高等教育を受けた女性の割合（15 歳以上）（%）		23.5	
法律・経営分野における就労率（%）		25.9	
		2004	
専門技術職分野における就労率（%）		33.5	
労働人口中の女性の割合（%）		23.9	

注）UNDP 2005: 204.

表A-9　資産分配・貧困

		2003 ～ 04
一人あたりGDP（LE）		6142.0
GDPに占める教育支出（%）		5.1
GDPに占める衛生支出（%）		1.8
GDPに占める社会割合（%）		4.0
GDPに占める軍事費支出（%）		4.9
		2004
40%の低所得者の所得シェア	合計	20.3
	農村部	25.3
上位20%～下位40%	合計	5.4
	農村部	3.2
ジニ指数	合計	35.2
	農村部	23.2
貧困層の人口（%）	相対的貧困層	20.7
	絶対的貧困層	4.7
貧困世帯の賃金	収入（%）	42.0
	総賃金（%）	8.6
国家予算配分（%）		2003 ～ 04
	教育	14.7
	衛生	5.2
	社会保障	11.4
		2002 ～ 03
	安全保障	13.8

注）UNDP 2005: 207.

参考文献

アラビア語文献

‘Abd al-‘Azīz b. ‘Abd Allāh b. Bāzz (ed.) [1998] *Fatāwā al-Ḥijāb wal-Libās wal-Zīna lil-Mar’a al-Muslima*, al-Qāhira: Dār Ibn Jazīma.

—— [1999] *Fatāwā ‘Ulamā’ al-Balad al-Ḥarām*, al-Qāhira: Dār al-Haytham.

‘Abla al-Kaḥlāwī [2003] *‘Abla al-Kaḥlāwī Ḥayāthā wa Fikrhā*, al-Qāhira: Maktab al-Bābirus.

Abū ‘Abbās [2000] *al-Bukhārī*, Bayrūt: Dār al-Fikr.

Abū Bakr Jābir [2001] *Minhāj al-Muslim*, al-Qāhira: Dār al-Salām.

Aḥmad al-Jundī [2000] *Mabādī al-Qaḍā’ fī al-Aḥwāl al-Shakhṣīya*, vol.1-6, al-Qāhira: Dār al-Kutub al-Qānūnīya.

‘Alī Jum‘a [2005a] *al-Bayān*, al-Qāhira: al-Muqaṭṭam.

—— [2005b] *al-Kalām al-Ṭayyib: Fatāwā ‘Aṣrīya*, al-Qāhira: Dār al-Salām.

‘Aṭīya Muṣṭafā [2006] *al-Zawāj al-‘Urfī Ḥalāl*, al-Qāhira: Madbūlī al-Ṣaghīr.

‘Āṭiya Ṣaqr [nd.] *Fatāwā*, al-Qāhira: al-Maktaba al-Tawfīqīya.

Ḥusayn Muḥammad [1985] *Fatāwā Shar‘īya*, al-Qāhira: Dār al-‘Atiṣām.

Khālid al-Jindī [2003] *Fa Is’alū Ahl al-Dhikr*, al-Qāhira: Dār al-Manār.

Malak Ḥifnī Nāṣif [1962] *Āthār Bāḥitha al-Badawīya, 1886-1918* (ed. Majd al-Dīn Ḥifnī Nāṣif), al-Qāhira: Wizāra al-Thaqāfa wal-Irshād al-Qawmī.

Muḥammad Bakr Ismā'īl [1997a] *al-Fiqh al-Wāḍiḥ*, vol.2, al-Qāhira: Dār al-Manār.

—— [1997b] *al-Fiqh al- Wāḍiḥ*, vol.3, al-Qāhira: Dār al-Manār.

—— [1999] *Bayna al-Sā'il wal-Faqīh*, al-Qāhira: Dār al-Manār.

Muḥammad Muḥammad Tāmir [1999] *Fatāwā al-Nisā'*, al-Qāhira: Dār al-Taqwā.

Qadrī 'Abd al-Fattāḥ al-Shahāwī [2001] *Mawsū'a Tashrī'āt al-Aḥwāl al-Shakhṣīya*, Jalāl Ḥajy wa Sharikāt.

al-Sayyid al-Jumyālī [1999] *Fatāwā al-Sha'rāwī*, al-Qāhira: Dār al-Fatha.

Wahba al-Zuḥaylī [1997] *al-Fiqh al-Islāmī wa Adillatuh*, vol. 1-11, Dimashq: Dār al-Fikr.

Yūsuf al-Qarḍāwī [2001] *Fatāwā Mu'āṣira*, al-Qāhira: Dār al-Qalam.

欧米文献

Abdullahi A. An-Na'im (ed.) [2002] *Islamic Family Law: In a Changing World*, Zed Books.

Abu-Lughod, Leila [1986] *Veiled Sentiments: Honor and Poetry in a Bedouin Society*, University of California Press.

—— [1990] "Can There Be a Feminist Ethnography?", *Women and Performance* 5-1: 7-27.

—— [1993 → 2008] *Writing Women's worlds: Bedouin Stories*. University of California Press.

—— [2013] *Do Muslim Women Need Saving?* Harvard University Press.

Abu-Odeh, Lama [2004a] "Egyptian Feminism: Trapped in the Identity Debate", in Haddad, Yvonne Yazbeck & Stowasser, Barbara Freyer (eds.), *Islamic Law and the Challenges of Modernity*, Alta Mira Press: 183-212.

—— [2004b] "Modernizing Muslim Family Law: the Case of Egypt", *Vanderbilt Journal of Transnational Law* 37: 1043-1146.

Ahmed, Leila [1992] *Women and Gender in Islam*, Yale University Press.（『イスラームにおける女性とジェンダー――近代論争の歴史的根源』林正雄他訳、法政大学出版会、二〇〇〇）

Amin, S. Hasan [2000] "An Islamic Approach to Dispute Resolution: Use of Fatwa as an Alternative Method", *Islamic University Journal* 2-4: 32-64.

Amnesty International [2007] *Egypt – Systematic abuses in the name of security*, http://www.amnesty.org/en/library/info/MDE12/001/2007

Asad, Talal [1993] *Genealogies of religion: Discipline and Reasons of Power in Christianity and Islam*, Johns Hopkins University Press.（『宗教の系譜――キリスト教とイスラムにおける権力の根拠と訓練』中村圭志訳、岩波書店、二〇〇四）

—— [2003] *Formations of the Secular: Christianity, Islam, Modernity*, Stanford University Press.（『世俗の形成――キリスト教、イスラム、近代』中村圭志訳、みすず書房、二〇〇六）

Aşik, Mehmet Ozan [2008] *Religious Education in Egypt*, Saarbrücken: VDM Verlag Dr. Müller Aktienge sell schaft & co.KG.

Ayoub-Geday, Paul (ed.) [2001] *Egypt Almanac 2001*, Egypto-file Ltd.

Bälz, Kilian [1995-1996] "Sharia and Qanun in Egyptian Law: A Systems Theory Approach to Legal Pluralism", *Yearbook of Islamic and Middle Eastern Law* 2: 37-53.

—— [1999] "The Secular Reconstruction of Islamic Law: the Egyptian Supreme Constitutional Court and the 'Battle over the Veil' in State-Run Schools", in Baudouin Dupret & Maurits Berger & Laila al-Zwaini (eds.), *Legal Pluralism in the Arab World*, Kluwer Law International: 245-264.

Bano, Masooda & Hilary Kalmbach (eds.) [2012] *Women, Leadership and Mosques: Changes in Contemporary Islamic Authority*. Leiden: Brill.

Barlas, Asma [2002] *"Believing Women" in Islam: Unreading Patriarchal Interpretations of the Quran*, University of Texas Press.

Becker, Mary [1992] "The Politics of Women's Wrongs and the Bill of 'Right': A Bicentennial Perspective", *The University of Chicago Law Review 59*: 453-517.

Bibars, Iman [2001] *Victims and Heroines: Women, Welfare and the Egyptian State*, Zed Books.

Cooke, Miriam [2001] *Women Claim Islam: Creating Islamic Feminism through Literature*, Routledge.

—— [2002] "Multiple Critique: Islamic Feminist Rhetorical Strategies", in Laura E. Donaldson & Kwok Pui-Lan (eds.), *Postcolonialism, Feminism and religious discourse*, Routledge: 142-160.

Donaldson, Laura E. & Kwok Pui-Lan (eds.) [2002] *Postcolonialism, Feminism and Religious Discourse*, Routledge.

Dupret, Baudouin [1998] "Le Juge et le Jeu de la Normalisation Islamique de Droit Positif", *Journal of Legal Pluralism* 42: 199-220.

Dupret, Baudouin & Maurits Berger & Laila al-Zwaini (eds.) [1999] *Legal Pluralism in the Arab World*, Kluwer Law International.

Eliade, Mircea [1967] *Das Heilige und das Profane*, Reinbeck: Rowohlt Taschenbuch 1.（『聖と俗——宗教的なる物の本質について』風間敏夫訳、法政大学出版局、一九六九）

—— [1987] *The Encyclopedia of Religion*, Macmillan Library Reference.

Esposito, John, L. & Delong-Bas, Natana J. [2001] *Women in Muslim Family Law Second Edition*, Syracuse University Press.

al-Fattah, Nabil, Abd [1999] "The Anarchy of Egyptian Legal System: Wearing Away the Legal and Political Modernity", in Dupret, Baudouin & Maurits Berger & Laila al-Zwaini (eds.) [1999] *Legal Pluralism in the Arab World*, Kluwer Law

International.159-172.
Geertz, Clifford [1973] "Religion as a Cultural System", in Geertz Clifford *The Interpretation of Cultures: Selected Essays*, Basic Books Inc. Publishers: 87-125.（『文化の解釈学（１・２）』吉田禎吾・柳川啓一・中牧弘允・板橋作美訳、岩波書店、一九八七）
Gellner, Ernest [1981] *Muslim Society*, Cambridge University Press.
Gihan, Shanine [1999] "Illegitimate, Illegal, or Just Ill-advised?", *al-Ahram* 417, http://weekly.ahram.org.eg/1999/417/li1.htm.
Griffiths, John [1986] "What is Legal Pluralism?", *Journal of Legal Pluralism* 24: 1-55.
El-Guindi, Fauda [1981] "Veiling infitah with Muslim Ethic", *Social Problem* 28-4: 465-485.
Hoodfar, Homa [1999] *Between Marriage and the Market: Intimate Politics and Survival in Cairo*, The American University in Cairo Press.
Hooker, M. B. [1976] *Legal Pluralism: An Introduction to Colonial and Neo-Colonial Law*, Clarendon Press.
Hopkins, Nicholas S. (ed.) [2003] *The New Arab Family:Cairo Papers in Social Science 24-1/2*, The American University in Cairo Press.
Ibrahim, Amira [1999] "Hope on the Horizon?", *Al-Ahram Weekly* 420: http://weekly.ahram.org.eg/1999/420/fe1.htm.
Kamran Asdar Ali [2002] *Planning the Family in Egypt*, The American University in Cairo Press.
Karam, Azza M. [1998] *Women, Islamisms and the State: Contemporary Feminisms in Egypt*, Macmillan Press.
Kholoussy, Hanan [2003] "Talking About a Revolution: Gender and the Politics of Marriage in Early Twentieth-Century Egypt", *Graduate Researcher: Journal for the Arts, Sciences, and Technology* 1-2: 25-34.
—— [2005] "The Nationalization of Marriage in Monarchical Egypt", in Goldschmidt, Arthur & Johnson, Amy J. & Salmoni,

Barak (eds.) *Re-Envisioning Egypt, 1919-1952*, The American University in Cairo Press: 317- 50.

King, Ursula [1995] "Introduction: Gender and the Study of Religion", in King Ursula (ed.), *Gender, Religion and Diversity: Cross Cultural Perspectives*, Continuum.

Layish, Aharon [1996] "The Fatwa as an Instrument of Accommodation", in Masud, Muhammad Khalid (ed.), *Islamic Legal Interpretation*, Harvard University Press: 270-277.

Luhmann, Niklaus [1986] *Die Soziologische Beobachtung Des Rechts*, Nomos Verlagsgesellschaft.

MacLeod, Arlene [1991] *Accommodating Protest*, Columbia University Press.

Mahmood, Saba [2005] *Politics of Piety: the Islamic Revival and the Feminist Subject*, Princeton University Press.

Majid, Anouar [2002] "The Polities of Feminisms in Islam", in Therese Saliba & Carolin Allen & Judith A. Howard (eds.), *Gender, Politics, and Islam*, the University of Chicago Press: 53-94.

Mani, Lata [1998] *Contentious Traditions: The Debate on Sati in Colonial India*, University of California Press.

Masud, Muhammad Khalid & Messick, Brinkley & Powers, David S. (eds.) [1996] *Islamic Legal Interpretation, Mufties and their Fatwas*, Harvard University Press.

Mead, Margaret [1928] *Coming of Age in Samoa*, William Morrow.

—— [1935] *From the South Seas: Studies of Adolescence and Sex in Primitive Societies*, William Morrow.

—— [1949] *Sex and Temperament in Three Primitive Societies*, George Routledge & Sons.

Merry, S. Engle [1988] "Legal Pluralism", *Law and Society Review* 22: 869-896.

Minh-ha, Trinh T. [1989] *Woman, Native, Other: Writing Postcoloniality and Feminism*, Indian University Press.

Miura, Toru [2006] "Perceptions of Islam and Muslims in Japanese High Schools: Questionnaire Survey and Textbooks (<Special

Issue II>Perception of Islam in Japanese Schools)”『日本中東学会年報』二二—二：一七三—一九一。

Moghadam, V. M. [2002] “Islamic Feminism and its Discontents: Towards a Resolution of the Debate” in Therese Saliba & Carolin Allen & Judith A. Howard (eds.), *Gender, Politics, and Islam*, the University of Chicago Press: 15-52.

Mohanty, Chandra Talpade [1988] “Under Western Eyes: Feminist Scholarship and Colonial Discourses”, *Boundary* 2. 12-3 (Spring-Autumn): 333-358.(「フェミニズム研究と植民地主義言説——西洋の目」ホーン川嶋瑶子訳、『日米女性ジャーナル』一五：九一—一一六、一九九三)

Mohsen, Safia, K. [1985] “New Images, Old Reflections: Working Middle Class Women in Egypt”, in Fernea, Warnock Elizabeth (ed.), *Women and the family in the Middle East: New Voices of Change*, University of Texas Press.

Moore, Henrietta [1988] *Feminism and Anthropology*, Polity Press.

Moore, Sally F. [1978] *Law as Process: An Anthropological Approach*, Routledge & Kegak Paul.

Murphy, Tim [1994] “Wesen und Erscheinung in the History of the Study of Religion: A Post-Structualist Perspective”, *Method and Theory in the Study of Religion* 6: 119-146.

Nassar, Nagla [1999] “Legal plurality: Reflection on the Status of Women in Egypt”, in Baudouin Dupret & Maurits Berger & Laila al-Zwaini (eds.), *Legal Pluralism in the Arab World*, Kluwer Law International: 191-204.

Nelson, Cynthia [1996] *Doria Shafik: Egyptian Feminist*, The American University in Cairo Press.

Network of Women's Rights Organizations (NWRO) [2010] *Legal Guide: For Developing a More Just Integrated Family Law*, http://www.powregypt.org/upload/Famly_law_Eng.pdf

Oberoi, Harjot [1997] *The Construction of Religious Boundaries: Culture, Identity, and Diversity in the Sikh Tradition*, Oxford University Press.

Ortner, Sherry B. [1974] "Is Female to Male As Nature Is to Culture?" in Michelle Zimbalist Rosaldo & L. Lamphere (ed.), *Woman, Culture, and Society,* Stanford, CA: Stanford University Press: 68-87.

Poole, Elizabeth & Richardson John E. (eds.) [2006] *Muslims and the News Media*, I.B. Tauras.

Rapoport, Yussef [2005] *Marriage, Money and Divorce in Medieval Islamic Society*, Cambridge.

Rosaldo, Michelle Zimbalist (ed.) [1974] *Woman, Culture, and Society,* Stanford, CA: Stanford University Press.

El Saadawi, Nawal [1980] *The Hidden Face of Eve: Women in the Arab World*, Zed Books.（『イブの隠れた顔』村上眞弓訳、未来社、一九八八）

Sahliyeh, Emile (ed.) [1990] *Religious Resurgence and Politics in the Contemporary World*, State University of New York Press.

Salamone, Frank A. [1998] "The Waziri and the Thief: Hausa Islamic Law in a Yoruba City. A Case Study from Ibadan, Nigeria", *Journal of Legal Pluralism* 42: 139-156.

Saliba, Therese [2002] "Introduction: Gender, Politics, and Islam", in Therese Saliba & Carolin Allen & Judith A. Howard (eds.), *Gender, Politics, and Islam*, The University of Chicago Press: 1-14.

Saliba, Therese & Carolin Allen & Judith A. Howard (eds.) [2002] *Gender, Politics, and Islam*, The University of Chicago Press.

Sarah, B. Nefissa [1999] "the Haqq al-Arab: Conflict Resolution and Distinctive Features of Legal Prulalism in Contemporary Egypt", in Baudouin Dupret & Maurits Berger & Laila al-Zwaini (eds.) *Legal Pluralism in the Arab World*, Kluwer Law International: 145-158.

Schuler, Margaret & Sakuntala Kadirgamar-Rajasingham [1992] *Legal Literacy: a Tool for Women's Empowerment*, Women, Law and Development, OEF International, Distributed by UNIFEM.

Scott, Joan Wallach [1988] *Gender and the Politics of History*, Columbia University Press.

Sengers, Gerda [2003] *Women and Demons: Cult Healing in Islamic Egypt*, Brill.

Shaham, Ron [1997] *Family and the Courts in Modern Egypt: A Study Based on Decision by the Sharia Courts 1900-1955*, Brill Academic Pub.

Shehabuddin, Elora [2002] “Contesting the Illicit: Gender and the Politics of Fatwas in Bangladesh”, in Therese Saliba & Carolin Allen & Judith A. Howard (eds.), *Gender, Politics, and Islam*, the University of Chicago Press: 201-234.

Shahine, Gihan [1999] “Illegitimate, illegal or just ill-advised?” *Al-Ahram Weekly* 417: http://weekly.ahram.org.eg/1999/417/li1.htm

Simon, Robarts [1979] *Order and Dispute: An Introduction to Legal Anthropology*, Penguin Books.

Skovgaard-Petersen, Jakob [1997] *Defining Islam for the Egyptian State: Muftis and Fatwas of the Dar al-Ifta*, Brill.

Spivak, Gayatri Chakravorty [1988] “Can the Subaltern speak?”, in Nelson, Cary & Lawrence Grossberg (eds.), *Marxism and the interpretation of culture*: 271-313.

Starrett, Gregory [1995] “The Political Economy of Religious Commodities in Cairo”, *American Anthropologist*: 97-1: 51-68.

Strathern, Marilyn [1987] “An Awkward Relationship: the Case of Feminism and Anthropology”, *Signs* 12-2: 276-292.

Suad, Joseph (ed.) [2003-08] *Encyclopedia of Women and Islamic Cultures. Volume 1-6: Methodologies, Paradigms and Source*, Brill Academic Publishers.

Tadros, Mariz [1999] “Secretly Yours”, *Al-Ahram Weekly* 431: http://weekly.ahram.org.eg/1999/431/lil.htm.

—— [2000] “The Beginning or the End? ”, *Al-Ahram Weekly* 472: http://weekly.ahram.org.eg/2000/472/fr2.htm.

Tucker, Judith E. [1998] *In the House of the Law*, The American University in Cairo Press.

Turner, Bryan S. [1994] *Orientalism Postmodernism and Globalism*, London: Routledge.

Tyan, E. (eds.) [1999] *Encyclopedia of Islam CD-ROM Edition v. 1.0*, Koninklijke Brill.

UN & ESCEA [1993] *Survey of Economic and Social Developments in the ESCWA Region.*

UNDP [2001] *Egypt Human development Report 2000/2001,* UNDP.

UNDP [2005] *Egypt Human development Report 2005,* UNDP.

Vanderlinden, Jacques [1989] "Return to Legal Pluralism: Twenty Years Later", *Journal of Legal Pluralism* 28: 149-158.

Visweswaran, Kamala [1997] "Histories of Feminist Ethnography", *Annual Review of Anthropology* 26: 591-621.

Waardenburg, Jacues [1992] "In Search of an Open Concept of Religion", in Michel Despland & Gerard Vallee (eds.), *Religion in History: the Word, the Idea, the Reality*, Wilfrid Laurier University Press: 225-240.

Welchman, Lynn [2004] *Women's Rights and Islamic Family Law: Perspectives on Reform*, Zed books.

Woodman, Gordon R. [1998] "Ideological Combat and Social Observation: Recent Debate about Legal Pluralism", *Journal of Legal Pluralism* 42: 21-59.

Yamani, Mai [1996] *Feminism and Islam: Legal and Literary Perspectives*, Ithaca Press.

Young, Serinity [1999] *Encyclopedia of Women and World Religion*, Macmillan Reference USA.

Zeghal, Malika [1999] "Religion and Politics in Egypt: The Ulema of al-Azhar, Radical Islam, and the State (1952-94)", *International journal of Middle East Studies* 31-3 (August, 1999): 371-399.

日本語文献

青木恵理子［一九九一］「ジェンダー——文化批判の一視点」米山俊直編『文化人類学を学ぶ人のために』世界思想社。

アサド、タラル［二〇〇四］『宗教の系譜——キリスト教とイスラムにおける権力の根拠と訓練』中村圭志訳、岩波書店。

――［二〇〇六］『世俗の形成――キリスト教、イスラム、近代』中村圭志訳、みすず書房。

アードナー、エドウィン／オートナー、シェリー・B［一九八七］『男が文化で、女は自然か？――性差の文化人類学』山崎カヲル編訳、晶文社。

アレント、ハンナ［一九九四］『過去と未来の間』引田隆也・齋藤純一訳、みすず書房。

飯塚正人［一九九三］「ナショナリズムと復興運動」山内昌之・大塚和夫編『イスラームを学ぶ人のために』世界思想社。

池内恵［二〇〇二］「サーダート・ムバーラク政権期のエジプトにおける政・教関係の変容――啓示法（シャリーア）法源規定をめぐる諸施策とその思想的根拠」『現代の中東』三三：一七―四三。

――［二〇〇五］「アズハル機構の近代的再編」『現代の中東』三五：一―一七。

池上良正他編［二〇〇四］『岩波講座宗教九　宗教の挑戦』岩波書店。

石井正子［二〇〇二］『女性が語るフィリピンのムスリム社会――紛争・開発・社会的変容』明石書店。

磯前順一［二〇〇〇］「宗教概念および宗教学の成立をめぐる研究概況」『現代思想』二八―九：二三〇―二四五。

井筒俊彦［一九六四］『コーラン　上・中・下』岩波書店。

岩崎えり奈［二〇〇九］『変革期のエジプト社会――マイグレーション・就業・貧困』書籍工房早山。

岩崎真紀［二〇〇四］「エジプト身分法改革と女性」『宗教研究』七八―二：四六七―四九二。

上野千鶴子［二〇〇六］『生き延びるための思想――ジェンダー平等の罠』岩波書店。

宇田川妙子［二〇〇七］「地域の『門番』概念としてのジェンダー・セクシュアリティ――地中海ヨーロッパ」宇田川妙子・中谷文美編『ジェンダー人類学を読む』世界思想社。

宇田川妙子・中谷文美編［二〇〇七］『ジェンダー人類学を読む』世界思想社。

江原由美子・金井淑子編［一九九七］『フェミニズム』新曜社。

エールリッヒ、オイゲン［一九八四］『法社会学の基礎理論』河上倫逸訳、みすず書房。

大塚和夫［一九八五］「下エジプトのムスリムにおける結婚の成立過程」『国立民族学博物館研究報告』一〇―二：二七三―三〇七。

――［一九九六a］「日常生活のなかのイスラーム復興」小杉泰編『イスラームに何がおきているか』平凡社。

――［一九九六b］「イスラーム主義とイスラーム復興」山内昌之編『「イスラム原理主義」とは何か』岩波書店。

――［二〇〇〇］『近代・イスラームの人類学』東京大学出版会。

――［二〇〇二a］「ジェンダー空間の変容――世俗化とイスラーム復興の混成現象として」大塚和夫編『現代アラブ・ムスリム世界――地中海とサハラのはざまで』世界思想社。

――［二〇〇二b］『いまを生きる人類学――グローバル化の逆説とイスラーム世界』中央公論新社。

――［二〇〇四］「帝国主義と宗教――イスラーム世界を中心に」池上良正他編『岩波講座宗教九　宗教の挑戦』岩波書店。

――［二〇〇五］「書評　加藤博編『イスラームの性と文化』（イスラーム地域研究叢書六）」『イスラム世界』六五：一〇五―一一三。

岡真理［二〇〇〇］『彼女の「正しい」名前とは何か――第三世界フェミニズムの思想』青土社。

――［二〇〇三］「ハーレムの少女とポストコロニアルのアイデンティティ」竹村和子編『〝ポスト〟フェミニズム』青土社。

岡野八代［二〇〇三］「正義論の限界とグローバル・フェミニズムの可能性」竹村和子編『〝ポスト〟フェミニズム』青土社。

荻原なつ子［二〇〇五］「開発は女性を解放したか」田中雅一・中谷文美編『ジェンダーで学ぶ文化人類学』世界思想社。

オルセン、フランシス［二〇〇二］「法識字」田中由美子・大沢真理・伊藤るり編『開発とジェンダー――エンパワメントの国際協力』国際協力出版会。

掛川典子［一九九七］「宗教とフェミニズム」江原由美子・金井淑子編『フェミニズム』新曜社。

加藤博［二〇〇二］『エジプト国開発援助のための基礎的社会経済データの蓄積と分析枠組みの構築――エジプトの統計事情と社会調査事情』平成一三年度国際協力事業団客員研究員報告書。

――［二〇〇五］「イスラーム世界の女性――実態と言説の狭間で」加藤博編『イスラームの性と文化』東京大学出版会。

加藤博編［二〇〇五］『イスラーム地域研究叢書六　イスラームの性と文化』東京大学出版会。

ガーバー、ハイム［一九九六］『イスラームの国家・社会・法』黒田壽郎訳、藤原書店。

川橋範子［一九九七］「フェミニストエスノグラフィーの限界と可能性」『社会人類学年報』二三：五五―八五。

――［二〇〇四］「フェミニズムと宗教」池上良正他編『岩波講座宗教九　宗教の挑戦』岩波書店。

――［二〇〇七］「ポストコロニアル・フェミニズム・宗教」宇田川妙子・中谷文美編『ジェンダー人類学を読む』世界思想社。

川橋範子・黒木雅子［二〇〇四］『混在するめぐみ――ポストコロニアル時代の宗教とフェミニズム』人文書院。

ギアツ、クリフォード［一九九一］『ローカル・ノレッジ』梶原景昭他訳、岩波書店。

木場慎吾［二〇〇二］『世界年鑑二〇〇二』共同通信社。

窪田幸子［二〇〇四］「文化人類学とジェンダー研究」山本真鳥編『性と文化』法政大学出版局。

――［二〇〇五］「ジェンダーとミッション――オーストラリアにおける植民地経験」山路勝彦・田中雅一編『植民地主義と人類学』関西学院大学出版会。

クマラスワミ、ラディカ［二〇〇〇］『女性に対する暴力』クマラスワミ報告書研究会訳、明石書店。

クールズ、C・エヴァ［一九八九］『ファロスの王国――古代ギリシアの性の政治学』中務哲郎・久保田忠利・下田立行訳、岩波書店。

桑原尚子［二〇〇二］「イスラーム離婚法におけるジェンダー」田中由美子・大沢真理・伊藤るり編『開発とジェンダー』国際協力出版会。

ゲルナー、アーネスト［一九九一］『イスラム社会』宮治美江子・堀内正樹・田中哲也訳、紀伊國屋書店。

河野ひとみ［二〇一三］「婦人保護施設の今」須藤八千代・宮本節子編『婦人保護施設と売春・貧困・DV問題』明石書店。

小杉泰［一九八五］「イスラーム法―研究領域と原典資料」『イスラム世界』二三／二四：一〇四―一一八。

――［一九八七］「現代イスラームにおける宗教勢力と政治的対立」片倉もとこ編『人々のイスラーム―その学際的研究』日本放送出版協会。

――［一九九〇］「現代におけるイスラーム法と『立法』」『国際大学中東研究所紀要』四：一一一―一五六。

――［一九九四］『現代中東とイスラーム政治』昭和堂。

――［二〇〇二a］「イスラーム人生相談所」大塚和夫編『現代アラブ・ムスリム世界―地中海とサハラのはざまで』世界思想社。

――［二〇〇二b］「中東と政治変動―イスラーム的システムと現代」『新版エリア・スタディ入門―地域研究の学び方』昭和堂。

――［二〇〇二c］「ムフティー」大塚和夫他編『岩波イスラーム事典』岩波書店。

――［二〇〇六］『現代イスラーム世界論』名古屋大学出版会。

後藤絵美［二〇〇三］「クルアーンとヴェール―啓示の背景とその解釈について」『日本中東学界年報』一九―一：一二五―一五一。

――［二〇〇六］「ヴェールを手に取るまで―現代エジプトの宗教パンフレットに見るヒジャーブ着用の理由」『比

較文学研究』八七：七九―一〇一。

――［二〇一四］『神のためにまとうヴェール――現代エジプトの女性とイスラーム』中央公論新社。

小西聖子［一九九六］『犯罪被害者の心の傷』白水社。

小林寧子［二〇〇八］『インドネシア　展開するイスラーム』名古屋大学出版会。

コーネル、ドゥルシラ［二〇〇五］『女たちの絆』岡野八代・牟田和恵訳、みすず書房。

小松加代子［二〇〇五］「宗教とフェミニズム・ジェンダー研究――普遍性へのジェンダー批判」『湘南国際女子短期大学紀要』一二：四五―五八。

小山修三・窪田幸子編［二〇〇二］『多文化国家の先住民――オーストラリア・アボリジニの現在』世界思想社。

サイード、エドワード［一九九三］『オリエンタリズム』板垣雄三・杉田英明監修、今沢紀子訳、平凡社。

桜井啓子［二〇〇五］「イランの女子教育――イスラーム化の影響」加藤博編『イスラーム地域研究叢書六　イスラームの性と文化』東京大学出版会。

眞田芳憲［一九九八］「イスラーム法文化圏における法の概念」『比較法研究』五五：五〇―六〇。

眞田芳憲・松村明［二〇〇〇］『イスラーム身分関係法』中央大学出版部。

JETRO［一九八九］『カイロで暮らす』日本貿易振興会。

塩崎悠輝［二〇一二］「マレーシアの公的ファトワー管理制度――近代ムスリム国家によるシャリーア解釈統制」『イスラム世界』七六：一―三二。

シクスー、エレーヌ［一九九七］「私のアルジェリアンヌ」松本伊瑳子訳、『現代思想』二五―一三：二三四―二六一。

清水芳見［一九九四］「アラブ・ムスリムの家族と結婚――ヨルダン」片倉もとこ編『イスラーム教徒の社会と生活』栄光教育文化研究所。

白井正博［一九九五］「近代国家の法とイスラーム」湯川武編『イスラーム国家の理念と現実』悠思社。

鈴木隆文・麻鳥澄江［二〇〇三］『ドメスティック・バイオレンス』教育資料出版会。

ストーラー、アン・ローラ［二〇一〇］『肉体の知識と帝国の権力――人種と植民地支配における親密なるもの』永渕康之・水谷智・吉田信訳、以文社。

須藤八千代・宮本節子編［二〇一三］『婦人保護施設と売春・貧困・DV問題』明石書店。

スレーリ、サーラ・岡真理・村山敏勝［一九九七］「ポスト・コロニアリズム批評とフェミニズム」『現代思想』二五：二七九―二八九。

『聖書』［一九七八］中沢洽樹訳、中央公論社。

鷹木恵子［二〇〇五］「マグリブ三国におけるマイクロクレジット普及の背景とその現状――『開発とジェンダー』の考察に向けて」加藤博編『イスラーム地域研究叢書六　イスラームの性と文化』東京大学出版会。

――［二〇〇八］『マイクロクレジットの文化人類学――中東・北アフリカにおける金融の民主化にむけて』世界思想社教学社。

竹下賢・角田猛之［二〇〇二］『マルチ・リーガル・カルチャー――法文化へのアプローチ改訂版』晃洋書房。

竹田新［一九九三］「Malak Hifni Nasif と女性解放」『日本中東学会年報』八：二三九―二五一。

竹野富之［二〇一二］「現代マレーシアにおけるファトワ（fatwa）の法的拘束力に関する一考察――誰がファトワを管理すべきか？」『東海学園大学研究紀要　人文科学研究編』一七：一〇七―一二三。

竹村和子編［二〇〇三］『〝ポスト〟フェミニズム』作品社。

田中哲也［二〇〇六］「エジプト現代教育研究序説――無償教育制度とブラック・マーケット」『福岡県立大学人間社会学部紀要』一五―一：五九―七一。

田中雅一編［一九九八］『女神――聖と性の人類学』平凡社。

田中雅一・中谷文美編［二〇〇五］『ジェンダーで学ぶ文化人類学』世界思想社。

田中由美子・大沢真理・伊藤るり編［二〇〇二］『開発とジェンダー――エンパワメントの国際協力』国際協力出版会。

田辺明生［二〇〇二］「差異と同一性のエロス――インドにおけるジェンダーの可能性」青木保編『アイデンティティ――解体と再構成』。

千葉正士［一九八五］「多元的法体制におけるフォークロー」『思想』七二七：一〇四―一一四。

千葉正士編［一九九七］『アジアにおけるイスラーム法の移植』成文堂。

鄭暎惠［一九九七］「フェミニズムのなかのレイシズム」江原由美子・金井淑子編『フェミニズム』新曜社。

辻上奈美江［二〇〇七］「ジェンダー秩序はいかにして構築されるか――サウジアラビアのウラマーによるファトワーの考察」『日本中東学界年報』二三―一：一一一―一四五。

――［二〇一一］『現代サウディアラビアのジェンダーと権力――フーコーの権力論に基づく言説分析』福村出版。

土屋一樹［二〇〇四］「変革期を迎えたエジプトの小麦流通――小麦流通構造と食料補助制度の変遷」『現代の中東』三六：三六―五三。

東長靖［二〇〇二］「ウラマー」大塚和夫他編『岩波イスラーム事典』岩波書店。

鳥山純子［二〇〇六］「エジプト人女性の海外就労と『マフラム規範』の書き換え――サウジアラビアへ派遣された女性教師の事例を中心に」『F-GENSジャーナル』六：九五―一〇二。

内閣法制局法令用語研究会編［一九九三］『有斐閣　法律用語辞典』有斐閣。

中川敏［二〇〇三］「『宗教とは何か』とは何か」『民俗学研究』六八―二：二六二―三〇五。

長沢栄治［二〇〇二］「エフェンディ」大塚和夫他編『岩波イスラーム事典』岩波書店。

中田香織［一九九六a］「ヴェール回帰現象の理解を目指して（前編）」『中東研究』四二〇：七―二四。

――［一九九六b］「ヴェール回帰現象の理解を目指して（後編）」『中東研究』四二一：一七―三一。

中谷文美［一九九七］「『女性』から『ジェンダー』へ、そして『ポジショナリティ』へ――フェミニスト人類学の系譜」青木保ほか編『岩波講座　文化人類学四　個からする社会展望』岩波書店。

――［二〇〇一］「〈文化〉？〈女〉？――民族誌をめぐる本質主義と構築主義」上野千鶴子編『構築主義とは何か』勁草書房。

――［二〇〇三］「人類学のジェンダー研究とフェミニズム」『民俗学研究』六八―三：三七一―三九三。

中西久枝［二〇〇二］『イスラームとモダニティ――現代イランの諸相』風媒社。

中山紀子［一九九九］『イスラームの聖と俗――トルコ農民女性の民族誌』アカデミア出版。

――［二〇〇五］「夫婦関係を盛り上げる仕組み」加藤博編『イスラームの性と文化』東京大学出版会。

日本国際問題研究所［二〇〇一］『中東基礎資料調査――主要中東諸国の憲法（上）』財団法人日本国際問題研究所。

ヌスバウム、マーサ［二〇〇五］『女性と人間開発――潜在能力アプローチ』池本幸生・田口さつき・坪井ひろみ訳、岩波書店。

ハート、ハーバート［一九七六］『法の概念』矢崎光圀監訳、みすず書房。

バトラー、ジュディス［一九九九］『ジェンダー・トラブル――フェミニズムとアイデンティティの攪乱』竹村和子訳、青土社。

――［二〇〇六］「平和とは戦争への恐ろしいまでの満足感に対する抵抗である」西亮太訳『現代思想』三四―一二：八―二一。

バトラー、ジュディス／ゲイル・ルービン［一九九七］「性の交易」河口和也・キース・ヴィンセント訳『現代思想』

二五―一三：二九〇―三二三。

塙陽子［一九九九］『イスラム家族法〔研究と資料〕二　エジプト・レバノン・シリア・トルコ付イスラエル』信山社。

ハーマン、ジュディス・L［一九九九］『心的外傷と回復』中井久夫訳、みすず書房。

――［二〇〇五］「見慣れた風景にまぎれて――売春をめぐる臨床的観察」佐々木綾子・宮路尚子訳『現代思想』三三―一〇：二〇四―二一七。

ファノン、フランツ［一九九六］『地に呪われたる者』鈴木道彦・浦野衣子訳、みすず書房。

フーコー、ミシェル［一九八六］『性の歴史一　知への意思』渡辺守章訳、新潮社。

藤目ゆき［一九九七］「帝国のフェミニズム」『現代思想』二五―一三：一二五―一三九。

――［一九九八］『性の政治学』不二出版。

法令用語研究会編［二〇〇六］『法律用語辞典』有斐閣。

堀井聡江［二〇〇四］『イスラーム法通史』山川出版社。

松尾瑞穂［二〇一四］「インドにおける断食と自己犠牲のポリティクス」『宗教研究』別冊八七：一四九―一五〇。

マッカチオン、ラッセル・T［二〇〇〇］「『宗教』カテゴリーをめぐる近年の議論――その批判的俯瞰」磯前順一訳『現代思想』二八―九：二一〇―二三九。

松村明［二〇〇二］「エジプト・アラブ共和国におけるムスリム身分関係法の新たな展開――二〇〇〇年法律第一号（二）」『比較法雑誌』一七：一〇一―一二一。

松本高明［二〇〇六］「日本の高校生が抱くイスラーム像とその是正に向けた取り組み――東京・神奈川の高校でのアンケート調査を糸口として〈特集Ⅱ〉学校教育におけるイスラーム〉」『日本中東学会年報』二一―二：一九三―二一四。

嶺崎寛子［二〇〇三a］「多元的法秩序としてのシャリーアとファトワー――現代エジプトを事例として」『日本中東学会年報』一八―一：一―三一。

――［二〇〇三b］「現代エジプトのファトワーにみるジェンダー意識と法文化――婚姻と姦通を中心に」『国立女性教育会館研究紀要』七：六九―八一。

――［二〇〇五］『多様な社会・文化におけるジェンダー主流化のあり方――エジプト事例研究　業務完了報告書』JICAエジプト事務所提出、未公刊。

――［二〇〇六］「さまざまな信仰のかたち――現代エジプトの宗教状況」『国際宗教研究所ニュースレター』五一：九―一四。

宮澤節生［一九九四］『法社会学フィールドノート――法過程のリアリティ』信山社。

宮下克也［二〇〇〇］「法人類学学説史――法多元主義を中心に」『立教女子大学紀要』三二：一〇九―一一七。

宮路尚子［二〇〇五］「支配としてのDV」『現代思想』三三―一：一二一―一三三。

村上薫［二〇〇五］「トルコの女性労働とナームス（性的名誉）規範」加藤博編『イスラームの性と文化』東京大学出版会。

メルニーシー、ファーティマ［二〇〇〇］『イスラームと民主主義』私市正年・ラトクリフ川政祥子訳、平凡社。

モーサ、キャロライン［一九九六］『ジェンダー・開発・NGO――私たち自身のエンパワーメント』久保田賢一・久保田真弓訳、新評論。

柳橋博之［一九八九］「イスラム法とアラブ圏の立法」『レファレンス』四六〇：五八―八〇、国立国会図書館調査立法考査局。

――［二〇〇一］『イスラーム家族法』創文社。

柳橋博之他、イスラーム地域研究「比較史の可能性」研究会［二〇〇二］『「比較史の可能性」研究会　活動の記録二〇〇一年度』イスラーム地域研究。

山内昌之編［一九九六］『「イスラム原理主義」とは何か』岩波書店。

山路勝彦［二〇〇二］「人類学と植民地主義——研究史を鳥瞰する」山路勝彦・田中雅一編『植民地主義と人類学』関西学院大学出版会。

山路勝彦・田中雅一編［二〇〇二］『植民地主義と人類学』関西学院大学出版会。

ルーマン、N［二〇〇〇］『法の社会学的観察』土方透訳、ミネルヴァ書房。

ロールズ、ジョン［一九七九］『正義論』矢島鈞次監訳、紀伊國屋書店。

和田仁孝・太田勝造・阿部昌樹編［二〇〇二］『交渉と紛争処理』日本評論社。

和田安弘［一九九四］『法と紛争の社会学』世界思想社。

あとがき

出会いがすべてをつないでくれた気がする。日本で、そしてフィールドで、思いがけない数多の出会いが研究へと私を導いてくれた。フィールドの敬虔な人々ならそれをきっと「アッラーの思し召し」と言うだろう。もしそうなら、アッラーの思し召しに感謝したい。学問上の恩師や先達、学友、旧友、何より、フィールドでの多くの人々との出会い。多くの出会いと、出会った人々が私を揺籃し、育て、導いてくれた。どの人と出会わなくても、どの偶然がなくても、きっと本書はこのような形ではできあがっていなかったと思う。ここで簡潔に、特に大事な方々に謝辞を述べることをお許しいただきたい。

本書は二〇〇七年度にお茶の水女子大学大学院人間文化研究科比較社会文化学専攻に提出された博士学位論文『現代エジプトにおけるジェンダーと法秩序——女性によるファトワーの利用をめぐって』をもとに改稿を加えたものである。現時点での研究の一応の到達点を示すものではあるが、それ以上のものではなく、内容については読者諸賢の忌憚のないご指導・ご鞭撻を乞う次第である。積み残した課題も多いが、それらが本書から明らかになり、本書が今後の建設的な議論のためのたき台になれば幸いである。なお本書の各章の初出は以下である。かなり手を加えたものもあるが、ここに初出掲載雑誌を掲示して敬意を表したい。

第一章　書き下ろし。一部「イスラーム世界のジェンダーに関する研究——日本の現状と展望」『ジェンダー研究』一〇号、九一—九八頁、二〇〇七年より改稿。

第二章　「イスラーム言説に見るジェンダー戦略と権威——現代エジプトの女性説教師を事例にして」『ジェンダー研究』一二号、七七—九一頁、二〇〇九年。
第三章　「多元的法秩序としてのシャリーアとファトワー——現代エジプトを事例として」『日本中東学会年報』一八-一号、一—三二頁、二〇〇三年。
第四章　「生活の中のイスラーム言説とジェンダー——エジプト『イスラーム電話』にみるファトワーの社会的機能」『アジア・アフリカ言語文化研究』七八号、五—四一頁、二〇一〇年。
第五章　「現代エジプトのファトワーにみるジェンダー意識と法文化——婚姻と姦通を中心に」『国立女性教育会館研究紀要』七号、六九—八一頁、二〇〇三年。
第六章　書き下ろし

博士論文執筆にあたり、特に主査の三浦徹先生と副査の棚橋訓先生のお二人には、ご多忙中にもかかわらず多くのお時間を割いていただき、時に容赦のない、しかし愛のある貴重なご助言をいただいた。博士論文の副査で修士論文の主査でもいらした一橋大学の伊藤るり先生、同じく副査のお茶の水女子大学の石塚道子先生、山本秀行先生にもご助言をいただいた。私の能力の問題で、そのすべてを現時点で生かしきることはできなかったが、今後の研究に役立てることでご恩に報いたい。

博士論文と本書を書いていた時ほど、先達の研究成果の偉大さと学恩に頭が下がったことはない。多くの先達の研究と恩師の導きによって今があると、身に沁みた。特に小杉泰先生のご研究はファトワー研究を志すきっかけとなった。それ以来ファトワーに魅せられ、ずっとファトワーを読み、聞き、出す現場を見てきた。ファトワーに憤ったり関心したり共感したりしつつ、まさにイスラーム言説が生成されるその現場で調査ができた、この僥倖を嬉しく思う。イスラーム電話をご紹介くださったハサン中田考先生には、いくら感謝しても足りない。JICAエジプト事務所の下村則夫元所長と、JICAに紹介の労をとってくださった一橋大学の加藤博先生にもお礼を申し上げたい。JICAのスタッフとして開発の現場を経験し、エジプトの官公庁と交渉する機会を得たことは、エジプトの立体的理解に随分と役立った。日本学術振興会特別研究員PDの受入教官の東京大学東洋文化研究所の長澤栄治先生、修士一年次の指導教官だったお茶の水女子大学の原ひろ子先生、学部、あるいは修士の頃から指導し、あるいは励まし、あるいは気にかけてくださったお茶の水女子大学の波平恵美子先生、舘かおる先生、学習院大学の福井憲彦先生、千葉大学の佐藤和夫先生にも感謝申し上げる。

そして誰よりも、修士一年でアラビア語も覚束ず、海のものとも山のものともわからない得体の知れない学生だった頃から、見捨てずに根気強く導いてくださった博士後期課程の指導教官のお茶の水女子大学の三浦徹先生に、衷心より感謝を捧げたい。三浦先生には、もはや何と言えばこの感謝が伝わるのかわからないほど、お世話になった。いつか恩返しをしたいと心から思う。三浦先生がいらっしゃらなければ、この本も今の私もなかったと断言できる。本当にありがとうございました。

お茶大の三浦ゼミや伊藤ゼミ、棚橋ゼミ、千葉大佐藤ゼミで時間を共にした学友たち、特に多忙の中、草稿を献身的に読んで率直で有益なコメントをくれた鳥山純子氏に深謝する。もちろん、この本のすべての責は私に帰されるべきものである。

二〇〇三〜〇四年にかけてウェブ雑誌『DEPOLOG』に「アラビアのミネコ」の連載機会を与えてくれた編集長松尾淳氏と、本書の図表デザインをしてくれた根本由紀子氏の二人の高校時代からの旧友にも感謝を。松尾氏は二〇〇六年、日本帰国直後でド貧乏だった私に机と本棚をプレゼントしてくれ「お礼はいらん、単著を出せ、出したら謝辞に名前を書け」と粋なリクエストをしてくれた。その約束をようやく果たせて嬉しく思う。さらに松尾氏と妹さんの松尾由佳氏は、本書のカバーデザインまで引き受けてくれた。素敵なカバーをありがとう。カイロ時代からの友人で、パレスチナの人々を撮ることをライフワークにする写真家の高橋美香氏は、エジプトの人々の写真を章扉（第一〜四章）に提供してくれた。笑顔が印象的な写真をありがとう。

本書は講談社野間アジア・アフリカ奨学金（二〇〇四〜〇五年）、日本学術振興会特別研究員研究奨励費（二〇〇七〜一二年度）および平成二六年度科学研究費補助金（研究成果公開促進費）の賜物である。私は最後の講談社アジア・アフリカ奨学金奨学生のうちの一人だった。この奨学金はもうないが、多くの研究者の福音となってきた事実をここに記して記念としたい。審査員のお一人、故大塚和夫先生はその誼で、カイロでフィールドでの心得を親身になってご助言くださった。日々の生活費にさえ事欠いた博士後期課程在学時、これらの奨学金がなければ研究を続けることは到底できなかった。講談社と日本学術振興会に厚くお礼申し上げる。

そして何よりもフィールドの人々との多くの出会いが、私をここまで引っ張ってきてくれた。フィールドの人々の率直さと優しさ、そのホスピタリティに深く感謝する。特にイスラーム電話主宰者のシェリーフ・アブドゥルマジード氏とS、Hなどクオリティ・コントロールの女性たち、二人の説教師サマーハとシャイマー、その勉強会参加者の皆様には、多くの機会をもらい、多くのことを教えてもらった。イスラーム電話を通じて出会った無数の質問者とウラマーたちにも、電話線の向こうから感謝を贈りたい。

そして誰よりも感謝したいのは、私を二〇〇〇年から〇一年の約一〇ヶ月にかけて家に置いて、エジプトの生活を日常生活をともにして教えてくれた、当時カイロ大学の大学生だったノハ・アブドゥルシャーフィー、マルワ・ムハンマド・ムハンマドのお二人だ。二人の寛大さと優しさと好奇心が、私のイスラームとエジプト理解の背骨を作ってくれた。二人の家族――ネルミーン、二人のタントファーティマ、シェリーフ、アンクルムハンマド、ナハラたち――には礼拝を習い、クルアーンの暗誦を毎夜テストされ、料理をともに作り、ともに断食とタラウィーフの礼拝をするなど生活を通じて、エジプト文化への感性を育ててもらった。それはどんなに貴重なことだったろう。ケナからの移民家族の、ショブラのリハーブとハナーン姉妹とそのイトコたちやその親族ネットワークに連なる皆様、そしてアラビア語の師匠ムハンマド・シャウキー氏にも惜しみない感謝を伝えたい。アッラーのお恵みがあなた方の上にありますように。

出会いもあれば別れもあり、フィールドにも日本にもすでに鬼籍に入った人々がいる。リハーブのお母さんで、いつも穏やかに私を家に迎え入れてくれたタントファーティマ。「アラブの春」で亡くなったリハーブの兄ミドハド。カイロで語り、ともに飲んだハッジ・鈴木アブドゥルラフマーンさん。アッラーの慈悲があなた方の上にありますように。そしてイギリスへの留学が決まっていたのに病に倒れ、留学を果たせず亡くなった修士の同期、内田あかねさん。彼女は研究を赦されていることの貴重さを常に思い起こさせてくれた。

本書執筆中、第二子妊娠、流産、すぐまた妊娠、つわり、さらに切迫早産による長期入院……と、私は妊娠関連の出来事に文字通り振り回された。昭和堂の松井久見子さんは、そんなこんなで原稿が大幅に遅れた私を激励し、忍耐強く原稿を待ち、惜しみなく援助してくださった。出版事情の厳しい昨今、松井さんが出版を引き受けて下さらなければ、本書は世に出なかった。厚くお礼申し上げる。

最後に、研究へ深い理解を寄せてくれる夫・五十嵐大介と、娘・嶺崎珠子に感謝したい。アッラーのお恵みで、無事に胎児がこの世に生れ落ちることを祈って。

二〇一四年一一月、亡母道子の二四回目の祥月に。

嶺崎寛子

索　引

あ行

か行

さ行

た行

な行

は行

ま行

や・ら・わ行

略語

■著者紹介

嶺崎寛子（みねさき・ひろこ）

1976年、宮城県仙台市生まれ。2008年3月、お茶の水女子大学大学院人間文化研究科比較社会文化学専攻修了。博士(学術)。JICAエジプト事務所在外専門調整員、日本学術振興会特別研究員等を経て、現在国立大学法人愛知教育大学准教授。

［主著・論文］

"Gender Strategy and Authority in Islamic Discourses: Female Preachers in Contemporary Egypt." Masooda Bano and Hilary Kalmbach (eds.), *Women, Leadership and Mosques: Changes in Contemporary Islamic Authority.* Leiden: Brill, 2012.

「イスラーム法と女性――現代エジプトを事例として」竹村和子・義江明子編『思想の力／文化の流通』ジェンダー史叢書3、明石書店、2010年

「ディアスポラの信仰者――在日アフマディーヤ・ムスリムにみるグローバル状況下のアイデンティティ」『文化人類学研究』78-2号、2013年など

イスラーム復興とジェンダー

――現代エジプト社会を生きる女性たち

2015年2月27日　初版第1刷発行

著　者　嶺 崎 寛 子

発行者　齊藤万壽子

〒606-8224　京都市左京区北白川京大農学部前

発行所　株式会社昭和堂

振込口座　01060-5-9347

TEL(075)706-8818／FAX(075)706-8878

ホームページ　http://www.showado-kyoto.jp

印刷　モリモト印刷

ISBN 978-4-8122-1434-3

＊落丁本・乱丁本はお取り替え致します。

Printed in Japan

松尾瑞穂 著
ジェンダーとリプロダクションの人類学
インド農村社会の不妊を生きる女性たち
本体5500円＋税

大越愛子
倉橋耕平 編
ジェンダーとセクシュアリティ
現代社会に育つまなざし
本体2400円＋税

安井眞奈美 著
出産環境の民俗学
〈第三次お産革命〉にむけて
本体3200円＋税

内藤直樹
山北輝裕 編
社会的包摂／排除の人類学
開発・難民・福祉
本体2500円＋税

岡田浩樹
木村大治
大村敬一 編
宇宙人類学の挑戦
人類の未来を問う
本体2200円＋税

川口幸大
瀬川昌久 編
現代中国の宗教
信仰と社会をめぐる民族誌
本体5000円＋税

昭和堂